BERND LÖHNING

Der Vorbehalt des Gesetzes im Schulverhältnis

Schriften zum Öffentlichen Recht

Band 239

Der Vorbehalt des Gesetzes im Schulverhältnis

Von

Dr. Bernd Löhning

DUNCKER & HUMBLOT / BERLIN

Gedruckt 1974 bei Buchdruckerei Bruno Luck, Berlin 65
Printed in Germany
ISBN 3 428 03145 8

Meiner Frau

Vorwort

Diese Arbeit hat als Dissertation dem Fachbereich Rechtswissenschaft der Freien Universität Berlin vorgelegen. Das Manuskript ist am 1. Dezember 1972 abgeschlossen worden. Nur vereinzelt konnten später ergangene Entscheidungen in den Fußnoten berücksichtigt werden.

Dank schulde ich Herrn Professor Dr. Quaritsch für die Betreuung der Arbeit und Herrn Ministerialrat a. D. Dr. J. Broermann für ihre Aufnahme in seine Schriftenreihe.

Berlin, 1. Dezember 1973

Bernd Löhning

Inhaltsverzeichnis

Fünftes Kapitel

Abkürzungen

Die Abkürzungen der Schulgesetze der einzelnen Bundesländer werden bei der ersten Verwendung erläutert. Im übrigen werden die üblichen Abkürzungen verwendet.

Erstes Kapitel

Einleitung

§ 1 Umschreibung des Themas

Mit dem Thema „Der Vorbehalt des Gesetzes im Schulverhältnis" wird nur einer von drei Gesichtspunkten angesprochen, die das als besonderes Gewaltverhältnis verstandene Schulverhältnis unter verfassungsrechtlichem, insbesondere rechtsstaatlichem Blickwinkel aufwirft[1]:

1. Gelten die *Grundrechte?*
2. Wird *Rechtsschutz* gewährt?
3. Greift der *Vorbehalt des Gesetzes* ein?

Heute ist weitgehend anerkannt, daß Grundrechtsgeltung und Rechtsschutzgarantie auch das Schulverhältnis erfassen. Demgegenüber nimmt die herrschende Meinung in Rechtsprechung und Literatur auch heute noch das besondere Gewaltverhältnis vom Vorbehalt des Gesetzes aus. Wegen des engen Zusammenhanges von Grundrechtsgeltung, Rechtsschutzgewährung und dem Grundsatz vom Vorbehalt des Gesetzes ist diese „Lücke des Rechtsstaats"[2] einigermaßen verblüffend. Eigentlich wäre das genaue Gegenteil zu vermuten, das deshalb dieser Arbeit als *These* zugrunde gelegt werden soll: *Der Vorbehalt des Gesetzes gilt auch im Schulverhältnis.*

Das Anliegen dieser These besteht in der Klärung der Frage, wer der Herr der Normgebung im Schulverhältnis ist. Dagegen richtet es seine Aufmerksamkeit nicht auf deren Inhalt. Ob das Parlament dem Schulverhältnis einen die Bildungsanforderungen der Gegenwart besser gerecht werdenden Gehalt verschaffen kann als die Schulverwaltung mit ihrer Erlaßpraxis, mag dahinstehen. Es geht allein darum, ob unter der Geltung des Grundgesetzes eine wie immer auch geartete inhaltliche Ausgestaltung des Schulverhältnisses dem Parlament vorbehalten bleibt und

---

[1] *Krüger,* Der Verwaltungsrechtsschutz im besonderen Gewaltverhältnis, NJW 1953, S. 1369. Vgl. auch *Thieme,* Die besonderen Gewaltverhältnisse, DöV 1956, S. 523; *Tilch,* Der Rechtsschutz gegen Verwaltungsakte im Schulverhältnis (1961), S. 50; *Jesch,* Gesetz und Verwaltung (2. Auflage 1968), S. 212; *Abelein,* Rechtsstaat und besonderes Gewaltverhältnis, ZfP N.F. XIV (1967), S. 317; *Hansen,* Fachliche Weisung und materielles Gesetz (1971), S. 42.

[2] *Forsthoff,* Lehrbuch des Verwaltungsrechts (10. Auflage 1973), S. 130.

die Schulverwaltung an präzise Ermächtigungen gebunden wird oder ob diese von sich aus den Hunger nach Rechtsnormen auch im Schulbereich weiterhin durch bloße Verwaltungsvorschriften stillen darf.

Zur Klärung dieser Frage soll diese — von der h. M. mit der Kategorie des besonderen Gewaltverhältnisses gerechtfertigte — Befugnis der Schulverwaltung konfrontiert werden mit den grundgesetzlichen Fundamentalnormen Demokratie, Gewaltenteilung, Rechtsstaat und Sozialstaat. Es versteht sich von selbst, daß die Exegese dieser Leitbilder nicht erschöpfend sein kann. Der Ehrgeiz der vorliegenden Arbeit besteht allein darin, diesen Prinzipien für eine Ausdehnung des Vorbehaltsbereichs an einer überschaubaren Stelle, dem Schulverhältnis, Anhaltspunkte zu entlocken.

Als wichtigster Bundesgenosse in diesem Bemühen ist das Bundesverfassungsgericht mit seiner Entscheidung[3] vom 14. März 1972 anzusehen. Aus der in Art. 1 Abs. 3 GG zum Ausdruck kommenden umfassenden Bindung der staatlichen Gewalt schließt es, daß die Grundrechte nur in den dafür verfassungsrechtlich vorgesehenen Formen, d. h. durch oder aufgrund eines Gesetzes eingeschränkt werden dürften[4]. Obwohl diese Entscheidung zum Strafgefangenenverhältnis ergangen ist, läßt doch die Begründung mit Art. 1 Abs. 3 GG keinen Zweifel daran, daß damit der gesamten Lehre vom besonderen Gewaltverhältnis die Daseinsberechtigung abgesprochen wird. Implizit ist damit auch das Schulverhältnis angesprochen. Die traditionelle Ausgestaltung auch des Schulverhältnisses als eines besonderen Gewaltverhältnisses ermöglicht, die Grundrechte des Schülers und seiner Eltern in gleich unerträglicher Unbestimmtheit zu relativieren, wie es im Strafgefangenenverhältnis durch eben diese Rechtsfigur geschieht[5].

Auffallend an dieser Entscheidung ist die Selbstverständlichkeit, mit der das Bundesverfassungsgericht die Lehre vom besonderen Gewaltverhältnis — die es nur noch im Imperfekt erwähnt — beiseite schiebt, indem sie ihr allein die Funktion zuspricht, während einer Übergangszeit zur Entlastung des nach Erlaß des Grundgesetzes anderweitig beschäftigten Gesetzgebers als rechtsstaatliches Feigenblatt gedient zu haben. Dieser Beurteilung kann die vorliegende Arbeit nicht widersprechen. Da sie aber anders als eine gerichtliche Entscheidung nicht dem Zwang zur Kürze unterliegt, kann sie die auch daran gemessen recht knapp geratene

---

[3] BVerfGE 33, 1 ff.

[4] BVerfGE 33, 1 (11).

[5] In der Entscheidung BVerfGE 34, 165 ff. vom 6. Dezember 1972 läßt das Bundesverfassungsgericht jedoch unerörtert, welche Forderungen sich aus dem Grundsatz der Gesetzmäßigkeit der Verwaltung für die organisatorische Regelung des Schulwesens im einzelnen ergeben, weil es das Vorliegen einer ausreichenden gesetzlichen Grundlage bejaht (193).

Begründung des Bundesverfassungsgerichts ergänzen und vertiefen, um das als besonderes Gewaltverhältnis verstandene Schulverhältnis endgültig zu verabschieden.

§ 2 Der Vorbehalt des Gesetzes

I. Begriff

Den Begriff *Vorbehalt des Gesetzes* hat *Otto Mayer* geprägt[6]. Er bezeichnete damit die Abhängigkeit der Verwaltungstätigkeit auf bestimmten Gebieten vom Bestehen eines Gesetzes[7]. Gewisse unter dem Gesetz stehende Staatsakte bestimmten Inhalts sind nur rechtmäßig, wenn sie auf Grund eines Gesetzes ergehen[8]. Muß sich auf diesen Gebieten jede Verwaltungsmaßnahme auf ein Gesetz zurückführen lassen, ist das Gesetz hier nicht nur Schranke, sondern Grundlage der Verwaltungstätigkeit[9]. Der Vorbehalt des Gesetzes dient also dazu, „auf das ganze weite Gebiet der Verwaltung, das er umfaßt, einen mächtigen Druck auszuüben im Sinne der Verwirklichung der Forderungen des Rechtsstaates"[10].

Die Umschreibung des Bereiches, in dem der Erlaß eines Gesetzes Bedingung der Verwaltungsaktivität ist, spielt sich ab im Verhältnis von Parlament und Verwaltung und damit im Herzen der Verfassung. Die Lage der Nahtlinie zwischen Gesetzgeber und Verwaltung hat unmittelbaren Einfluß auf die gesamte Verfassungsstruktur[11]. So ist nur allzu verständlich, daß dieses Problem immer wieder Anlaß zur Diskussion bietet[12], zumal das Grundgesetz seinem Wortlaut nach diese Abgrenzung in der Schwebe läßt. Das „traditionsgeladene Schweigen der gegenwärtigen Verfassungsordnung zum Gesetzesvorbehalt"[13] kann daher nur im Wege der Verfassungsinterpretation gebrochen werden.

Der Vorbehalt des Gesetzes wird mittelbar angesprochen in Art. 2 Abs. 1 GG[14]; er wird vorausgesetzt in Art. 80 Abs. 1 GG[15]. Der an sich ein-

---

[6] Deutsches Verwaltungsrecht (3. Auflage 1924), Bd. I, S. 70. Kritik an dieser Terminologie übt *Hansen*, Fachliche Weisung, S. 57 und 60.

[7] *O. Mayer*, Bd. I, S. 69 und 72.

[8] *Jesch*, Gesetz, S. 30.

[9] *Starck*, Der Gesetzesbegriff des Grundgesetzes (1970), S. 273. So schon PrOVGE 9, 353 (363 und 376) im Kreuzberg-Urteil.

[10] *O. Mayer*, Bd. I, S. 73.

[11] *Jesch*, Gesetz, S. 73; *Vogel*, Gesetzgeber und Verwaltung, VVDStRL 24 (1966), S. 148.

[12] „Gesetzgeber und Verwaltung" war das Tagungsthema der Staatsrechtslehrervereinigung 1965; vgl. die Berichte von *Herzog* und *Vogel*, VVDStRL 24 (1966), S. 180 ff. und 125 ff.

[13] *Rupp*, Grundfragen der heutigen Verwaltungsrechtslehre (1965), S. 132 Fußn. 76.

[14] BVerfGE 6, 32 (36); *Thieme*, Der Gesetzesvorbehalt im besonderen Gewalt-

schlägige Art. 20 Abs. 3 GG legt seinem Wortlaut nach unmittelbar nur den Vorrang des Gesetzes fest[16], der besagt: „Der in Form des Gesetzes geäußerte Staatswille geht rechtlich jeder anderen staatlichen Willensäußerung vor[17].“ Dagegen schweigt sich Art. 20 Abs. 3 GG über Geltung, Inhalt und Umfang des Vorbehaltprinzips aus[18].

Dennoch kann dem Art. 20 Abs. 3 GG mittelbar die Geltung des Vorbehaltsgrundsatzes entnommen werden, weil der Vorrang des Gesetzes illusorisch würde, wenn es erst gar nicht zum Erlaß eines Gesetzes käme[19]. Der *Vorbehalt* des Gesetzes stellt deshalb einen den *Vorrang* des Gesetzes ergänzenden Bestandteil des beide umfassenden Grundsatzes der Gesetzmäßigkeit der Verwaltung dar[20].

Bisweilen wird unter dem Gesetzmäßigkeitsprinzip der Vorrang oder der Vorbehalt des Gesetzes allein verstanden[21]. Diese Terminologie soll hier nicht übernommen werden. Um Mißverständnisse zu vermeiden, wird deshalb durchgängig vom Vorbehalt des Gesetzes die Rede sein. Stattdessen wird häufig die Bezeichnung Gesetzesvorbehalt, gewissermaßen als Kurzformel, verwendet. Diese Bezeichnung sollte indessen den Spezialvorbehalten, insbesondere den Gesetzesvorbehalten einzelner Grundrechte, vorbehalten bleiben und der Allgemeinvorbehalt immer mit Vorbehalt des Gesetzes tituliert werden. Auch wenn im Laufe der Arbeit der Begriff Gesetzesvorbehalt als Konzession an die Ausdrucksweise anderer Autoren auftaucht, ist immer der Vorbehalt des Gesetzes gemeint.

II. Eigenständigkeit

Vogel[22] hält diesen Grundsatz heute für entbehrlich: Diente der Vorbehaltsgrundsatz früher dazu, den lückenhaften Grundrechtsschutz zu

---

verhältnis, JZ 1964, S. 81; *Dürig*, in: Maunz/Dürig/Herzog, Grundgesetz (3. Auflage 1970), Art. 2 Abs. 1 Rdnr. 26.

[15] *Böckenförde/Grawert*, Sonderverordnungen zur Regelung besonderer Gewaltverhältnisse, AöR 95 (1970), S. 27.

[16] *Maunz/Dürig*, MDH, Art. 20 Rdnr. 128; VGH Kassel DVBl. 1963, 443 (447); a. A. *Wimmer*, Sind die deutschen Unterrichtsverwaltungen rechtsstaatlich? DVBl. 1966, S. 848; *Abelein*, ZfP XIV (1967), S. 324.

[17] *O. Mayer*, Bd. I, S. 68.

[18] *Jesch*, Gesetz, S. 5 und 190; *Mallmann*, Schranken nichthoheitlicher Verwaltung, VVDStRL 19 (1961), S. 182; *Thieme*, JZ 1964, S. 81 f.; *Ossenbühl*, Verwaltungsvorschriften und Grundgesetz (1968), S. 227 f. Vgl. auch VGH Kassel DVBl. 1963, 443 (446).

[19] *Rupp*, Grundfragen, S. 117 Fußn. 31.

[20] *Wolff*, Verwaltungsrecht, Bd. I (8. Auflage 1971), § 30 III a; *Forsthoff*, Verwaltungsrecht, S. 125; *Jesch*, Gesetz, S. 30; *Starck*, Gesetzesbegriff, S. 273.

[21] So beispielsweise *Wimmer*, DVBl. 1966, S. 848. Kritisch zur wechselnden Terminologie s. *Jesch*, Gesetz, S. 189 ff.

[22] VVDStRL 24 (1966), S. 149 ff.

ergänzen[23], so könne heute auf ihn verzichtet werden, weil nach der Rechtsprechung des Bundesverfassungsgerichts in Art. 2 Abs. 1 GG das allgemeine Freiheitsrecht und in Art. 14 GG das Eigentum umfassend gewährleistet seien, der Allgemeinvorbehalt deshalb in den Spezialvorbehalten voll aufgehe. Diese Meinung stellt gewissermaßen eine Umkehrung der in der Weimarer Zeit verbreiteten Lehre dar, wonach wegen der Geltung des Vorbehaltsgrundsatzes die Grundrechte weitgehend als leerlaufend behandelt werden konnten[24].

Damit geht Vogel von vornherein von einem bestimmten Umfang des Vorbehaltsbereiches aus, nämlich dem klassischen Eingriffsvorbehalt. Aus den Grundrechten läßt sich die Beteiligung der Volksvertretung nur für Eingriffe und eingriffsähnliche Akte herleiten[25]. Alle Nicht-Eingriffsakte fallen in den Kompetenzbereich der Verwaltung. Diese Konsequenz hängt mit der von Vogel postulierten ursprünglichen Rechtsetzungsbefugnis der Verwaltung zusammen[26]. Soll die Diskussion offen gehalten werden, ob für einzelne Sachgebiete die Verwaltung eine gesetzliche Ermächtigung benötigt oder nicht, kann auf den Vorbehaltsgrundsatz nicht verzichtet werden[27].

Vogel legt das Gewicht einseitig auf die Gewährleistungsfunktion des Vorbehaltsprinzips und vernachlässigt seine Kompetenzfunktion. Die Gewährleistungsfunktion betrifft das Verhältnis des Bürgers zum Staat, die Kompetenzfunktion entscheidet innerhalb des staatlichen Gesamtkomplexes die Verteilung der Rechtsetzungsbefugnisse auf den Gesetzgeber und die Verwaltung. Die Grundrechte klären die Kompetenzfunktion nur hinsichtlich von Eingriffsakten. Wenn dieser Verkürzung nicht gefolgt wird, besitzt der Vorbehalt des Gesetzes auch neben dem Grundrechtskatalog durchaus eigenes Gewicht[28].

III. Reichweite

Da dem Allgemeinvorbehalt trotz der nahtlosen Spezialvorbehalte der einzelnen Grundrechte eine eigenständige Bedeutung zukommt, ist nun seine Reichweite zu klären. Der Vorbehalt des Gesetzes war in seiner

---

[23] Schon O. *Mayer*, Bd. I, S. 70 sah in den Grundrechten die klassische Form der Wiedergabe des Vorbehaltsgrundsatzes; ähnlich *Freudenberger*, Beiträge zur Lehre vom besonderen Gewaltverhältnis im öffentlichen Recht, Annalen des Deutschen Reichs 64 (1931), S. 163 ff. (194).

[24] Dazu kritisch *Carl Schmitt*, Verfassungslehre (4. unveränderte Auflage 1965), S. 174 ff. Heute stünde einer solchen Lehre Art. 1 Abs. 3 GG entgegen.

[25] So *Vogel* selbst: VVDStRL 24 (1966), S. 149 ff.

[26] Dazu unten § 20.

[27] *Lang*, Das Schulverhältnis als Anstaltsverhältnis (1969), S. 75.

[28] *Badura*, Diskussionsbeitrag, VVDStRL 24 (1966), S. 212 f.; *Hansen*, S. 147 ff. Vgl. auch BVerfGE 8, 155 (166).

klassischen Ausprägung auf die eingreifende Verwaltung im allgemeinen Gewaltverhältnis beschränkt[29]. Diese Begrenzung seiner Reichweite wird heute an zwei Fronten attackiert: Der Vorbehaltsgrundsatz wird zum einen auch auf die leistende Verwaltung[30], zum andern auch auf das besondere Gewaltverhältnis bezogen[31]. Thema der vorliegenden Arbeit ist die Frage, ob das Schulverhältnis in den Vorbehaltsbereich einzubeziehen ist. Die Frage, ob und in welchem Maße die Schulverwaltung abhängig ist vom Gesetzgeber, ist nicht nur theoretischer Natur, denn es geht um Angelegenheiten wie die Einführung der integrierten Gesamtschule, die Festlegung der Voraussetzungen für Versetzungen und Prüfungen und damit schulische Berechtigungen, die Sprachenfolge, Sexualerziehung, Fünftagewoche, Ganzheitsmethode, Mengenlehre und vieles mehr.

Inwieweit zu ihrer Beantwortung über die konkrete Fragestellung hinaus die Probleme allgemein zu erörtern sind, kann erst der weitere Gang der Arbeit zeigen. Nur eine Bemerkung sei erlaubt: Es kann nicht Anliegen dieser Arbeit sein, ein umfassendes Prinzip zu postulieren, um daraus Konsequenzen für das Schulverhältnis zu folgern. Das verbietet die begrenzte Fragestellung, der es allein um den Versuch geht, an einer überschaubaren Stelle der Verwaltungstätigkeit, dem Schulverhältnis, den Vorbehaltsgrundsatz auszudehnen.

---

[29] *Jesch*, Gesetz, S. 1; zur Geschichte des Eingriffsvorbehalts ebd. S. 102 ff.

[30] Ebd., S. 175 ff.

[31] Ebd., S. 206 ff.

Zweites Kapitel

Das Schulverhältnis

§ 3 Umfang und Inhalt des Schulverhältnisses

I. Der Umfang des Schulverhältnisses

Unter *Schulverhältnis* soll das Rechtsverhältnis zwischen einer allgemeinbildenden[1] öffentlichen[2] Schule und den Schulbenutzern verstanden werden[3]. Schulbenutzer sind in erster Linie die Schüler, aber auch die Eltern bzw. die Erziehungsberechtigten kommen in Betracht[4].

Damit wird nur ein geringer Teil des gesamten Schulrechts angesprochen. Das Schulrecht umfaßt das Schulorganisationsrecht (Schulsystem, Schulverwaltung, Schulaufsicht, kommunale Beteiligung); das Recht der Schulunterhaltung, Schulträgerschaft und -finanzierung; das Recht der Lehrer als Teil des Beamtenrechts; das Schul-Kirchenrecht; das Privatschulrecht; das Schulbenutzerrecht[5]. Hier geht es allein um den letztgenannten Bereich, ohne daß sich allerdings Übergriffe auf andere Bereiche ganz vermeiden lassen.

Dieser Bereich wird herkömmlicherweise mit der Bezeichnung „innere Schulangelegenheiten"[6] charakterisiert[7]. Zu den „inneren" Angelegen-

---

[1] Der Unterschied zwischen *allgemeinbildenden* und *berufsbildenden* Schulen bezieht sich auf das Lernziel: Jene dienen der Allgemeinbildung, diese mindestens schwerpunktmäßig einer bestimmten Berufsausbildung der Schüler. *Bettermann/Goessl*, Schulgliederung, Lehrerbildung und Lehrerbesoldung in der bundesstaatlichen Ordnung (1963), S. 13; ähnlich *Maunz*, MDH, Art. 7 Rdnr. 11.

[2] Die Unterscheidung zwischen *öffentlichen* und *privaten* Schulen knüpft an die Schulträgerschaft an. *Bettermann/Goessl*, S. 14; *Maunz*, MDH, Art. 7 Rdnr. 11. — Das Berufs- und das Privatschulwesen bleiben unberücksichtigt.

[3] *Tilch*, S. 1; *Heckel/Seipp*, Schulrechtskunde (4. Auflage 1969), S. 341 und 365; *Heckel*, Schulrecht und Schulpolitik (1967), S. 85 und 157; *Schmidt*, Gesetzesvollziehung durch Rechtsetzung (1969), S. 243. Sachlich übereinstimmend spricht *Quaritsch*, Schulmündigkeit und Schulvertrag (1971), S. 51 vom *Schüler*verhältnis.

[4] Hess.StGH DöV 1971, 201 (202); *Oppermann*, Kulturverwaltungsrecht (1969), S. 190; *Evers*, Verwaltung und Schule, VVDStRL 23 (1966), S. 161; *Heckel*, Schulpolitik, S. 184 f.; *Tilch*, S. 48 f.; a. A. *Peters*, Lehrbuch der Verwaltung (1949), S. 406.

[5] *Heckel/Seipp*, S. 7 f.; *Tilch*, S. 9 f.

[6] Die Einteilung in „innere" und „äußere" Schulangelegenheiten geht zurück

heiten gehört alles, was sich auf die eigentliche Unterrichts- und Erziehungsarbeit der Schule bezieht, während die „äußeren" Schulangelegenheiten die die innere Schularbeit erst ermöglichenden Vorbedingungen betreffen, d. h. insbesondere die Unterhaltung und Finanzierung der Schule und die Anstellung der Lehrer[8].

Die Zweckmäßigkeit dieser Unterscheidung ist umstritten[9], weil nahezu jede schulische Tätigkeit zugleich eine innere und eine äußere Seite hat[10]. Das schließt jedoch nicht aus, Schulangelegenheiten unter einem bestimmten Aspekt zu untersuchen, hier dem der Rechtsstellung der Schulbenutzer. Anders als das übrige Schulrecht stellt gerade das Schulbenutzungsrecht ein relativ junges Rechtsgebiet dar[11], das noch einen erheblichen rechtsdogmatischen Nachholbedarf aufweist. Der Streit um die Zweckmäßigkeit dieser Einteilung beschränkt sich ohnehin darauf, die zu grobe Unterscheidung zu bedauern[12], ohne eine bessere Terminologie vorzuschlagen. Deshalb soll hier an dieser traditionellen Einteilung festgehalten werden. Es wird sich zeigen, daß die Regelung des Schulverhältnisses durch Verwaltungsvorschriften nicht ganz so bedenkenlos sanktioniert worden wäre, wenn diese Unterscheidung von „inneren" und „äußeren" Schulangelegenheiten immer beachtet worden wäre.

II. Der Inhalt des Schulverhältnisses

Zur besseren Orientierung seien einige Schulangelegenheiten genannt, die im Schulverhältnis zu regeln sind[13] und deshalb möglicherweise Gegenstand eines erweiterten Vorbehaltsgrundsatzes sind:

1. Schulpflicht

Beginn, Dauer und Befreiung von der Schulpflicht, vorzeitige Einschulung und Zurückstellung, Überweisung in Sonderschule, Befreiung und Beurlaubung vom Schulbesuch, Verhinderung am und Ausschluß vom

---

auf § 179b der revidierten Steinschen Städteordnung vom 17. März 1831 (PrGS 10).

[7] *Heckel/Seipp*, S. 341; *Bettermann/Goessl*, S. 152; *Tilch*, S. 10.

[8] *Heckel/Seipp*, S. 85; *Peters*, Lehrbuch, S. 404. BVerfGE 26, 228 (239); OVG Münster DöV 1956, 624 (625); Hess. VGH DöV 1956, 628 (629). — Der eigentliche Sinn dieser Einteilung ist darin zu sehen, daß sich der Staat stets die „inneren" Angelegenheiten vorbehalten hat, während die Gemeinden nur an der Schulunterhaltung und -finanzierung mitwirken durften.

[9] Nachweise bei *W. Schmidt*, S. 243 Fußn. 748.

[10] *Wolff*, Bd. II (3. Auflage 1970), § 101 IV d; *Heckel/Seipp*, S. 86; *Maunz*, MDH, Art. 7 Rdnr. 15. — OVG Münster DVBl. 1964, 829 (830).

[11] *Mampe*, Rechtsprobleme im Schulwesen (1965), S. 2.

[12] *Heckel/Seipp*, S. 86; *Mampe*, S. 2; *Peters*, S. 404.

[13] Eine anders gegliederte Übersicht findet sich bei *Heckel/Seipp*, S. 377 ff.

Schulbesuch, Ferienbeginn und -dauer, Bildung von Schulbezirken und Klassen, Schulveranstaltungen (Schulfeier, Sportfest, Schulgottesdienst, Wandertag, Schulfahrten), Schulzwang, Zuwiderhandlungen gegen die Schulpflichtbestimmungen.

2. Schulordnung

Verhalten in und außerhalb der Schule, Einhaltung der Schulordnung, Pausen, Unterrichtsbeginn und -dauer, Schichtunterricht, Sitzverteilung.

3. Ordnungsmaßnahmen und Schulstrafen

Nachsitzen, Strafarbeiten; Schulstrafen (Verwarnung, Tadel, Verweis, Ausschluß von einzelnen Veranstaltungen, Arrest, Überweisen in Parallelklasse, Überweisen in andere Schule, Androhung der Entlassung, Entlassung = Verweisung von der Schule, Ausschluß von allen Schulen des Landes); körperliche Züchtigung.

4. Unterrichtsinhalt

Lehrplan (Sprachenfolge!), Lernmittel, Stundentafel, Stundenplan, Religionsunterricht, Verkehrs- und Sexualerziehung, Koedukation, Schulversuche und Versuchsschulen, Hausaufgaben, Klassenarbeiten.

5. Bewertung und Berechtigung

Notengebung, Zeugniserteilung, Prüfung, Versetzung, Überspringen einer Klasse, Aufnahme in die Schule, Probezeit, Wahl weiterführender Schulzweige, Austritt, Wechsel, Beurteilungsbogen.

6. Beteiligung

Schülermitverwaltung, Elternmitwirkung, Schülervereinigungen, Schul- und Schülerzeitung.

7. Fürsorge

Schulgeld- und Lernmittelfreiheit, Unfallversicherung, Schulgesundheitsdienst, Sammelaktionen.

§ 4 Darstellung der das Schulverhältnis regelnden Rechtssätze

I. Die Vorrang-Wirkung des Gesetzes

Die Frage nach der Reichweite des Vorbehaltsgrundsatzes im Schulverhältnis bliebe ganz und gar akademisch, wenn das Schulverhältnis bereits von einem Netz rechtlicher Regeln überzogen würde — sei es als Gesetz oder Rechtsverordnung, denn dann würde die Bindung der Verwaltung bereits aufgrund des Vorranges des Gesetzes bestehen, weil mit dem Vorrang des Gesetzes gleichzeitig eine Vorbehaltswirkung verbunden ist[14]. Soweit eine gesetzliche Regelung vorhanden ist, muß für eine Neuregelung der Materien durch die Exekutive stets eine neue gesetzliche Ermächtigung erlassen werden. Der Bereich des Vorbehalts des Gesetzes wird daher „vor allem durch den Vorrang der schon vorhandenen förmlichen Gesetze umschrieben"[15].

Ein Sonderfall dieser Vorrangwirkung ist gegeben, wenn bereits die Verfassung eine Regelung durch Gesetz vorschreibt: „Das Nähere regelt ein Gesetz[16]." In diesem Fall ist von vornherein eine eigenständige Regelungsbefugnis der Schul-Verwaltung ausgeschlossen[17]. Da indessen die meisten Landesverfassungen eine solche Vorschrift gerade nicht aufweisen, muß die Reichweite des Vorbehaltsgrundsatzes auf anderem Wege erschlossen werden. Zuvor soll jedoch noch ein Blick auf die gesetzlichen Regelungen geworfen werden, um deren Vorrang-Wirkung festzustellen.

II. Die Länderkompetenz im Schulwesen

Art. 7, 30, 70 ff. GG erklären die Länder zum ausschließlichen Träger der Kulturhoheit[18]. Zu den kulturellen Angelegenheiten gehört insbesondere das Schulwesen[19]: „Das Grundgesetz weist das Schulrecht *ausschließlich* dem Hoheitsbereich der Länder zu ... Es handelt sich dabei um ein wesentliches Element des bundesstaatlichen Aufbaus der Bundesrepublik Deutschland[20]." Nur ausnahmsweise hat auch der Bund schulrechtliche Zuständigkeiten, beispielsweise bei Verwaltungsschulen für die Bundesverwaltung[21], doch das hier allein auf allgemeinbildende Schulen bezogene Schulverhältnis ist ausschließlich Ländersache[22].

---

[14] BVerfGE 2, 307 (313); 8, 155 (173). — *Jesch*, Gesetz, S. 30; *Böckenförde*, Die Organisationsgewalt im Bereich der Regierung (1964), S. 104; *Ossenbühl*, Verwaltungsvorschriften, S. 241 f.

[15] *Thoma*, Der Vorbehalt der Legislative und das Prinzip der Gesetzmäßigkeit von Verwaltung und Rechtsprechung, in: Anschütz/Thoma, Handbuch des Deutschen Staatsrechts, Bd. II (1932), S. 222.

[16] Art. 11 Abs. 4 bad.-württ. Verf. vom 11. November 1953 (GesBl. S. 173) und Art. 56 Abs. 7 Satz 1 hess. Verf. vom 1. Dezember 1946 (GVBl. S. 299).

[17] Hess.StGH DöV 1971, 201 (203).

[18] BVerfGE 6, 309 (354). — Allgemein zum Verhältnis zwischen gesamtstaatlichem und gliedstaatlichem Kulturbereich: *Oppermann*, S. 576 ff.

[19] *Heckel*, Schulpolitik, S. 15; *Bettermann/Goessl*, S. 155 m. w. Nachw.

[20] BVerfGE 6, 309 (354). So auch BVerfGE 27, 195 (200); BVerwGE 6, 101 (104); 12, 349 (350); 35, 111 (112). — *Peters*, VVDStRL 23 (1966), S. 251.

[21] *Bettermann/Goessl*, S. 156 f.; *Bettermann*, VVDStRL 23 (1966), S. 272 f.

[22] *Bettermann*, VVDStRL 23 (1966); *Oppermann*, S. 162; *Peters*, BNS, Bd. IV, 1. Hbd., S. 404.

Diese Kompetenzverteilung ist oft kritisiert worden[23]. Diese Kritik vermag aber nicht die gegenwärtige verfassungsrechtliche Lage zu ändern. Allerdings sind der länderrechtlichen Gestaltungsfreiheit durch gesamtstaatliche Normierungen Grenzen gezogen, beispielsweise durch das Elternrecht des Art. 6 Abs. 2 GG[24]. Auch die in Art. 11 GG garantierte Freizügigkeit setzt ein Mindestmaß an Harmonie im Schulverhältnis voraus. Dem sind die Länder durch ihre Arbeit in den Kultusministerkonferenzen weitgehend entgegen gekommen, so daß trotz des eindeutigen Schwerpunktes dieser Materie bei den Ländern *inhaltlich* ein „harmonisiertes Gesamtsystem an entscheidenden Punkten" besteht[25]. Indessen sind gesetzliche Systematik wie auch Dichte und Intensität der Regelungen unterschiedlich, so daß der Überblick für jedes Bundesland gesondert zu erstellen ist.

III. Die Ausgestaltung in den einzelnen Bundesländern[26]

A. Baden-Württemberg

Es bestehen Regelungen über:

1. die Schulpflicht[27], ihren Beginn[28] und ihre Dauer[29]; vorzeitigen[30] Schulbesuch und Zurückstellung[31] vom Schulbesuch; Befreiung[32] von der Schulpflicht und Pflicht zum Besuch der Sonderschule[33]; Schulversäumnisse und Beurlaubungen[34]; Ausschluß aus der Schule[35]; Schulbezirke[36];

---

[23] *Heckel*, Schulpolitik, S. 20 ff.; *Fuß*, Verwaltung und Schule, VVDStRL 23 (1966), S. 227 ff.: „Fehlleistung".

[24] *Oppermann*, S. 159 ff.

[25] *Oppermann*, S. 166.

[26] Die Systematik entspricht dem oben § 3 II dargestellten Überblick. Der Auswertung liegt der Gesetzesstand vom 1. Januar 1973 zugrunde.

[27] Art. 14 Abs. 1 der Verfassung des Landes Baden-Württemberg vom 11. November 1953 (GesBl. S. 173), zuletzt geändert durch Gesetz vom 17. November 1970 (GesBl. S. 492); § 41 Abs. 1 des Gesetzes zur Vereinheitlichung und Ordnung des Schulwesens (SchVOG) vom 5. Mai 1964 (GesBl. S. 235), zuletzt geändert durch Gesetz vom 26. Juli 1968 (GesBl. S. 311).

[28] § 42 Abs. 1 SchVOG.

[29] § 44 SchVOG.

[30] § 43 Abs. 1 SchVOG.

[31] § 43 Abs. 2 SchVOG.

[32] § 41 Abs. 3 SchVOG.

[33] §§ 4 Abs. 9, 49 - 51 SchVOG; Verordnung des Kultusministeriums über die Pflicht zum Besuch der Sonderschule für lernbehinderte Kinder und Jugendliche vom 25. November 1969 (GesBl. S. 289), geändert durch Verordnung vom 25. März 1971 (GesBl. S. 118); Verordnung des Kultusministeriums über die Pflicht zum Besuch der Sonderschule für bildungsschwache Kinder und Jugendliche vom 16. August 1968 (GesBl. S. 404), geändert durch Verordnung vom 7. Mai 1969 (GesBl. S. 92).

Schulveranstaltungen[37]; Schulzwang[38] und Folgen der Zuwiderhandlung[39] gegen die Schulpflicht-Bestimmungen;

2. den Erlaß von Schulordnungen[40] unter Nennung einzelner Regelungsbereiche und Begrenzung von Inhalt und Umfang; Verhalten der Schüler in[41] und außerhalb[42] der Schule; Einhaltung[43] der Schulordnung;

3. Erziehungs- und Ordnungsmaßnahmen[44];

4. Bildungsziele[45]; Religionsunterricht[46]; Schulgeld-[47] und Lernmittelfreiheit[48]; Versuchsschulen[49];

5. Zeugnisse, Prüfungen, Versetzungen[50]; Aufnahme, Austritt und Entlassung[51]; Wahl weiterführender Schulen[52];

6. Beteiligung der Schüler[53], Schülerzeitung[54], Mitwirkung der Eltern[55];

7. Schulgesundheitsdienst[56] und Schülerunfallversicherung[57].

---

[34] § 56 Abs. 1 SchVOG.

[35] § 57 SchVOG.

[36] §§ 9, 45 Abs. 2 SchVOG.

[37] §§ 41 Abs. 4, 56 Abs. 1 SchVOG.

[38] § 53 SchVOG.

[39] § 60 SchVOG.

[40] §§ 7 Abs. 2, 19 Abs. 3, 56 SchVOG.

[41] § 56 Abs. 1 SchVOG.

[42] § 56 Abs. 3 SchVOG.

[43] § 41 Abs. 4 SchVOG.

[44] § 56 Abs. 1 SchVOG.

[45] Art. 12 Abs. 1, 21 Verf.; § 4 SchVOG.

[46] Art. 18 Verf.; §§ 64 - 68 SchVOG.

[47] Art. 14 Abs. 2 Verf.; § 61 SchVOG.

[48] Art. 14 Abs. 2 Verf.; § 62 SchVOG; Verordnung des Kultusministeriums über die Bestimmung der notwendigen Lernmittel (Lernmittelverordnung) vom 8. April 1970 (GesBl. S. 203).

[49] § 5 Abs. 2 und 3 SchVOG.

[50] § 56 Abs. 1 SchVOG.

[51] § 56 Abs. 1 SchVOG.

[52] § 55 SchVOG.

[53] Art. 21 Abs. 1 Verf.; § 39 SchVOG.

[54] § 56 Abs. 1 SchVOG.

[55] Art. 17 Abs. 4 Verf.; §§ 34 - 38 SchVOG; Verordnung des Kultusministeriums über die Elternbeiräte, Gesamtelternbeiräte, den Landeselternbeirat sowie die Klassen-, Fachgruppen-, Abteilungs- und Schulpflegschaften an öffentlichen Schulen (Elternbeiratsverordnung) vom 1. April 1965 (GesBl. S. 80) i.d.F. vom 8. November 1966 (GesBl. S. 247); Verordnung des Kultusministeriums über den Schulbeirat für die öffentlichen Schulen nach § 6 Abs. 1 Nr. 1 des Gesetzes zur Vereinheitlichung und Ordnung des Schulwesens (Schulbeiratsverordnung) vom 16. September 1965 (GesBl. S. 274), zuletzt geändert durch Verordnung vom 12. Oktober 1971 (GesBl. S. 421); Verordnung des Kultusministeriums über Mitgliedschaft, Zuständigkeit und Geschäftsordnung des Landesschulbeirats vom 9. Februar 1966 (GesBl. S. 22).

B. *Bayern*

Geregelt sind:

1. die Schulpflicht[58], ihr Beginn[59] und ihre Dauer[60]; vorzeitiger[61] Schulbesuch und Zurückstellung[62] vom Schulbesuch; Befreiung[63] von der Schulpflicht und Pflicht zum Besuch einer Sonderschule[64]; Befreiung[65] und Beurlaubung[66] vom Unterricht, Verhinderung am Schulbesuch[67]; Ferien[68]; Schulsprengel[69]; Klassenbildung[70]; Schulveranstaltungen[71]; Schulzwang[72] und Folgen der Zuwiderhandlung[73] gegen die Schulpflichtbestimmungen; Untersagung[74] des Schulbesuchs;

2. Verhalten der Schüler in und außerhalb der Schule[75]; Unterrichtszeit und Pausen[76]; der Erlaß von Schulordnungen unter Nennung von Regelungsbereichen[77]; Aushändigung der Schulordnung[78];

---

[56] §§ 56 Abs. 1, 58 SchVOG.

[57] §§ 56 Abs. 1, 59 SchVOG.

[58] Art. 129 Abs. 1 der Verfassung des Freistaates Bayern vom 2. Dezember 1946 (GVBl. S. 333), geändert durch Gesetz vom 15. Juni 1970 (GVBl. S. 239); Art. 1 Abs. 1 Schulpflichtgesetz (SchPG) vom 15. April 1969 (GVBl. S. 97), zuletzt geändert durch Gesetz vom 27. Juli 1971 (GVBl. S. 252).

[59] Art. 7 Abs. 1 SchPG.

[60] Art. 1 Abs. 2, 9 SchPG.

[61] Art. 8 Abs. 1 SchPG.

[62] Art. 8 Abs. 2 und 3 SchPG.

[63] Art. 6 SchPG.

[64] Art. 15 - 17 SchPG; Gesetz über die Errichtung und den Betrieb von Sonderschulen — Sonderschulgesetz (SoSchG) vom 25. Juni 1965 (GVBl. S. 93), zuletzt geändert durch Gesetz vom 15. Juni 1972 (GVBl. S. 189); Erste Verordnung zur Durchführung des Gesetzes über die Errichtung und den Betrieb von Sonderschulen — SoSchG — (1. DVSoSchG) vom 14. Dezember 1966 (GVBl. 1967 S. 145).

[65] § 15 Schulordnung für die Realschulen in Bayern (RSchO) vom 22. Mai 1968 (GVBl. S. 189), geändert durch Verordnung vom 24. August 1971 (GVBl. S. 302); § 15 Schulordnung für die Gymnasien in Bayern vom 22. August 1961 (GVBl. S. 217), zuletzt geändert durch Verordnung vom 21. August 1972 (GVBl. S. 403).

[66] § 16 RSchO; § 16 GSchO.

[67] § 40 in Verb. mit § 31 Abs. 7 RSchO; § 40 in Verb. mit § 31 Abs. 7 GSchO.

[68] Art. 5 Abs. 2e Gesetz über das Erziehungs- und Unterrichtswesen (EUG) vom 9. März 1960 (GVBl. S. 19), zuletzt geändert durch Gesetz vom 15. Juni 1972 (GVBl. S. 189); Art. 2 Abs. 2 SchPG; § 13 RSchO; § 13 GSchO.

[69] Art. 14 - 18 Volksschulgesetz (VoSchG) vom 17. November 1966 (GVBl. S. 402), zuletzt geändert durch Gesetz vom 27. Juli 1971 (GVBl. S. 252).

[70] Art. 9 VoSchG; § 3 Abs. 3 RSchO; § 3 Abs. 3 GSchO.

[71] Art. 5 Abs. 2e EUG; Art. 3 SchPG; Art. 28 Abs. 3 Satz 1 VoSchG; § 14 RSchO; § 14 GSchO.

[72] Art. 18 SchPG.

[73] Art. 19 SchPG.

[74] § 43 RSchO; § 43 GSchO.

[75] § 31 RSchO; § 31 GSchO.

[76] Art. 5 Abs. 2e EUG; § 12 RSchO; § 12 GSchO.

3. Erziehungsmaßnahmen[79] und Schulstrafen[80];

4. Bildungsziele[81]; Unterrichtsfächer, Stundentafeln, Lehrpläne[82] und Lernmittel[83]; Religionsunterricht[84]; Unentgeltlichkeit[85] des Unterrichts und Lernmittelfreiheit[86]; Schulversuche[87]; Schul- und Hausaufgaben[88];

5. Notengebung[89]; Zeugnisse[90], Prüfungen[91], Vorrücken und Nichtvorrücken[92], Überspringen[93] eines Jahrgangs, Aufnahme[94] in die Schule und Austritt[95] aus der Schule; Beurteilungsbogen[96];

6. Schülermitverwaltung[97] und Mitwirkung der Eltern[98];

7. Schulärztliche Betreuung[99] und Schülerversicherungen[100].

---

77 Art. 5 Abs. 2 EUG; Art. 3 Satz 3 SchPG; Art. 28 Abs. 2 und 3 VoSchG.

78 § 37 Abs. 2 RSchO; § 37 Abs. 2 GSchO.

79 Art. 28 Abs. 3 Satz 3 VoSchG; § 31 Abs. 10 RSchO; § 31 Abs. 10 GSchO.

80 Art. 5 Abs. 2i EUG; Art. 28 Abs. 3 Satz 3 VoSchG; §§ 34 - 36 RSchO; §§ 34 - 36 GSchO.

81 Art. 131 Verf.; Art. 4 Abs. 1 und 2 EUG; Art. 3 Abs. 2 VoSchG; § 1 Abs. 1 RSchO; § 1 Abs. 1 GSchO.

82 Art. 5 Abs. 2c EUG; §§ 2, 9, 10 RSchO; §§ 2 Abs. 2, 9, 10 GSchO.

83 Art. 5 Abs. 2d EUG; § 11 RSchO; § 11 GSchO.

84 Art. 136 Abs. 2, 137 Verf.; Art. 20 VoSchG.

85 Art. 129 Abs. 2 Verf.; Gesetz über die Schulgeldfreiheit vom 5. März 1949 (GVBl. S. 59), zuletzt geändert durch Gesetz vom 27. Oktober 1970 (GVBl. S. 496); Art. 39 VoSchG; § 4 Abs. 1 RSchO; § 4 Abs. 1 GSchO.

86 Gesetz über die Lernmittelfreiheit vom 5. März 1949 (GVBl. S. 59), zuletzt geändert durch Gesetz vom 25. Juli 1972 (GVBl. S. 297).

87 Art. 22 VoSchG.

88 § 17 RSchO; § 17 GSchO.

89 Art. 28 Abs. 3 Satz 2 VoSchG; § 18 RSchO; § 18 GSchO.

90 Art. 5 Abs. 2f EUG; Art. 28 Abs. 3 Satz 2 VoSchG; §§ 18, 28 RSchO; §§ 18, 28 GSchO.

91 Art. 5 Abs. 2g EUG; Art. 28 Abs. 3 Satz 2 VoSchG; §§ 23 - 27 RSchO; §§ 23 - 27 GSchO.

92 Art. 5 Abs. 2f EUG; Art. 10 SchPG; §§ 20, 21 RSchO; §§ 20, 21 GSchO.

93 Art. 10 SchPG.

94 Art. 132 Verf.; Art. 5 Abs. 2b EUG; Art. 1 Abs. 3 Satz 2 SchPG; §§ 1 Abs. 2, 6 RSchO; §§ 1 Abs. 2, 6 GSchO.

95 Art. 5 Abs. 2b EUG; § 8 RSchO; § 8 GSchO.

96 § 19 RSchO; § 19 GSchO.

97 § 33 RSchO; § 33 GSchO.

98 Art. 5 Abs. 2l EUG; Art. 56 - 64 VoSchG; § 38 RSchO; § 38 GSchO.

99 Art. 5 Abs. 2k EUG; Art. 28 Abs. 3 VoSchG; § 41 Abs. 2 RSchO; § 41 Abs. 2 GSchO.

100 Art. 5 Abs. 2k EUG; §§ 4 Abs. 3, 42 RSchO; §§ 4 Abs. 3, 42 GSchO.

C. Berlin

Rechtsvorschriften regeln:

1. die Schulpflicht[101], ihren Beginn[102] und ihre Dauer[103]; den vorzeitigen[104] Schulbesuch und die Zurückstellung[105]; die Befreiung[106] von der Schulpflicht und die Pflicht zum Sonderschulbesuch[107]; Befreiung[108] und Beurlaubung[109] vom Schulbesuch und Versäumnisse[110]; die Ferien[111]; den Besuch von Schulveranstaltungen[112]; Schulzwang[113] und Folgen der Zuwiderhandlung[114] gegen die Schulpflichtbestimmungen;

2. eine allgemeine Globalermächtigung zum Erlaß von Rechtsverordnungen[115];

3. das Verbot der körperlichen Züchtigung[116];

4. Bildungsziel[117], insbesondere Fremdsprachenerziehung[118]; Religionsunterricht[119]; Unentgeltlichkeit von Schulbesuch[120], Lernmitteln[121] und be-

---

[101] § 7 Abs. 1 Schulgesetz für Berlin vom 26. Juni 1948 (VOBl. I S. 358), zuletzt geändert durch Gesetz vom 14. Dezember 1972 (GVBl. S. 2293).

[102] § 7 Abs. 2 SchG.

[103] § 7a Abs. 1 SchG.

[104] § 7 Abs. 3 SchG.

[105] § 8 Abs. 1 SchG; § 6 Abs. 1 Satz 1 der Achten Durchführungsverordnung zum Schulgesetz für Berlin (Schulpflichtverordnung) vom 7. November 1958 (GVBl. S. 1075), geändert durch Gesetz vom 5. August 1966 (GVBl. S. 1292).

[106] § 8 Abs. 2 SchG; §§ 6 Abs. 2 Satz 2, Abs. 3, 7 Abs. 4 SchpflVO.

[107] § 6 SchG; § 6 Abs. 1 Satz 2 SchpflVO.

[108] § 11 Abs. 1 Satz 2 SchpflVO.

[109] § 12 SchpflVO.

[110] § 13 SchpflVO.

[111] § 6a Abs. 2 SchG.

[112] § 7 Abs. 5 SchG.

[113] § 9 Abs. 1 SchG.

[114] § 9 Abs. 2 - 4 SchG.

[115] § 26 SchG.

[116] § 1 der Verordnung des Magistrats über das Verbot der körperlichen Züchtigung in den Schulen Groß-Berlins vom 10. Juni 1948 (VOBl. S. 340). Es handelt sich dabei um eine Rechtsvorschrift, keine bloße „Verwaltungsanordnung"! So aber BGHSt. 6, 263 (267).

[117] § 1 SchG.

[118] § 21 Abs. 3 SchG.

[119] §§ 14, 15 SchG; § 4 der Fünften Durchführungsverordnung zum Schulgesetz für Berlin vom 3. November 1952 (GVBl. S. 1008).

[120] § 1 Zweite Durchführungsverordnung zum Schulgesetz für Berlin vom 25. August 1950 (VOBl. I S. 391), zuletzt geändert durch Gesetz vom 7. März 1969 (GVBl. S. 337).

[121] § 10 SchG; § 2 der 2. DVO.

sonderen Beförderungs- bzw. sonstigen technischen Hilfsmitteln[122]; Koedukation[123]; Versuchsschulen[124];

5. die Wahl[125] weiterführender Schulen und die Probezeit[126];

6. Schülermitverantwortung[127] und Elternmitwirkung[128];

7. Schulgesundheitspflege[129].

D. Bremen

Geregelt sind:

1. das Bestehen der Schulpflicht[130], ihr Beginn[131] und ihre Dauer[132]; vorzeitiger[133] Schulbesuch und Zurückstellung[134]; Befreiung[135] von der Schulpflicht und Pflicht zum Besuch einer Sonderschule[136]; Ausschluß vom Klassenunterricht[137]; Klassenstärke[138]; Schulzwang[139] und Folgen der Zuwiderhandlung[140] gegen die Bestimmungen über die Schulpflicht;

2. die Einhaltung der Schulordnung[141];

---

[122] § 8 der 10. DVO.

[123] § 11 SchG; Sechste Durchführungsverordnung zum Schulgesetz von Berlin vom 13. November 1952 (GVBl. S. 1032), geändert durch Verordnung vom 13. Juli 1954 (GVBl. S. 425).

[124] § 3a SchG.

[125] § 21a Abs. 1 SchG.

[126] § 21a Abs. 2 SchG; Dritte Durchführungsverordnung zum Schulgesetz für Berlin (Verordnung über die Probezeit in dem gewählten Oberschulzweig) vom 16. Juni 1967 (GVBl. S. 870).

[127] § 17 SchG.

[128] §§ 3, 18 SchG; Erste Durchführungsverordnung zum Schulgesetz für Groß-Berlin vom 28. Februar 1950 (VOBl. I S. 76), geändert durch Verordnung vom 9. April 1962 (GVBl. S. 429).

[129] § 12 SchG.

[130] Art. 30 der Landesverfassung der Freien Hansestadt Bremen vom 21. Oktober 1947 (GesBl. S. 251), zuletzt geändert durch Gesetz vom 28. September 1970 (GesBl. S. 93); § 7 Abs. 1 Gesetz über das Schulwesen der Freien Hansestadt Bremen vom 4. April 1949 (GesBl. S. 59), zuletzt geändert durch Gesetz vom 8. September 1970 (GesBl. S. 94).

[131] § 10 Abs. 2 SchulwG.

[132] §§ 9, 11 SchulwG.

[133] § 10 Abs. 3 SchulwG.

[134] § 10 Abs. 4 SchulwG.

[135] § 7 Abs. 2 SchulwG.

[136] § 8 Abs. 3 SchulwG.

[137] § 8 Abs. 4 SchulwG; Vierte Durchführungsverordnung zum Gesetz über das Schulwesen der Freien Hansestadt Bremen (Gemeinschaftsgefährdende Schüler) vom 25. März 1958 (GesBl. S. 31).

[138] § 3 Abs. 2 Schulverwaltungsgesetz für die Freie Hansestadt Bremen vom 31. Januar 1950 (GesBl. S. 21).

[139] § 29 SchulwG.

[140] §§ 30, 31 SchulwG.

[141] § 28 Abs. 1 SchulwG.

3. —

4. Bildungsziele[142], Unterricht in Biblischer Geschichte[143], Lehr- und Stundenpläne[144]; Unentgeltlichkeit von Unterricht[145] und Lernmitteln[146]; Koedukation[147]; Schulversuche und Versuchsschulen[148];

5. Abschlußprüfungen[149] und Übergang auf weiterführende Schulen[150];

6. Beteiligung von Schülern[151] und Mitwirkung der Erziehungsberechtigten[152];

7. Sicherheitsmaßnahmen[153] und gesundheitliche Einrichtungen[154].

E. Hamburg

Rechtsvorschriften erfassen folgende Bereiche:

1. das Bestehen der Schulpflicht[155], ihren Beginn[156] und ihre Dauer[157]; vorzeitigen[158] Schulbesuch und Zurückstellung vom Schulbesuch[159]; die Pflicht zum Sonderschulbesuch[160]; Befreiung vom Schulbesuch[161]; Schulzwang[162]; Folgen der Zuwiderhandlung gegen die Schulpflichtbestimmungen[163];

---

[142] Art. 26 Landesverf.; §§ 6 Abs. 2, 14 Abs. 2, 17 Abs. 3, 18 Abs. 1, 19 Abs. 1, 20 Abs. 1 SchulwG.

[143] Art. 32 Landesverf.

[144] § 3 Abs. 2 SchVG.

[145] Art. 31 Abs. 2 Landesverf.; Gesetz zum Artikel 31 Abs. 2 der Landesverfassung der Freien Hansestadt Bremen vom 21. Oktober 1947 über die Unentgeltlichkeit des Schulunterrichts vom 4. Mai 1948 (GesBl. S. 68), zuletzt geändert durch Gesetz vom 11. Mai 1965 (GesBl. S. 101).

[146] Art. 31 Abs. 3 Landesverf.

[147] § 4 Abs. 2 SchulwG.

[148] § 27 SchulwG.

[149] § 5 Abs. 3 SchVG.

[150] § 16 SchulwG.

[151] § 5 Abs. 2 SchulwG.

[152] § 5 Abs. 1 SchulwG; Zweite Durchführungsverordnung zum Gesetz über das Schulwesen der Freien Hansestadt Bremen (Mitwirkung der Erziehungsberechtigten in den öffentlichen Schulen) vom 7. Dezember 1954 (GesBl. S. 120), zuletzt geändert durch Verordnung vom 16. September 1969 (GesBl. S. 109).

[153] § 3 Abs. 2 SchVG.

[154] § 6 Abs. 1 SchulwG; § 3 Abs. 2 SchVG.

[155] § 2 Schulgesetz der Freien und Hansestadt Hamburg vom 9. Dezember 1966 (GVBl. S. 257), zuletzt geändert durch Gesetz vom 19. September 1972 (GVBl. S. 162).

[156] § 5 Abs. 1 SchG.

[157] § 6 SchG.

[158] § 5 Abs. 2 SchG.

[159] § 5 Abs. 3 SchG.

[160] § 25 SchG.

[161] § 2 SchG.

[162] § 30 Abs. 2 SchG.

[163] §§ 31, 32 SchG.

2. die Einhaltung der Schulordnung[164];

3. —

4. Bildungsziel[165] und Religionsunterricht[166]; Schulgeld-[167] und Lernmittelfreiheit[168]; Koedukation[169]; Schulversuche[170];

5. Wahl der weiterführenden Schule[171];

6. Schülervertretung[172] und Elternbeteiligung[173];

7. Entschädigung bei Schulunfällen[174].

F. Hessen

Geregelt sind:

1. das Bestehen der Schulpflicht[175], ihr Beginn[176] und ihre Dauer[177]; vorzeitiger Schulbesuch[178] und Zurückstellung[179]; Beurlaubung[180] und Befreiung[181] von der Schulpflicht; Ausschluß vom Schulbesuch[182] und Pflicht zum Sonderschulbesuch[183]; Schulbezirke[184]; Schulzwang[185] und Folgen der Verletzung der Schulpflichtbestimmungen[186];

---

164 § 30 Abs. 1 SchG.

165 § 11 Abs. 2 und 3 SchG.

166 § 9 Abs. 1 SchG.

167 § 7 Abs. 2a SchG.

168 § 7 Abs. 2b SchG.

169 § 8 Abs. 2 SchG.

170 § 24 SchG.

171 § 12 SchG.

172 §§ 1 Abs. 5, 36 Schulverwaltungsgesetz der Freien und Hansestadt Hamburg vom 8. Juli 1968 (GVBl. S. 185), geändert durch Gesetz vom 18. Februar 1970 (GVBl. S. 61).

173 §§ 1 Abs. 3, 14 - 28, 38 SchVG.

174 § 7 Abs. 2c SchG; Verordnung über die Entschädigung bei Schulunfällen vom 5. Dezember 1967 (GVBl. S. 326).

175 Art. 56 Abs. 1 Satz 1 der Verfassung des Landes Hessen vom 1. Dezember 1946 (GVBl. S. 229), geändert durch Gesetz vom 23. März 1970 (GVBl. S. 281); § 1 Abs. 1 Hessisches Schulpflichtgesetz vom 17. Mai 1961 (GVBl. S. 69), zuletzt geändert durch Gesetz vom 18. März 1970 (GVBl. S. 245).

176 § 2 Abs. 1 SchpflG.

177 § 4 SchpflG.

178 § 2 Abs. 2 und 3 SchpflG.

179 § 3 SchpflG; § 6 Gesetz über die Unterhaltung und Verwaltung der öffentlichen Schulen und die Schulaufsicht (Schulverwaltungsgesetz — SchVG) vom 28. Juni 1961 (GVBl. S. 87), zuletzt geändert durch Gesetz vom 13. Juli 1971 (GVBl. S. 189).

180 § 18 Abs. 1 SchpflG.

181 § 18 Abs. 2 SchpflG.

182 § 20 SchpflG.

183 §§ 6, 7 SchpflG.

184 § 54 SchpflG.

185 § 22 SchpflG.

186 §§ 23, 24 SchpflG.

2. der Erlaß von Schulordnungen[187] unter Begrenzung ihres Inhalts und Umfangs[188] und Angabe einzelner Regelungsbereiche[189];

3. —

4. Bildungsziele[190] und Religionsunterricht[191]; Schulgeld-[192] und Lernmittelfreiheit[193]; Koedukation[194]; Schulversuche und Versuchsschulen[195];

5. die Wahl weiterführender Schulen[196];

6. Schülervertretung[197], Schülerzeitung[198] und Mitwirkung der Eltern[199];

7. Schülerunfallversicherung[200] und schulärztliche Untersuchung[201].

G. Niedersachsen

Rechtsvorschriften bestehen für folgende Bereiche:

1. die Schulpflicht[202], ihren Beginn[203] und ihre Dauer[204]; vorzeitigen[205] Schulbesuch; Befreiung von der Schulpflicht[206] und Pflicht zum Besuch der Sonderschule[207]; Schulzwang[208] und Folgen der Zuwiderhandlung[209] gegen die Bestimmungen über die Schulpflicht;

---

[187] § 44 Abs. 1 Satz 1 SchVG.

[188] § 44 Abs. 1 Satz 2 SchVG.

[189] § 44 Abs. 2 SchVG.

[190] Art. 56 Abs. 4 und 5 Verf.

[191] Art. 57, 58 Verf.

[192] Art. 59 Abs. 1 Satz 1 Verf.; §§ 1, 2 Gesetz über Unterrichtsgeld- und Lernmittelfreiheit und Erziehungsbeihilfen vom 28. Juni 1961 (GVBl. S. 100), zuletzt geändert durch Gesetz vom 15. Dezember 1972 (GVBl. S. 418).

[193] Art. 59 Abs. 1 Satz 2 Verf.; §§ 3 - 5 Unterrichtsgeld- und LernmittelfreiheitG.

[194] § 1 Abs. 2 Satz 3 SchVG.

[195] §§ 3, 4 SchVG.

[196] Art. 59 Verf.; § 2 SchVG.

[197] §§ 44 Abs. 2 Nr. 5, 49 SchVG; Verordnung über die Schülervertretungen an den öffentlichen Schulen vom 3. August 1970 (GVBl. S. 536).

[198] § 44 Abs. 2 Nr. 6 SchVG.

[199] Art. 56 Abs. 6 Verf.; Gesetz über die Mitbestimmung der Erziehungsberechtigten und den Landesschulbeirat vom 13. November 1958 (GVBl. S. 174), zuletzt geändert durch Gesetz vom 18. März 1970 (GVBl. S. 256).

[200] §§ 43, 44 Abs. 2 Nr. 7 SchVG.

[201] §§ 42 Abs. 2, 44 Abs. 2 Nr. 7 SchVG; § 17 SchpflG.

[202] § 1 Gesetz über das öffentliche Schulwesen in Niedersachsen vom 14. September 1954 (GVBl. S. 89), zuletzt geändert durch Gesetz vom 24. Juni 1970 (GVBl. S. 237).

[203] § 17 Abs. 1 SchulwG.

[204] § 19 SchulwG.

[205] § 17 Abs. 2 SchulwG.

[206] § 26 Nr. 2 SchulwG.

[207] §§ 21, 22 SchulwG.

[208] § 27 SchulwG.

[209] § 29 SchulwG.

2. die Einhaltung der Schulordnung[210];

3. —

4. Bildungsziel[211] und Religionsunterricht[212]; Schulgeldfreiheit[213];

5. Aufnahme in die Schule[214];

6. Schülermitverantwortung[215] und Mitwirkung der Eltern[216];

7. —

H. Nordrhein-Westfalen

Geregelt sind:

1. das Bestehen der Schulpflicht[217], ihr Beginn[218] und ihre Dauer[219]; vorzeitiger[220] Schulbesuch und Zurückstellung[221] vom Besuch; Ruhen[222] der Schulpflicht und Pflicht zum Besuch der Sonderschule[223]; Ausschluß vom Schulbesuch[224]; die Ferien[225]; Schulbezirke[226]; die Klassenstärke[227]; Schulzwang[228] und Folgen der Zuwiderhandlung gegen die Bestimmungen über die Schulpflicht[229];

---

210 § 28 Abs. 1 SchulwG.

211 § 3 SchulwG.

212 § 5 SchulwG.

213 Zweites Gesetz über die Schulgeldfreiheit an den öffentlichen Schulen in Niedersachsen vom 14. Dezember 1962 (GVBl. S. 285).

214 § 9 Gesetz über die Verwaltung öffentlicher Schulen (Schulverwaltungsgesetz) vom 19. Mai 1954 (GVBl. S. 29), zuletzt geändert durch Gesetz vom 27. Juli 1971 (GVBl. S. 261).

215 § 22 Abs. 3 SchVG.

216 § 21 Abs. 1 SchVG; Gesetz über die Elternvertretungen für die Schulen im Lande Niedersachsen, die Schulbeiräte und den Landesschulbeirat (Niedersächsisches Elternvertretungsgesetz — NEVG —) vom 14. Mai 1970 (GVBl. S. 189).

217 Art. 8 Nr. 2 Verfassung für das Land Nordrhein-Westfalen vom 28. Juni 1950 (GV NW S. 127), zuletzt geändert durch Gesetz vom 16. Juli 1969 (GVBl. S. 535); § 1 Abs. 1 Gesetz über die Schulpflicht im Lande Nordrhein-Westfalen (Schulpflichtgesetz — SchpflG) vom 14. Juni 1966 (GV NW S. 365), zuletzt geändert durch Gesetz vom 16. Dezember 1969 (GV NW 1970 S. 22).

218 § 3 Abs. 1 SchpflG.

219 §§ 5, 6 SchpflG.

220 § 3 Abs. 2 SchpflG.

221 § 4 SchpflG.

222 § 14 SchpflG.

223 §§ 8, 9 SchpflG.

224 § 15 SchpflG.

225 § 27 Schulverwaltungsgesetz (SchVG) vom 3. Juni 1958 (GV NW S. 241), zuletzt geändert durch Gesetz vom 24. Juni 1969 (GV NW S. 454).

226 § 7 Abs. 1 SchpflG; § 9 SchVG.

227 § 3 Abs. 1 Erstes Gesetz zur Ordnung des Schulwesens im Lande Nordrhein-Westfalen vom 8. April 1952 (GV NW S. 61), zuletzt geändert durch Gesetz vom 5. März 1968 (GV NW S. 36).

228 § 19 SchpflG.

229 § 20 SchpflG.

2. der Erlaß von Schulordnungen[230];

3. —

4. Bildungsziele[231] und Religionsunterricht[232]; Schulgeld-[233] und Lernmittelfreiheit[234]; Berücksichtigung des Geschlechtsunterschiedes[235];

5. die Aufnahme in weiterführende Schulen[236];

6. Schülermitverwaltung[237] und Mitwirkung der Eltern[238];

7. schulärztliche Betreuung[239].

J. Rheinland-Pfalz

Rechtsvorschriften bestehen für:

1. die Schulpflicht[240], ihren Beginn[241] und ihre Dauer[242]; den vorzeitigen Schulbesuch[243] und Zurückstellung[244] davon; Befreiung[245] von der Schulpflicht und Pflicht zum Besuch einer Sonderschule[246]; Ausschluß[247] vom Schulbesuch; Schulbezirke[248]; Schulzwang[249] und Folgen der Zuwiderhandlung[250] gegen die Schulpflichtbestimmungen;

---

230 § 26 SchVG.

231 Art. 7, 11 Verf.; §§ 1, 16 Abs. 1, 19 - 21 SchOG.

232 Art. 14 Verf.; §§ 31 - 35 SchOG.

233 Art. 9 Abs. 1 Verf.; Gesetz über die Einführung und Durchführung der Schulgeldfreiheit im Lande Nordrhein-Westfalen vom 31. Januar 1956 (GV NW S. 95), zuletzt geändert durch Gesetz vom 27. Juni 1961 (GV NW S. 230).

234 Art. 9 Abs. 2 Verf.; Gesetz über die Einführung und Durchführung der Lernmittelfreiheit im Lande Nordrhein-Westfalen vom 29. Juni 1965 (GV NW S. 210) i.d.F. vom 20. April 1970 (GV NW S. 298).

235 § 2 Abs. 5 SchOG.

236 Art. 10 Nr. 1 Satz 3 Verf.; § 2 Abs. 2 und 3 Satz 2 SchOG; § 28 Abs. 2 SchVG.

237 § 25 SchVG.

238 Art. 10 Nr. 2 Verf.; §§ 5 - 15 SchOG; Erste Verordnung zur Ausführung des Ersten Gesetzes zur Ordnung des Schulwesens im Lande Nordrhein-Westfalen vom 8. April 1952 (GV NW S. 61) betreffend die Mitwirkung der Erziehungsberechtigten an der Gestaltung des Schulwesens vom 31. Juli 1952 (GV NW S. 434).

239 § 3 Abs. 3 SchOG; § 29 SchVG.

240 § 1 Abs. 1 Landesgesetz über die Schulpflicht im Lande Rheinland-Pfalz (Schulpflichtgesetz) vom 22. Dezember 1955 (GVBl. S. 115), zuletzt geändert durch Gesetz vom 5. März 1970 (GVBl. S. 96).

241 § 2 Abs. 1 SchpflG.

242 § 4 SchpflG.

243 § 2 Abs. 2 SchpflG.

244 § 3 SchpflG.

245 § 12 SchpflG.

246 §§ 6, 7 SchpflG; §§ 54, 55 Landesgesetz über die öffentlichen Grund-, Haupt- und Sonderschulen (GHS-SchG) vom 9. Mai 1968 (GVBl. S. 73) i.d.F. vom 3. August 1970 (GVBl. S. 344).

247 §§ 13, 14 SchpflG.

248 §§ 11, 12 GHS-SchG.

2. den Erlaß von Schulordnungen unter Nennung einzelner Regelungsbereiche[251];

3. Verweisung von der Schule[252];

4. Bildungsziele[253]; Religionsunterricht[254]; Schulgeldfreiheit[255]; die Beachtung der Eigenart der männlichen und weiblichen Jugend[256];

5. Aufnahme in weiterführende Schulen[257];

6. Schülermitverwaltung[258] und Mitwirkung der Eltern[259];

7. schulärztliche Untersuchung[260].

K. Saarland

Rechtlich geregelt sind:

1. die Schulpflicht[261], ihr Beginn[262] und ihre Dauer[263]; vorzeitiger[264] Schulbesuch und Zurückstellung vom Schulbesuch[265]; Befreiung von der

---

[249] § 15 SchpflG.

[250] § 17 SchpflG.

[251] § 42 GHS-SchG; § 3 Abs. 2 und 3 Landesgesetz über die öffentlichen höheren Schulen vom 25. November 1958 (GVBl. S. 197), zuletzt geändert durch Gesetz vom 12. November 1968 (GVBl. S. 236).

[252] § 3 Abs. 3 öffhöhSchG.

[253] Art. 33 und 38 der Verfassung für Rheinland-Pfalz vom 18. Mai 1947 (VOBl. S. 209), zuletzt geändert durch Gesetz vom 20. Dezember 1971 (GVBl. 1972, S. 1); § 2 GHS-SchG.

[254] Art. 34, 35 Verf.; §§ 50 - 53 GHS-SchG.

[255] Landesgesetz über Schulgeldfreiheit vom 29. Dezember 1961 (GVBl. S. 276), geändert durch Gesetz vom 28. Juli 1966 (GVBl. S. 207).

[256] Art. 32 Verf.

[257] § 24 Landesgesetz über die öffentlichen Mittelschulen (Realschulgesetz — RealSchG —) vom 8. März 1963 (GVBl. S. 87), geändert durch Gesetz vom 28. Juli 1966 (GVBl. S. 207); § 19 öffhöhSchG.

[258] § 27 RealSchG; § 22 öffhöhSchG.

[259] Landesgesetz über Elternbeiräte vom 18. November 1965 (GVBl. S. 229) i.d.F. vom 3. August 1970 (GVBl. S. 353).

[260] § 4 Abs. 1 Satz 2 und 3 öffhöhSchG.

[261] § 1 Abs. 1 Gesetz Nr. 826 über die Schulpflicht im Saarland (Schulpflichtgesetz) vom 11. März 1966 (ABl. S. 205), geändert durch Gesetz vom 2. Februar 1970 (ABl. S. 267); § 39 Abs. 1 und 3 Gesetz zur Ordnung des Schulwesens im Saarland (Schulordnungsgesetz — SchOG) vom 5. Mai 1965 (ABl. S. 385) i.d.F. vom 7. November 1969 (ABl. S. 768).

[262] § 2 Abs. 1 SchpflG.

[263] § 4 SchpflG.

[264] § 2 Abs. 2 SchpflG.

[265] § 3 SchpflG; § 2 Erste Verordnung zur Durchführung des Gesetzes über die Schulpflicht im Saarland (Schulpflichtgesetz) vom 30. März 1966 (ABl. S. 269), geändert durch die Dritte Durchführungsverordnung zum Schulpflichtgesetz vom 10. März 1970 (ABl. S. 279).

Schulpflicht[266] und Pflicht zum Besuch einer Sonderschule[267]; Beurlaubung[268] und Ausschluß[269] vom Schulbesuch; die Ferien[270]; Schulbezirk[271]; Schulzwang[272] und Folgen der Zuwiderhandlung gegen die Bestimmungen über die Schulpflicht[273];

2. der Erlaß von Schulordnungen[274] unter Angabe einzelner Regelungsbereiche[275] und inhaltlicher Schranken[276];

3. —

4. Bildungsziele[277]; Religionsunterricht[278]; die Schulgeldfreiheit[279]; die Errichtung von Versuchsschulen[280];

5. die Aufnahme in bestimmte Schulgattungen und Auswahl weiterführender Schulen[281];

6. Schülermitverantwortung[282] und Elternmitwirkung[283];

7. Schülerunfallversicherung[284] und Schulgesundheitspflege[285].

L. Scheswig-Holstein

Rechtsvorschriften erfassen:

1. das Bestehen der Schulpflicht[286], ihren Beginn[287] und ihre Dauer[288]; vorzeitigen Schulbesuch[289] und Zurückstellung vom Schulbesuch[290]; Be-

---

266 § 13 SchpflG; § 39 Abs. 2 SchOG.

267 §§ 6, 7 SchpflG; § 6 SchOG; §§ 4 - 10 1. DVO.

268 § 5 Abs. 4 SchpflG.

269 § 14 SchpflG; § 41 SchOG; § 12 1. DVO.

270 § 44 SchOG.

271 § 5 Abs. 5 SchpflG; § 29 SchOG.

272 § 16 SchpflG.

273 § 17 SchpflG.

274 § 42 Abs. 1 SchOG.

275 § 42 Abs. 2 SchOG.

276 § 42 Abs. 3 SchOG.

277 Art. 26 Abs. 1, 30 der Verfassung des Saarlandes vom 15. Dezember 1947 (ABl. S. 1077), zuletzt geändert durch Gesetz vom 5. November 1969 (ABl. S. 705); §§ 1, 2 Abs. 2 SchOG.

278 Art. 29 Verf.; §§ 20 - 25 SchOG.

279 Gesetz Nr. 662 über Schulgeldfreiheit vom 6. Februar 1959 (ABl. S. 597), geändert durch Gesetz vom 12. Juli 1971 (ABl. S. 475).

280 § 7 SchOG.

281 Art. 27 Abs. 6 Verf.; § 40 Abs. 1 und 2 SchOG.

282 §§ 27 Abs. 1, 43 SchOG.

283 §§ 27 Abs. 1, 45 - 54 SchOG; Verordnung über die Tätigkeit und die Wahl der Elternvertretungen sowie über die Tätigkeit des Landesschulbeirates vom 16. August 1967 (ABl. S. 682).

284 § 31 SchOG.

285 § 30 SchOG.

286 Art. 6 Abs. 1 der Landessatzung für Schleswig-Holstein vom 13. Dezember 1949 (GVOBl. 1950 S. 3), zuletzt geändert durch Gesetz vom 12. Dezember 1969

urlaubung[291] und Ausschluß[292] vom Schulbesuch sowie Befreiung[293] von der Schulpflicht und Pflicht zum Sonderschulbesuch[294]; Schulzwang[295]; Folgen der Zuwiderhandlung gegen die Schulpflichtbestimmungen[296];

2. die Pflicht zur Einhaltung der Schulordnung[297];

3. das Verfahren bei Widersprüchen gegen die Verweisung von der Schule[298];

4. Schulgeld-[299] und Lernmittelfreiheit[300];

5. die Aufnahme in weiterführende Schulen[301];

6. die Mitwirkung der Eltern[302] und Schüler[303];

7. —

§ 5 Auswertung der das Schulverhältnis regelnden Rechtssätze

I. Auswertung nach Ländern

Umfang und Intensität gesetzlicher oder auf gesetzlicher Grundlage beruhender Regelungen des Schulverhältnisses variieren in den einzelnen Bundesländern beträchtlich. Während Bayern eine recht umfangreiche Gestaltung aufweist, bildet Niedersachsen mit seinen vereinzelten Regelungen das Schlußlicht. Insgesamt zeichnet sich deutlich eine Zweiteilung der Bundesländer ab in solche mit einer modernen Schulgesetz-

---

(GVOBl. S. 279); § 1 Gesetz über die Schulpflicht vom 5. Dezember 1955 (GVOBl. S. 169), zuletzt geändert durch Gesetz vom 24. März 1970 (GVOBl. S. 66).

287 § 2 Abs. 1 SchpflG.

288 § 4 SchpflG.

289 § 2 Abs. 2 SchpflG.

290 § 3 SchpflG.

291 § 5 Abs. 4 SchpflG.

292 § 11 Abs. 3 SchpflG.

293 § 11 Abs. 1 SchpflG.

294 §§ 6, 7 SchpflG.

295 § 12 SchpflG.

296 § 14 SchpflG.

297 § 13 Abs. 1b SchpflG.

298 Landesverordnung über den Beirat für Widersprüche gegen Verweisungen von der Schule (Widerspruchsbeirat) vom 22. Mai 1968 (GVOBl. S. 155).

299 §§ 1 - 4 Gesetz über Schulgeldfreiheit, Lernmittelfreiheit und Erziehungsbeihilfen vom 3. Februar 1951 (GVOBl. S. 78), zuletzt geändert durch Gesetz vom 8. Dezember 1965 (GVOBl. S. 169).

300 § 10 Gesetz vom 3. Februar 1951 (s. Fußn. 299).

301 Art. 6 Abs. 2 Landessatzung; § 36 Gesetz über die Unterhaltung und Verwaltung der öffentlichen Schulen (Schulunterhaltungs- und Schulverwaltungsgesetz — SchUVG) i.d.F. vom 26. März 1971 (GVOBl. S. 118).

302 §§ 58 - 61 SchUVG.

303 § 62 SchUVG.

gebung — die den Versuch unternimmt, Einzelbereiche des Schulverhältnisses gesetzgeberisch in den Griff zu bekommen — und solche ohne neuere Schulgesetze. Zu diesen Nachzüglern zählen neben Niedersachsen und Scheswig-Holstein auffallenderweise alle drei Stadtstaaten[304]. Die Vermeidung der Gesetzesform im Schulverhältnis hat durchaus nicht ein Bildungsdefizit zur Folge. Um keine falschen Vorstellungen zu erwecken, muß deshalb unmißverständlich ausgesprochen werden, daß das Anliegen der vorliegenden Untersuchung nicht in einer Verbesserung des Bildungsangebots besteht, sondern allein darin, für die Betätigung der öffentlichen Gewalt im Schulverhältnis gesetzliche Grundlagen zu fordern.

II. Auswertung nach Materien

A. In allen (oder nahezu allen) Bundesländern sind geregelt: das Bestehen, der Beginn und die Dauer der Schulpflicht, vorzeitiger Schulbesuch und Zurückstellung vom Schulbesuch, Befreiung von der Schulpflicht und Pflicht zum Sonderschulbesuch, Schulzwang und Folgen der Zuwiderhandlung gegen die Schulpflicht-Bestimmungen.

Es handelt sich bei den Schulpflichtbestimmungen um die einzige geschlossene gesetzlich geregelte Materie im Bereich des Schulverhältnisses. Auch nach traditioneller Lehre bedarf die zwangsweise Begründung eines besonderen Gewaltverhältnisses einer gesetzlichen Grundlage[305]. Der auffallende Gleichklang dieser Bestimmungen in allen Bundesländern hat seinen Grund im gemeinsamen Vorbild: Alle Bundesländer orientieren sich am Reichsschulpflichtgesetz vom 6. Juli 1938[306] und wandeln es nur in Einzelheiten ab. Die Schulpflicht ist deshalb in allen Ländern einheitlich gestaltet[307].

Daneben finden sich sporadische Regelungen vereinzelter Teilmaterien: vage Bildungsziele[308], Religion als (ordentliches) Unterrichtsfach[309], Aufnahme in die Schule bzw. Wahl weiterführender Schulzweige, Schüler-

---

[304] Insbesondere die Schulgesetze der ersten Gesetzgebungswelle begnügen sich mit minimalen Regelungen. So das bln. SchG vom 26. Juni 1948 und das brem. SchulwG vom 4. April 1949.

[305] *Thoma*, HDStR Bd. II, S. 224; *Landé*, HDStR Bd. II, S. 700; *Freudenberger*, S. 175. Es sei nur auf die Begründung der Wehrpflicht hingewiesen!

[306] RGBl. I, S. 799.

[307] *Heckel/Seipp*, S. 349.

[308] Vgl. dazu *Perschel*, Die Meinungsfreiheit des Schülers (1962), S. 39 ff. Mehr als den Gemeinplatz, daß Erziehung im Geiste der Demokratie zur geistigen Mündigkeit des Schülers führen soll, läßt sich ihnen allerdings nicht entnehmen — von den Mitteln zur Erreichung dieses Ziels ganz abgesehen.

[309] Die konfessionelle Ausgestaltung nimmt — man ist geneigt zu sagen: im Gegensatz zu ihrer praktischen Bedeutung — einen übermäßig breiten Raum ein. Das kritisieren auch *Heckel/Seipp*, S. 22. — Die konfessionelle Komponente des Schulverhältnisses bleibt unberücksichtigt.

mitverwaltung und Mitwirkung der Eltern, schulärztliche Untersuchungen[310] und Schulgeld- und Lernmittelfreiheit.

B. Nicht alle Länder, allerdings die meisten, haben Regelungen über den Ausschluß vom Schulbesuch, Schulversuche und den Erlaß von Schulordnungen, wobei jedoch nur vereinzelt Regelungsbereiche aufgeführt werden und selten eine Begrenzung von Inhalt und Umfang erfolgt[311].

C. Alle übrigen Schulangelegenheiten im Schulverhältnis sind entweder nur singulär oder gar nicht geregelt.

III. Ergebnis

Die bisherige Auswertung ist insoweit trügerisch, als sie den Eindruck erwecken könnte, jedenfalls Teilbereiche seien gesetzlich oder gesetzlich ermächtigt normiert[312]. Der hier verwendete Ausdruck „Regelung" stellt jedoch im Grunde einen Euphemismus dar, weil sich diese „Regelungen" oft nur auf Zuständigkeitsfragen oder gar nur auf die „Beschreibung"[313] von Regelungsbereichen beziehen, ohne durch inhaltliche Kriterien irgendwelcher Art bereits Einfluß auf die Ausgestaltung zu nehmen. Auch umfaßt eine „Regelung" nur selten alle Bundesländer. Innerhalb des einzelnen Bundeslandes sind sie in eine Vielzahl von Einzelgesetzen zersplittert[314] und oft unsystematisch nur auf bestimmte Schularten beschränkt, so daß sie „recht zufällig" wirken[315]. Selbst die relativ geschlossene Materie der Schulpflichtbestimmungen begründet zwar das Schulverhältnis und regelt Modifikationen des Zu- und Abgangs, ohne indessen eine inhaltliche Ausgestaltung vorzunehmen. Als Ergebnis muß deshalb festgehalten werden: „Zu einer systematischen Gestaltung des Schulverhältnisses sind die einzelnen Erkenntnisse des Vorranges des Gesetzgebers im Bereich der Schule ungeeignet[316]."

Wegen des geringen Umfangs der von Gesetzen und Rechtsverordnungen erfaßten Regelungsbereiche und der nur wenig intensiven Durch-

---

[310] Vgl. auch §§ 44 - 48 Bundesseuchengesetz vom 18. Juli 1961 (BGBl. I, S. 1012). Auch hier zeigt sich, daß der Bund im Schulwesen keine unmittelbare, sondern nur eine Annexkompetenz für Spezialmaterien hat.

[311] Nur Bayern hat seine Schulordnungen als Rechtsverordnungen erlassen. Zur rechtlichen Würdigung ausführlich unten § 28.

[312] Davon geht anscheinend *Bachof*, Begriff und Wesen des sozialen Rechtsstaates, VVDStRL 12 (1954), S. 58 aus: „Zum erheblichen Teile sind die besonderen Gewaltverhältnisse heute ... bereits gesetzlich normiert — man denke an das Schulrecht ..." Dem muß aus den oben angeführten Gründen widersprochen werden.

[313] *Böckenförde/Grawert*, AöR 95 (1970), S. 32.

[314] *Wimmer*, Sind die deutschen Unterrichtsverwaltungen rechtsstaatlich? DVBl. 1966, S. 846 ff., 847.

[315] *Oppermann*, S. 172.

[316] *Evers*, VVDStRL 23 (1966), S. 157.

dringung selbst angesprochener Angelegenheiten bestätigt sich die praktische Erfahrung, daß das Schulverhältnis seiner Durchformung nach rückständig ist[317]. In inneren Schulangelegenheiten liegt nach Umfang und Intensität der Schwerpunkt eindeutig bei den Verwaltungsvorschriften (Erlassen, Richtlinien etc.). Das Schulverhältnis wird überzogen durch „ein außerordentlich dichtes, für den Nichtfachmann verwirrendes Labyrinth von Verwaltungsverordnungen[318].“ Gesetze und Rechtsverordnungen stellen nicht mehr als einen vagen Rahmen dar — die eigentlichen Entscheidungen fallen erst mittels Verwaltungsvorschriften[319]. Das gilt in besonderem Maße von den Kernfragen des Schulverhältnisses wie Lehrplangestaltung und Prüfungsordnung. „Der innere Schulbetrieb einschließlich des Schulverhältnisses und des Berechtigungswesens ist nahezu ungebrochene Domäne der Kultusminister geblieben, die diese Materien wie herkömmlich durch Verwaltungsverordnungen regeln, meist unter der Bezeichnung ‚Schulordnung‘. Der Verdacht liegt nahe, daß die Kultusminister ... den Vorbehaltsbereich des Gesetzgebers mitbestellen und, da entsprechende Gesetze fehlen, mit einer gewissen Notwendigkeit mitbestellen müssen[320].“

Deshalb kommt der hier vorliegenden Untersuchung praktische Relevanz zu: Bejaht sie die uneingeschränkte Geltung des Vorbehaltsprinzips im Schulverhältnis, sind alle Schulverwaltungen ihrer „Rechtsgrundlagen“ beraubt. Angesichts dieser Alternative, offensichtlich geübtes und eingespieltes Verhalten schlicht als rechtswidrig abtun zu müssen, ist besondere Vorsicht am Platze, um der Verfassung nicht ein von ihr gar nicht gewünschtes Ergebnis zu unterlegen. Andererseits darf eine Verwaltungspraxis kein Hindernis sein, der Verfassung zur Wirksamkeit zu verhelfen.

§ 6 Die Kategorie des besonderen Gewaltverhältnisses

Die Schule ist ihrer Rechtsform nach eine nichtrechtsfähige öffentliche Anstalt[321]. Das Benutzungsverhältnis dieser Schul-Anstalt ist ein Anstaltsverhältnis[322], das von der herrschenden Meinung als besonderes Gewaltverhältnis verstanden wird[323].

---

317 *Oppermann*, S. 172.

318 *Wimmer*, DVBl. 1966, S. 847.

319 Das räumt auch das Bundesverwaltungsgericht ein, vgl. BVerwGE 21, 293 (298). Ebenso *Bettermann/Goessl*, S. 20.

320 *Evers*, VVDStRL 23 (1966), S. 155.

321 § 7 Abs. 1 bad.-württ. SchVOG; Art. 133 Abs. 1 Satz 1 bay. Verf.; Art. 1 Abs. 1 Satz 2 bay. EUG; Art. 5 Satz 2 bay. VoSchG; § 39 hess. SchVG; § 6 nordrh.-westf. SchVG; § 4 Abs. 1 Satz 2 rhld.-pf. GHS-SchG; § 1 Abs. 2 Satz 1 rhld.-pf. öffhöhSchG; § 2 Abs. 3 RealSchG; § 26 Abs. 1 saarl. SchOG; § 46 Satz 1 schl.-holst. SchUVG.

Als besondere Gewaltverhältnisse werden zusammenfassend solche Verhältnisse bezeichnet, die eine engere Beziehung des Bürgers zum Staat begründen[324]. Diese engere Beziehung stellt einmal ab auf einen *besonderen* Adressatenkreis, der nur einen Teil aller Bürger erfaßt[325], zum anderen auf eine *besondere* Gehorsamspflicht[326]. Gegenüber den im besonderen Gewaltverhältnis stehenden Personen übt die Verwaltung ein gesetzlich nicht spezifiziertes Anordnungsrecht aus[327]. Deshalb wird auch vom „Blankettcharakter"[328] des besonderen Gewaltverhältnisses oder von einem „diffusen Unterordnungsverhältnis"[329] gesprochen. Das

---

[322] So ausdrücklich § 56 Abs. 2 bad.-württ. SchVOG. — BVerwGE 1, 260; BayVerfGH VerwRspr. 18 (1967), Nr. 222 (S. 906); 21 (1970), Nr. 162 (S. 646); VGH Mannheim JZ 1964, 627; OVG Lüneburg E 9, 430 (436); LVG Düsseldorf DVBl. 1954, 583 und DöV 1956, 635. — *O. Mayer*, Bd. II, S. 269; *Oppermann*, S. 187 f. — Ein Anstaltsverhältnis setzen auch die Entscheidungen voraus, die sich darauf beschränken, als Ansatzpunkt die Schule als öffentliche Anstalt zu qualifizieren: BVerwGE 5, 153 (154); BVerwG DöV 1965, 638; BayVGH DVBl. 1950, 305; VGH Mannheim DVBl. 1961, 523 (524); VerwRspr. 15 (1963), Nr. 7 (S. 20); HessVGH VerwRspr. 21 (1970), Nr. 225 (S. 931); DöV 1956, 628 (629); OVG Lüneburg VerwRspr. 15 (1963), Nr. 8 (S. 22); DöV 1961, 793; OVG Münster DVBl. 1954, 584 (585); DöV 1958, 465 (466); LVG Münster DVBl. 1953, 27.

[323] BVerwGE 1, 260; 5, 153 (154); BVerwG DöV 1965, 638; HessStGH DVBl. 1966, 29 (30); DöV 1971, 201 (203); VGH Mannheim VerwRspr. 15 (1963), Nr. 7 (S. 20); JZ 1964, 627; DVBl. 1961, 523 (524); BayVerfGH VerwRspr. 18 (1967), Nr. 222 (S. 904 und 910); OVG Berlin E 3, 146 (155); OVG Hamburg VerwRspr. 6 (1954), Nr. 154 (S. 667); DVBl. 1968, 262; OVG Lüneburg E 9, 430 (433 ff.); OVG Münster DöV 1958, 468; JZ 1964, 322; OVG Koblenz DVBl. 1954, 579 (580); DöV 1956, 631; LVG Düsseldorf DVBl. 1954, 583; LVG Münster DVBl. 1953, 27; VG Freiburg DöV 1956, 634; DVBl. 1966, 870 (871); VG Wiesbaden NJW 1963, 2140. — *Jacobi*, Die Verwaltungsverordnungen, HDStR, Bd. II, S. 256; *Schmitt*, Inhalt und Bedeutung des zweiten Hauptteils der Reichsverfassung, HDStR, Bd. II, S. 577; *Freudenberger*, S. 165; *Brohm*, Verwaltungsvorschriften und besonderes Gewaltverhältnis, DöV 1964, S. 238; *Dame*, Das Verhältnis der Grundrechte zu den besonderen Gewaltverhältnissen nach dem deutschen und französischen Staats- und Verwaltungsrecht (1965), S. 11; *Dürig*, MDH, Art. 19 Abs. 4 GG, Rdnr. 25; *Forsthoff*, Verwaltungsrecht, S. 424; *Holland*, Verwaltungsrechtsschutz im Schulverhältnis, DVBl. 1968, S. 245; *Leuschner*, Das Recht der Schülerzeitungen (1966), S. 33; *Mampe*, S. 13; *Merk*, Deutsches Verwaltungsrecht, Bd. II (1970), S. 1480; *v. Münch*, Besonderes Gewaltverhältnis, Arbeitsverhältnis und Beamtentum, ZBR 1959, S. 210; *Perschel*, Meinungsfreiheit, S. 5; *Peters*, VVDStRL 23 (1966), S. 252; *Podlech*, Das Grundrecht der Gewissensfreiheit und die besonderen Gewaltverhältnisse (1969), S. 48; *Quaritsch*, Schulvertrag, S. 39 und 42; *Thieme*, DöV 1956, S. 522; *Tilch*, S. 49; *Wolff*, Bd. II, § 101 V c.

[324] *Hesse*, Grundzüge des Verfassungsrechts der Bundesrepublik Deutschland (6. Auflage 1973), S. 134; *Forsthoff*, Verwaltungsrecht, S. 127.

[325] *Freudenberger*, S. 170: „Teilrechtsordnung".

[326] *Fleiner*, Institutionen des Deutschen Verwaltungsrechts (8. Auflage 1928), S. 166.

[327] *Leisner*, Die schutzwürdigen Rechte im besonderen Gewaltverhältnis, DVBl. 1960, S. 618; *Obermayer*, Verwaltungsakt und innerdienstlicher Rechtsakt (1956), S. 86; *Jacobi*, HDStR, Bd. II, S. 260; *Peters*, Lehrbuch, S. 77.

[328] *Freudenberger*, S. 172.

[329] *Podlech*, S. 70.

bedeutet: Der Grundsatz vom Vorbehalt des Gesetzes kann im besonderen Gewaltverhältnis nach h. M. keine Geltung beanspruchen[330]. Besonderes Gewaltverhältnis und Vorbehalt des Gesetzes schließen sich gegenseitig aus. Damit ist für die h. M. die Frage nach der Reichweite des Vorbehaltsgrundsatzes im Schulverhältnis beantwortet: Das Schulverhältnis als besonderes Gewaltverhältnis wird von ihm nicht erfaßt[331].

Deshalb scheint die Untersuchung auf die Frage hinauszulaufen, ob das Schulverhältnis wirklich ein besonderes Gewaltverhältnis sei. Um das Vorbehaltsprinzip auf das Schulverhältnis zu erstrecken, bietet sich als erster Schritt an, das Verbindungstau zwischen Schulverhältnis und besonderem Gewaltverhältnis zu kappen. Eine Lösung über eine Begriffsklärung erreichen zu wollen, ist allerdings wenig erfolgversprechend, denn über Fragen der Terminologie läßt sich bekanntlich trefflich streiten, ohne daß je das Urteil „falsch“ oder „richtig“ abgegeben werden könnte, weil die Terminologie nur eine Frage der Zweckmäßigkeit ist[332]. Auch die Abgrenzung des besonderen vom allgemeinen Gewaltverhältnis ist „eine Frage konstruktiven Beliebens“[333]. Es wäre daher zunächst zu untersuchen, welchen Zweck der Begriff des besonderen Gewaltverhältnisses erfüllen soll. Deshalb wird hier auf den Versuch verzichtet, das Ergebnis bereits durch die Nomenklatur zu präjudizieren. Vielmehr muß unabhängig von der konstruktiven Einbettung des Schulverhältnisses in die Kategorie des besonderen Gewaltverhältnisses die Reichweite des Vorbehaltsgrundsatzes geklärt werden. Erst dann kann rückschließend beantwortet werden, ob das Schulverhältnis (noch) als besonderes Gewaltverhältnis angesehen werden kann.

Zuvor ist jedoch zu klären, ob der Begriff des besonderen Gewaltverhältnisses im Rahmen dieser Untersuchung zu eliminieren ist oder ob ihm dabei eine bestimmte Funktion zukommen kann.

Zahlreiche Versuche, den Begriff des besonderen Gewaltverhältnisses durch andere zu ersetzen[334] oder ihn ganz aufzugeben[335], dürften ihren

---

330 *Forsthoff*, Verwaltungsrecht, S. 127; *Thoma*, HDStR, Bd. II, S. 223 f.; *Freudenberger*, S. 190 ff. m. w. Nachw.

331 *Podlech*, S. 154 behandelt das Schulverhältnis als typisches besonderes Gewaltverhältnis, ohne damit zur Reichweite des Vorbehaltsgrundsatzes Stellung nehmen zu wollen. Mit der Geltung des Vorbehaltsprinzips sind aber „diffuse“ Unterordnungsverhältnisse nicht zu vereinbaren — vom Vorbehaltsgrundsatz erfaßte Verhältnisse sind spezifiziert.

332 *Quaritsch*, Staat und Souveränität (1970), S. 21 f.; *Bachof*, VVDStRL 19 (1961), S. 249.

333 *Thoma*, Mayer-FS (1916), S. 178.

334 Beispielsweise „Pflichtenverhältnis“ (*Ule*, Das besondere Gewaltverhältnis. Probleme des verwaltungsgerichtlichen Rechtsschutzes im besonderen Gewaltverhältnis, VVDStRL 15, 1957, S. 144), „besonderes Verwaltungsverhältnis“ (*Maunz*, MDH, Art. 12 Rdnr. 134), „Sonderverhältnis“ (*Wolff*, Bd. I, § 32 IV c 3),

Grund auch darin haben, daß er — „intuitiv verstanden — vorrechtsstaatliche oder gar schlimmere Assoziationen wecken“[336] kann. Insbesondere das Reizwort „Gewalt“ scheint einen Gegensatz zum Recht zu suggerieren: Gewalt vor Recht[337]. Indessen kann Gewalt unter der Herrschaft des Grundgesetzes immer nur rechtlich verfaßte Gewalt sein, weil sie erst durch die Verfassung konstituiert wird[338]. Auffälligerweise werden gegen andere Wortverbindungen mit „Gewalt“ solche Vorwürfe nicht erhoben; man denke etwa an Gewaltenteilung, Staatsgewalt, öffentliche Gewalt[339].

Die Ursache des Unbehagens muß deshalb noch tiefer sitzen: Die Kritik am *Begriff* des besonderen Gewaltverhältnisses richtet sich letztlich gegen die gesamte *Lehre* vom besonderen Gewaltverhältnis. Daran kann aber ein bloßer Begriffswechsel nichts ändern. Es ist deshalb nichts damit gewonnen, „dem Zeitgeist ärgerliche und intuitiv bedenklich erscheinende durch dem Zeitgeist schmeichelnde und lockende termini zu ersetzen auf die Gefahr hin, daß eine rechtsstaatliche Verbalfassade errichtet wird, hinter der und gedeckt durch die Behördenverhalten unverändert wie seit eh und je geübt wird[340]“. Der im juristischen Sprachgebrauch eingebürgerte Begriff sollte deshalb beibehalten werden, um die sachliche Auseinandersetzung nicht mit technischen Verständigungsschwierigkeiten zu belasten[341].

Dem Begriff des besonderen Gewaltverhältnisses kommt hiernach nur die Funktion eines traditionellen Anknüpfungspunktes zu, bestimmte

---

„Sonderstatusverhältnis“ (*Hesse*, Verfassungsrecht, S. 135) und „öffentlich-rechtliche Sonderverbindung“ (*Menger/Erichsen*. VerwArch. 57 (1966), S. 180).

[335] *Spanner*, DöV 1963, S. 27 und 497; *Köhl*, Zur Frage des Besonderen Gewaltverhältnisses, ZBR 1957, S. 124; *Jecht*, Die öffentliche Anstalt (1963), S. 111; *Hild. Krüger*, Die Grundrechte im besonderen Gewaltverhältnis, ZBR 1956, S. 310; *Brohm*, DöV 1964, S. 238; *Hansen*, S. 50 m. w. Nachw. Fußn. 4.

[336] *Podlech*, S. 18.

[337] *Spanner*, DöV 1963, S. 497; *Hild. Krüger*, ZBR 1956, S. 310. Kritisch dazu *Perschel*, Meinungsfreiheit, S. 6; *Böckenförde/Grawert*, AöR 95 (1970), S. 2. — Das deutsche Wort „Gewalt“ ist mehrdeutig: Es vermengt Gewalttätigkeit (violence) und Macht (power). Das besondere Gewaltverhältnis indiziert nur eine Anordnungs*macht*.

[338] *Krüger*, Das besondere Gewaltverhältnis, VVDStRL 15 (1957), S. 112 sieht im besonderen Gewaltverhältnis „durchaus unverfaßte, elementare Gewalt“, die weder durch Gesetze noch durch Grundrechte noch durch Rechtsschutz gebrochen oder vermittelt sei. Der weitere Gang der Untersuchung wird zeigen, ob an dieser Vorstellung noch festgehalten werden kann.

[339] *Kellner*, Zum gerichtlichen Rechtsschutz im besonderen Gewaltverhältnis, DöV 1963, S. 418 f.

[340] *Podlech*, S. 18.

[341] Für die Beibehaltung als „Denkform“ treten ein: *Jesch*, Gesetz, S. 212, der die verfassungsrechtliche Kategorie für obsolet hält, dagegen an der verwaltungsrechtlichen festhalten will. Sachlich übereinstimmend *Ossenbühl*, Verwaltungsvorschriften, S. 179; *Leuschner*, S. 34 f.

Sozialgebilde wie das Beamten-, das Gefangenen- und auch das Schulverhältnis anzusprechen und mit ihnen bestimmte Rechtsfragen aufzuwerfen, die sich daraus ergeben, daß die überkommene Lehre das besondere Gewaltverhältnis als rechtsfreien Raum verstanden hat. Gelöst werden müssen diese Fragen allerdings ohne die Hilfeleistung des besonderen Gewaltverhältnisses, weil eine den unterschiedlichen Sozialgebilden angemessene Problemlösung nur durch eine differenzierende Betrachtungsweise gefunden werden kann[342]. Damit wird in dieser Arbeit auf die dogmatische Funktion des Begriffes des besonderen Gewaltverhältnisses verzichtet[343].

Da die herkömmliche Lehre das dieser Untersuchung zugrundeliegende Problem der Reichweite des Vorbehaltsgrundsatzes im Schulverhältnis in der Regel im Zusammenhang mit den besonderen Gewaltverhältnissen erörtert, soll der Begriff „besonderes Gewaltverhältnis" ganz im Sinne dieser Lehre überall da verwendet werden, wo es darum geht, bestimmte Gesichtspunkte aus dem weiten Einzugsbereich dieses Begriffes der Lösung zugänglich zu machen. Die Lösung selbst hat dagegen ausschließlich das Schulverhältnis zum Gegenstand. Ihr kann daher keinerlei Präjudizwirkung für andere als besondere Gewaltverhältnisse verstandene Sozialgebilde zukommen.

§ 7 Geschichtliche Voraussetzungen der Lehre vom besonderen Gewaltverhältnis

I. Die konstitutionelle Monarchie

Wenn die Geltung des Vorbehaltsgrundsatzes im Schulverhältnis verneint wird, weil es wie die anderen besonderen Gewaltverhältnisse zum „Hausgut der Verwaltung"[344] gerechnet werden müsse, so wird damit auf die geschichtliche Entwicklung der Abgrenzung der Bereiche von Exekutive und Legislative abgestellt. Deshalb ist ein kurzer Blick auf die historische Situation zu werfen, in der die Lehre vom besonderen Gewaltverhältnis entstanden ist — das Zeitalter der konstitutionellen Monarchie.

Diese Zeit ist gekennzeichnet durch den Dualismus zwischen Staat und Gesellschaft[345]. Der Monarch, der mit dem von ihm gelenkten bürokra-

---

[342] *Brohm*, DöV 1964, S. 638 Fußn. 10. — Ausführlich unten § 8.

[343] So auch *Heckel/Seipp*, S. 364 unter Aufgabe ihrer früheren entgegenstehenden Auffassung (*Heckel*, Schulrecht und Schulpolitik, S. 157 Fußn. 11). — Einen Überblick über die verschiedenen Meinungen, welche dogmatische Bedeutung dem Begriff des besonderen Gewaltverhältnisses zukommt, bietet *Podlech*, S. 69 Fußn. 1. Verschiedentlich wird auf den Begriff des besonderen Gewaltverhältnisses verzichtet, der des Anstaltsverhältnisses dagegen aufrechterhalten, so *Spanner*, DöV 1963, S. 497; *Jecht*, S. 111 ff.

[344] *Thoma*, HDStR, Bd. II, S. 228.

[345] Dazu ausführlich *Böckenförde*, Die Bedeutung der Unterscheidung von Staat und Gesellschaft im demokratischen Sozialstaat der Gegenwart, in:

tischen und militärischen Apparat den Staat verkörperte, und das Bürgertum standen sich als zwei „echte politische Potenzen"[346] gegenüber und teilten die Macht unter sich auf[347]. Dabei leitete der Monarch seine Kompetenzen nicht aus der Verfassung her, sondern übte seine ursprünglichen Befugnisse aus, die sich lediglich eine Beschränkung durch die Verfassung gefallen lassen mußten. Anders als in Frankreich[348], wo eine Revolution die monarchische Hoheitsgewalt beseitigt hatte, erkämpfte in Deutschland die damalige bürgerliche Gesellschaft lediglich eine Mitsprache ihrer Volksvertretung bei der Gesetzgebung und entzog so der Krone für bestimmte Materien die bisherige Alleinzuständigkeit. Der Vorbehalt des Gesetzes wurde so zu einem politischen Kampfinstrument, das als „Gradmesser der demokratischen Entwicklung"[349] diente[350]. Letztlich entschied über die Kompetenzverteilung der Begriff des Gesetzes, so daß diesem eine zentrale Bedeutung zukommen mußte[351]. Die Verfassungen selbst setzten den Gesetzesbegriff voraus, ohne ihn zu definieren. So bot sich der Staatsrechtslehre ein weites Feld für politische Auseinandersetzungen in juristischem Gewande.

II. Der Gesetzesbegriff

Der dualistischen Verfassungsstruktur entsprach ein dualistischer Gesetzesbegriff: Die traditionelle Staatsrechtslehre unterschied zwischen dem Gesetz im formellen Sinne und dem Gesetz im materiellen Sinne[352]. Unter Gesetz im formellen Sinne wurde jeder Parlamentsakt in Gesetzesform ohne Berücksichtigung seines Inhalts verstanden[353]. Dagegen wurde das Gesetz im materiellen Sinne mit dem Rechtssatz identifiziert[354]. „Die Gleichsetzung von Gesetz und Rechtssatz wurde ein Axiom der spätkon-

---

Hefermehl-Festgabe (1972), S. 11 ff.; *Quaritsch*, Kirchen und Staat, Der Staat 1 (1962), S. 182 f. m. w. Nachw.

[346] *Weber*, Die Teilung der Gewalten als Gegenwartsproblem, in: Spannungen und Kräfte im westdeutschen Verfassungssystem (3. Auflage 1970), S. 155.

[347] *Böckenförde*, Gesetz und gesetzgebende Gewalt (1958); *ders.*, Die Organisationsgewalt im Bereich der Regierung (1964), S. 78; *Jesch*, Gesetz, S. 88 ff.; *Ossenbühl*, Verwaltungsvorschriften, S. 34 ff., 51 f., 200; *Quaritsch*, Staat und Souveränität (1970), S. 481 ff.

[348] Dazu *Rasenack*, Gesetz und Verordnung in Frankreich seit 1789 (1967), S. 267 f.

[349] *Hansen*, S. 61.

[350] *Hennis*, Verfassung und Verfassungswirklichkeit (1968), S. 15.

[351] *Böckenförde*, Gesetz, S. 218.

[352] Anders aber *Haenel*, Das Gesetz im formellen und materiellen Sinne (1. Auflage 1888, Neudruck 1968), S. 354.

[353] *Laband*, Das Staatsrecht des Deutschen Reiches, Bd. II (5. Auflage 1911), S. 62; *G. Jellinek*, Gesetz und Verordnung (1887, Neudruck 1919), S. 232.

[354] *Laband*, Staatsrecht, Bd. II, S. 1: Gesetz ist die „rechtsverbindliche Anordnung eines Rechtssatzes". Ähnlich *G. Jellinek*, Gesetz, S. 241.

stitutionellen Staatsrechtslehre[355]." War damit die Kompetenz der Volksvertretung abhängig vom Umfang dessen, was dem Recht zugeordnet werden konnte, mußte der Rechtssatzbegriff zum „archimedischen Punkt"[356] werden.

Laband schrieb dem Recht die Aufgabe zu, „die durch das gesellige Zusammenleben der Menschen gebotenen Schranken und Grenzen der natürlichen Handlungsfreiheit der Einzelnen zu bestimmen"[357]. Er verstand es als „Abgrenzung der Befugnisse und Pflichten der einzelnen Subjekte gegeneinander; es setzt seinem Wesen nach eine Mehrheit von Willensträgern voraus, die untereinander kollidieren können"[358]. Auch *Georg Jellinek* vertrat diese Theorie vom Recht als sozialer Schrankenziehung: „Hat ein Gesetz den nächsten Zweck, die Sphäre der freien Tätigkeit der Persönlichkeiten gegeneinander abzugrenzen, ist es der sozialen Schrankenziehung wegen erlassen, so erhält es die Anerkennung eines Rechtssatzes[359]."

Entscheidend für die Reichweite dieses Rechtssatzbegriffes war es, daß Laband und G. Jellinek im Rahmen dieser Definition den Staat selbst als in sich geschlossenes, *impermeables* Rechtssubjekt, analog der Einzelperson, auffaßten. „Grund- und Eckstein"[360] der Staatsrechtslehre war die Konstruktion des Staates als eine der individuellen Person gleichartige Persönlichkeit, die isoliert und unverbunden den übrigen Rechtspersonen zur Seite trat. Diese rechtliche Konstruktion hatte zur Folge, daß Rechtssätze nur solche Regeln sein konnten, die die Beziehungen des Staates zu anderen Rechtspersonen betrafen, nicht aber solche Vorgänge, die seiner „inneren Ordnung" dienten und sich innerhalb der „Staatsperson" vollzogen[361]. Nur da, „wo die Willenssphäre des verwaltenden Staates mit irgendeiner anderen vom Recht anerkannten Willenssphäre in Kontakt kommt, wo Eingriff ... Kollision ... Ausgleichung möglich ist, kann für einen Rechtssatz Raum sein ... Regeln dagegen, die sich innerhalb der Verwaltung selbst halten, die in keiner Richtung einem außerhalb derselben stehenden Subjekt Beschränkungen auferlegen oder Befugnisse einräumen, ... sind keine Rechtsvorschriften[362]".

Die Definition des Rechtssatzes als soziale Schrankenziehung führte durch ihre Kombination mit der Impermeabilitätstheorie zu einer konventionellen Verengung des Rechtssatzbegriffs dergestalt, daß Recht

[355] *Böckenförde*, Gesetz, S. 219.
[356] *Ders.*, Gesetz, S. 233.
[357] Staatsrecht, Bd. II, S. 67.
[358] Ebd., S. 168.
[359] Gesetz, S. 240.
[360] *G. Jellinek*, Gesetz, S. 194.
[361] *Böckenförde*, Gesetz, S. 235 ff. und 247 ff.
[362] *Laband*, Staatsrecht, Bd. II, S. 168.

nur im normalen Untertanenverhältnis denkbar war. Alle besonderen Gewaltverhältnisse fielen als Staatsinterna aus dem Rechtssatzbegriff heraus[363].

III. Der Anstaltsbegriff

Der zunächst von *Laband*[364] für das Beamtenverhältnis geprägte Begriff des besonderen Gewaltverhältnisses wurde insbesondere durch *O. Mayer* allgemeiner gefaßt. Er verstand es als „die verschärfte Abhängigkeit, welche zugunsten eines bestimmten Zweckes öffentlicher Verwaltung begründet wird für alle Einzelnen, die in den vorgesehenen besonderen Zusammenhang treten"[365]. O. Mayer zählte auch die Anstaltsverhältnisse zu den besonderen Gewaltverhältnissen. Die öffentliche Anstalt definierte er als „Bestand von Mitteln, sächlichen wie persönlichen, welche in der Hand eines Trägers öffentlicher Verwaltung einem besonderen öffentlichen Zweck dauernd zu dienen bestimmt sind"[366]. Dieser extrem weite Anstaltsbegriff war das dynamische Element in seiner Lehre vom besonderen Gewaltverhältnis[367]. Er führte zu einer kaum überschaubaren Fülle an besonderen Gewaltverhältnissen und folglich einer parallel laufenden Einengung des Rechtssatzbegriffs[368].

Solche Anstalten waren unselbständige Teile der Staatsperson, ihre Ordnung und Benutzung war ein „innerpersönlicher" Vorgang der staatlichen Rechtsperson. Der sich im „Zustand verminderter Freiheit"[369] befindliche Anstaltsbenutzer wurde gewissermaßen ein Glied der Staatsorganisation. Er war nicht länger außenstehendes Rechtssubjekt, sondern „Rad im Anstaltsbetriebe"[370], das insofern dem Staat gegenüber keine selbständige Existenz führte[371]. Auch der Schüler stand der Schule nicht als Bürger gegenüber, sondern wurde „persönliches Mittel" zur Erreichung des Schulzwecks[372]. Mit dem Eintritt in die Schul-Anstalt geriet er „unter die Räder der Maschine ‚Anstalt'" und wurde „von diesen Rädern mitgerissen"[373].

---

363 *Böckenförde*, Gesetz, S. 236 und 238.

364 Staatsrecht, Bd. I, S. 433 f. und Bd. II, S. 181.

365 Bd. I, S. 101 f. Ähnlich *G. Jellinek*, System der subjektiven öffentlichen Rechte (2. Auflage 1905, Neudruck 1963), S. 215; *Thoma*, Der Polizeibefehl im badischen Recht (1906), S. 17 ff.

366 Bd. II, S. 268.

367 *W. Schmidt*, S. 62 ff.

368 Dazu kritisch *Köttgen*, Verwaltungsrecht der öffentlichen Anstalt, VVDStRL 6 (1929), S. 110 ff.; *Forsthoff*, Verwaltungsrecht, S. 129 f.

369 *O. Mayer*, Bd. II, S. 285.

370 *Fleiner*, S. 66.

371 Ausführlich *Böckenförde*, Gesetz, S. 235 ff. und 247 ff. m. w. Nachw.

372 *Freudenberger*, S. 171.

373 Ebd., S. 185.

Schüler und sonstige Anstaltsbenutzer waren wie Beamte und Soldaten als solche keine Staatsbürger, sondern Träger eines anderen besonderen *status*. Sie lebten „innerhalb“ des Staates in einem besonderen Gewaltverhältnis[374]. Wo immer sich nun eine Staatsanstalt oder ein besonderes Gewaltverhältnis konstruieren ließ, da war Gelegenheit für die vollziehende Gewalt, von sich aus allgemeine Anordnungen über Zweck, Aufgabe, Organisation, Verwaltung, Rechte und Pflichten der Mitglieder bzw. Benutzer zu erlassen. Solche Anordnungen enthielten zwar bindende Regeln, aber keine Rechtssätze[375]. Bis auf die Festlegung der Schulpflicht bestand so das gesamte „Schulrecht“ nicht aus Rechtssätzen, weil es nicht Freiheit und Eigentum der *Untertanen* beschränkte[376].

Der Anstaltsbegriff erfüllte somit nicht nur das Bedürfnis nach Ausgliederung und Sonderung[377], sondern er diente insbesondere dazu, die Vorstellung eines *Innen* und *Außen* zu ermöglichen und damit das besondere Gewaltverhältnis zu schaffen. Der Anstaltsbegriff kommt der Verwaltung überall da zu Hilfe, „wo sie des Eingriffs in Freiheit und Eigentum bedarf, aber des ihn tragenden Gesetzes ermangelt“[378]. Im Bereich des besonderen Gewaltverhältnisses stand somit der Verwaltung ein eigenes, unabgeleitetes, rechtlich verbindliches Normsetzungsrecht zu[379].

Zum Sammelbegriff dieser nicht in den Vorbehaltsbereich der Legislative fallenden Normativregelungen der Verwaltung wurde der Begriff der Verwaltungsverordnung. Diese Verwaltungsverordnungen bedurften nach traditioneller Lehre weder einer förmlichen Verkündung[380] noch einer gesetzlichen Ermächtigung[381]. „Im besonderen Gewaltverhältnis kann die Verwaltung aus sich heraus allgemeine Anordnungen erlassen. Denn diese wirken nicht mit der Kraft des Rechtssatzes, sondern mit der des besonderen Gewaltverhältnisses. Sie setzen eine be-

---

[374] *Jesch*, Gesetz, S. 206.

[375] *Jacobi*, HDStR, Bd. II, S. 257; *Böckenförde*, Gesetz, S. 273 f.

[376] *Anschütz*, Die gegenwärtigen Theorien über den Begriff der gesetzgebenden Gewalt und den Umfang des königlichen Verordnungsrechts nach preußischem Staatsrecht (2. Auflage 1901), S. 66 ff.

[377] *Forsthoff*, Verwaltungsrecht, S. 496.

[378] Ebd., S. 494.

[379] *Landé*, Die staatsrechtlichen Grundlagen des deutschen Unterrichtswesens, HDStR, Bd. II, S. 700 f.; *Thoma*, HDStR, Bd. II, S. 228.

[380] *Jacobi*, HDStR, Bd. II, S. 263: „Es genügt, daß die Verwaltungsverordnung den Gewaltunterworfenen, für die sie bestimmt ist, irgendwie, sei es auch durch Anschlag, Umlauf oder mündliche Übermittlung zur Kenntnis gebracht wird.“

[381] Ebd., S. 258.

sondere Abhängigkeit gegenüber einem bestimmten Verwaltungszweck voraus, eben die Zugehörigkeit zu einem solchen Gewaltverhältnis[382]."

IV. Kritische Würdigung

1. Impermeabilitätstheorie

Schon zur Zeit ihrer größten Blüte im 19. Jahrhundert mußte sich die Impermeabilitätstheorie herbe Kritik gefallen lassen. *Haenel*[383] und *v. Gierke*[384] kritisierten insbesondere die Konstruktion des Staates als geschlossene juristische Person und betonten demgegenüber die organschaftliche Organisation des Staates.

Aus der Sicht des Bürgers existiere der Staat nicht als geschlossene Person, sondern in einer Mehrzahl von untereinander in bestimmter Zuordnung stehenden Organen. Auch die Beziehungen dieser Organe untereinander könnten nur Beziehungen rechtlicher Art sein. Zwar trete der Staat nach außen hin als Einheit auf, die Gesamtpersönlichkeit des Staates werde indessen durch zahlreiche Einzellebensvorgänge hergestellt, die rechtlicher Bestimmung nicht entzogen sein könnten[385]. Auch der Staat bestehe aus einer „Mehrheit von Willensträgern"[386].

Labands Rechtssatzbegriff, der das Recht auf die Schrankenziehung zwischen den Willenssphären von Rechtssubjekten beschränkt, ist dem Privatrecht entnommen, das es nur mit den sich isoliert gegenüberstehenden Einzelnen und Gruppen zu tun hat[387]. „Impermeabel" ist nur die natürliche Person, der Mensch[388]. Dieser Rechtssatzbegriff ist letztlich ein „Ausläufer des naturrechtlichen Autonomieideals"[389]. Das Naturrecht zielt auf den staatlosen „Naturzustand" ab, in dem es keinerlei soziale Organisation, sondern nur vereinzelte Individuen gibt. Demgegenüber betont *Haenel*, daß die soziale Schrankenziehung nur eine Funktion des Rechts sei, die durch die andere Funktion ergänzt werde, „das *Zusammenwirken* in der menschlichen Gesellschaft zu ordnen, jene festen Regeln und Formen zu schaffen, welche die aufeinander wirksa-

---

[382] *O. Mayer*, Bd. I, S. 84.

[383] Das Gesetz im formellen und materiellen Sinne (1. Auflage 1888, Neudruck 1968).

[384] Labands Staatsrecht und die deutsche Rechtswissenschaft, Schmollers Jahrbuch VII (1883), S. 1097 ff. (Neudruck 1961).

[385] Ebd., S. 31 ff.

[386] *Haenel*, Gesetz, S. 232.

[387] *Böckenförde*, Gesetz, S. 233.

[388] *Bachof*, Verwaltungsakt und innerdienstliche Weisung, in: Festschrift für Laforet (1952), S. 297.

[389] *Ossenbühl*, Verwaltungsvorschriften, S. 59; vgl. auch *Böckenförde*, Organisationsgewalt, S. 72 Fußn. 8.

men Willenskräfte nicht — negativ — abgrenzen, ... sondern ... positiv verbinden, ... um durch planmäßige und berechenbare Vereinigung das zu erreichen, was den nur gegeneinander abgegrenzten Willen unmöglich ist"[390].

Haenel sieht den Staat nicht als abstrakte willensfähige „Persönlichkeit", sondern sehr realistisch als eine gesellschaftliche Vielfalt von Menschen, deren Einheit von der auf Rechtsbeziehungen zwischen den Gliedern beruhenden Organisation zum Ausdruck kommt[391]. Mit dieser Auffassung des Staates bietet er allen wirklichkeitsfremden Konstruktionen von Innen- und Außensphäre, von Recht und Nichtrecht innerhalb der auf den Staat bezogenen Rechtssätze Einhalt und macht den Weg frei für eine sachgemäße Erfassung der „innerstaatlichen" Rechtsvorschriften[392].

Damit muß die von der Impermeabilitätstheorie postulierte zentrale Scheidung verwaltungsrechtlicher Normen in Rechtssätze und Nichtrechtssätze zusammenbrechen[393]. Rechtlicher Art sind vielmehr auch die Regeln zur Organisierung staatlicher Einrichtungen und Anstalten, sowie die Festlegung der Voraussetzungen ihrer Benutzung und von ihnen zu erbringender Leistungen u. a. m. Es mag sich hierbei um einen besonderen, von dem allgemeinen Staatsbürgerverhältnis unterschiedlichen Rechtskreis handeln, der besondere Eigenschaften aufweist; aber daß es sich „innerhalb" des Staates nicht um ethische Maximen, sondern um Rechtsbeziehungen (Rechtspflichten und Rechtsbefugnisse) handelt, sollte nicht bestritten werden[394]. Die Impermeabilitätstheorie muß deshalb verworfen werden, weil der Staat in keiner Beziehung dem Recht entzogen sein darf[395].

---

[390] Gesetz, S. 208.

[391] Dazu *Böckenförde*, Gesetz, S. 232.

[392] Ebd., S. 284 f. Allerdings wird nicht klar, ob *Haenel* auch das besondere Gewaltverhältnis dem Rechtsbereich zuzählen will. Vgl. dazu *Haenel*, Gesetz, S. 107 und 246; *Böckenförde*, Gesetz, S. 288 Fußn. 36.

[393] *Rupp*, Die Dogmatik des Verwaltungsrechts und die Gegenwartsaufgaben der Verwaltung, DVBl. 1971, S. 671; *ders.*, Grundfragen der heutigen Verwaltungsrechtslehre (1965), S. 21 f.; *Bachof*, Laforet-FS, S. 285.

[394] *Thoma*, Das System der subjektiven öffentlichen Rechte und Pflichten, HDStR, Bd. II, S. 613; *ders.*, Grundbegriffe und Grundsätze, HDStR, Bd. II, S. 125. Er versteht Anstaltsvorschriften als Rechtsnormen, allerdings nur in einem weiteren oder rechtsphilosophischen Sinne des Wortes.

[395] *Hansen*, S. 31. — Eine andere Deutung erfährt die Impermeabilität des Staates bei *Quaritsch*, Referat, 48. DJT II 0 36 f., der sie als Autonomie des staatlichen Handlungssystems begreift. Ähnlich auch *Luhmann*, Theorie der Verwaltungswissenschaft (1966), S. 85. Danach bleibt aber noch offen, welches Organ des Staates das Handlungsprogramm bestimmt. Gerade darum geht es aber bei der Bestimmung der Reichweite des Vorbehaltsgrundsatzes.

2. *Positivismus*

Die Methode der traditionellen Staatsrechtslehre war dem Positivismus verpflichtet[396]. Durch ihre Isolierung gegenüber Philosophie, Soziologie und Geschichte wurde die Staatsrechtslehre zur reinen Normwissenschaft, die sich auf ordnende, analysierende und klassifizierende Erörterungen innerhalb eines festen Begriffssystems zu beschränken meinte[397]. Die Ablehnung jeder wertenden Betrachtung sollte der Rechtspflege eine dem Interessenstreit enthobene Neutralität sichern[398].

Kennzeichnend für die traditionelle Lehre ist ihre juristisch-formale Methode. Mit Hilfe der Logik lassen sich aber stets nur logische Resultate gewinnen, niemals die reale Substanz der Rechtsbegriffe ausschöpfen[399]. Der juristische Formalismus verbürgt zwar Folgerichtigkeit, aber nicht notwendigerweise sachliche Richtigkeit, weil er sich darin erschöpft, formale Begriffe in Beziehung zu setzen[400].

Die Abgrenzung des Funktionsbereichs von Legislative und Exekutive wurde nicht konkret verfassungsrechtlich, sondern rechtstheoretisch erörtert. Die traditionelle Lehre behandelte die Begriffe „Recht“ und „Rechtssatz“ als theoretisch-allgemeine, obwohl sie lediglich historisch-konventionell verengte Begriffe waren, die mit dem Anspruch auftraten, theoretische und allgemeingültige Begriffe zu sein[401].

Die Staatsrechtslehre kann das Recht indessen nur dann in den Griff bekommen, wenn sie die zugrundeliegenden sozialen Verhältnisse und Interessen berücksichtigt[402]. Staat und Recht sind soziale Phänomene, so daß Argumentation und Konstruktion die soziale und politische Umwelt, in die Staat und Recht eingebettet sind, nicht ignorieren dürfen. Staatsrechtliche Grundbegriffe können deshalb nicht abstrakt konstruiert, sondern müssen konkret von den gesellschaftlichen Gegebenheiten der staatlichen Wirklichkeit her entwickelt werden, sollen diese in ihrer juristischen Bedeutung erfaßt werden[403]. „Soll das Recht nicht zu einem starren und toten Paragraphengerippe werden, so bedarf es ständiger Kommunikation mit der sich dynamisch fortentwickelnden sozialen Wirklichkeit und ihrer Probleme[404].“ Ein so „politisches“ Recht wie

[396] Dazu ausführlich *Böckenförde*, Gesetz, S. 211 ff.

[397] *Laband*, Das Budgetrecht nach den Bestimmungen der Preußischen Verfassungs-Urkunde (1871, Neudruck 1971), S. 1 f.

[398] *Böckenförde*, Gesetz, S. 214.

[399] *v. Gierke*, Labands Staatsrecht, S. 14 ff.; *Böckenförde*, Gesetz, S. 216.

[400] *Böckenförde*, Gesetz, S. 217.

[401] *Thoma*, Mayer-FS, S. 176 f.; *ders.*, HDStR, Bd. II, S. 125 und 223; *Jacobi*, HDStR, Bd. II, S. 258; *Böckenförde*, Gesetz, S. 219; *ders.*, Organisationsgewalt, S. 62 f.; *Ossenbühl*, Verwaltungsvorschriften, S. 85 ff.

[402] *Triepel*, Staatsrecht und Politik (1927), S. 20 und 37.

[403] *Böckenförde*, Gesetz, S. 335 f.

[404] *Rupp*, Grundfragen, S. 141.

das Staatsrecht, dem ohnehin häufig genug die präzisen juristischen Begriffe fehlen, kann nicht allein im Wege der am Privatrecht entwickelten Wort- und Sinninterpretation ausgelegt und verarbeitet werden, sondern ist auch auf zweckorientierte politische Gedankengänge und Wertungen angewiesen. Jede Interpretation, die nicht den Zusammenhang von Recht und Politik im Verfassungsraum in Rechnung stellt, geht am Kern der Verfassungsauslegung vorbei[405].

Allerdings müssen solche politischen Wertungen und Rückbeziehungen ihren legitimen Ort in der Staatsrechtslehre erhalten, um ihre Maßstäbe wissenschaftlicher Nachprüfung zugänglich zu machen[406]. Es gilt, „den Verknüpfungsvorgang zwischen Recht und Politik im konkreten Falle aufzudecken und festzustellen, welche politischen Entscheidungen in Rechtssätze eingebettet und damit allgemeinverbindlich geworden und welche politischen Vorstellungen nicht in geltendes Recht transformiert worden sind"[407].

Da die rein logische Betrachtung immer nur bereits gesetzte Inhalte ordnen, nicht aber aus sich selbst neue Inhalte setzen kann, ist die Beachtung sozialer Gegebenheiten und ihre Bewertung nicht zu vermeiden. Die angesichts zahlreicher Kodifikationen am Ende des vergangenen Jahrhunderts für das Privatrecht noch plausibel erscheinende Fiktion lückenloser Regelung aller Lebensverhältnisse als Prämisse des Positivismus hat für das öffentliche Recht nie Geltung beanspruchen können. Wird dennoch der Versuch unternommen, philosophische, soziologische und politische Erörterungen dem Staatsrecht fernzuhalten, treten sie fragmentarisch und unkontrollierbar auf, zuweilen im Gewande angeblich apriorischer Begriffe[408]. Eliminieren lassen sie sich nicht. Schon Laband hat politische Gesichtspunkte berücksichtigt, ohne sie auszusprechen[409]. Das gilt in besonderem Maße für die gesamte Impermeabilitätstheorie, die eine konkrete historische Situation juristisch zu bewältigen hatte.

3. *Ergebnis*

Die Lehre vom besonderen Gewaltverhältnis dient der Verteidigung einer „Rechtsposition des aufgeklärten Absolutismus"[410]. Da mit dem

---

[405] *Ossenbühl*, Verwaltungsvorschriften, S. 227.

[406] *Böckenförde*, Gesetz, S. 335 f.

[407] *Ossenbühl*, Verwaltungsvorschriften, S. 227; ähnlich *Jesch*, Gesetz, S. 60 f.

[408] *Böckenförde*, Gesetz, S. 335 f.

[409] *v. Gierke*, Labands Staatsrecht, S. 9: „Mitunter hat man den Eindruck, als werde bei der Erörterung einer prinzipiellen Frage, während scheinbar nur juristische Gründe gegen einander abgewogen werden, doch zuletzt das politische Motiv nur verschwiegen, das in Wahrheit für die Entscheidung den Ausschlag gegeben hat."

[410] *Böckenförde*, Gesetz, S. 328.

Wegfall der Monarchie allein das Volk eine eigenständige politische Größe bildet[411], kann es heute nicht mehr um die Abgrenzung von Machtsphären zwischen einer ursprünglich absolutistischen Gewalt und den Repräsentationsorganen des Bürgertums gehen[412].

Hatte die Ausdehnung des besonderen Gewaltverhältnisses vom Beamtenverhältnis auf die Anstaltsverhältnisse aus dem Bürger eine Art „Staatsdiener" gemacht, der an der Erreichung eines Verwaltungszweckes als persönliches Mittel mitzuwirken hatte, so steht der Einzelne demgegenüber heute auch dann, wenn er als Anstaltsbenutzer einem besonderen Lebensverhältnis angehört, derselben Staatsgewalt und Rechtsordnung gegenüber wie derjenige, der im gesellschaftlichen Bereich verbleibt[413]. Auch der Schüler bleibt Bürger und darf nie zum bloßen Mittel zur Erreichung des Schulzweckes werden.

Die traditionelle Lehre läuft auf einen Unterwerfungsakt unter eine Staatsgewalt hinaus, die in der Konkretisierung des Gemeinzwecks ihre Legitimation findet. Dem Rechtsstaat muß es aber über die Legitimierung an sich notwendiger Befugnisse der Staatsgewalt hinaus um deren Differenzierung und Ausformung zu meßbar umgrenzten Rechtsverhältnissen gehen[414].

Es drängt sich deshalb die Vermutung auf, daß es sich bei der Kategorie des besonderen Gewaltverhältnisses um ein „historisches Liquidationsproblem"[415] handelt und nicht nur die konventionelle Verengung des Rechtssatzbegriffs durch die traditionelle Staatsrechtslehre hinfällig wird, sondern auch dem Vorbehalt des Gesetzes nicht mehr die gleiche beschränkte Bedeutung zukommt wie im Zeitalter der konstitutionellen Monarchie.

§ 8 Die Ausgliederung des Schulverhältnisses

I. Die Begründung der Ausgliederung

1. *Sachliche Gründe*

Bemüht man sich, einem Laien zu erklären, daß für die Juristen eine Kategorie existiert, die Richter und Strafgefangene, Soldaten und Geisteskranke, Lehrer und Schüler unter einen Hut bringt, wird einem auch als Jurist wieder klar, daß sich hinter dem Begriff des besonderen

---

[411] *Ossenbühl*, Verwaltungsvorschriften, S. 201; *Böckenförde*, Organisationsgewalt, S. 79.

[412] *Brohm*, DöV 1964, S. 247.

[413] *Rupp*, Grundfragen, S. 41 ff.; *Brohm*, DöV 1964, S. 247.

[414] *Böckenförde*, Gesetz, S. 328.

[415] *Zacher*, VVDStRL 24 (1966), S. 236.

Gewaltverhältnisses „Lebensverhältnisse von jeweils besonderer sachlicher Eigengesetzlichkeit“[416] verbergen[417].

Die besonderen Gewaltverhältnisse bilden jeweils spezifische Lebensverhältnisse mit mehr oder weniger charakteristischen Ausprägungen, die in gesetzlichen oder sonst normativen Regelungen verfestigt sind — allen voran das Beamtenverhältnis. Selbstverständlich läßt sich als Oberbegriff aller dieser Sozialgebilde das besondere Gewaltverhältnis als solches bilden, denn auch die Rechtswissenschaft kennt übergeordnete und untergeordnete Begriffe[418]. Doch muß mit zunehmender Abstraktionshöhe eine fortschreitende Sinnentleerung in Kauf genommen werden. Je höher der Platz in der Begriffspyramide ist, desto inhaltsleerer, vager und schemenhafter ist die Begriffsdefinition[419]. Deshalb muß das besondere Gewaltverhältnis als Oberbegriff das wichtigste Merkmal der einzelnen Gewaltverhältnisse — nämlich den jeweiligen durch sie verfolgten Zweck — eliminieren[420]. Es verbleibt das besondere Gewaltverhältnis als eine Zusammenfassung unterschiedlichster Gebilde, deren nur formale Gemeinsamkeit allein darin besteht, nach traditioneller Auffassung vom allgemeinen Gewaltverhältnis abgehoben zu werden.

Angesichts der disziplinierenden Funktion der Kategorie des besonderen Gewaltverhältnisses — Grundrechte und Rechtsschutz werden eingeschränkt, der Vorbehaltsgrundsatz wird ganz aufgehoben — handelt es sich bei dieser Zusammenfassung verschiedenster Lebensverhältnisse zu einer Rechtsfigur um mehr als nur eine „rechtstechnische Einordnung“[421]. Vielmehr beinhaltet die Zuordnung eines Sozialgebildes zum staatlichen Innenraum eine prinzipiell freiheitsbeschränkende Wertung. Diese Freiheitseinbuße mag sachlich gerechtfertigt sein — nicht aber bereits durch die globale Unterstellung von Schul- und Beamtenverhältnis sowie aller sonstigen Anstalts- und Dienstverhältnisse unter die zwecklose und damit inhaltsleere Kategorie des besonderen Gewaltverhältnisses.

Es ist daher wenig zweckmäßig, von *dem* besonderen Gewaltverhältnis zu sprechen. Vielmehr sollte der Tatsache, daß es besondere Gewalt-

---

[416] *Hesse*, Verfassungsrecht, S. 135.

[417] *Ule*, VVDStRL 15 (1957), S. 145; *Weber*, VVDStRL 15, S. 186; *Thieme*, JZ 1964, S. 82; *Heckel/Seipp*, S. 364; *Tilch*, S. 115; *Dame*, S. 63; *W. Schmidt*, S. 57 f.; *Ossenbühl*, Verwaltungsvorschriften, S. 23. Einen Überblick über die einzelnen Erscheinungsformen gibt *Gernert*, Die Problematik des besonderen Gewaltverhältnisses des öffentlichen Rechts (1954), S. 26 f.

[418] *Hatz*, Rechtssprache und juristischer Begriff (1963), S. 57.

[419] *Larenz*, Methodenlehre der Rechtswissenschaft (2. Auflage 1969), S. 419 ff.

[420] Dazu unten § 9 I.

[421] So aber *Quaritsch*, Schulvertrag, S. 39.

verhältnisse sehr verschiedener Art gibt, Rechnung getragen werden, indem nur von *den* besonderen Gewaltverhältnissen gesprochen wird[422]. Der allgemeine Oberbegriff des besonderen Gewaltverhältnisses schafft nicht nur „mehr Verwirrung als Klarheit"[423], sondern diese generalisierende Betrachtung verführt zur Nivellierung charakteristischer Unterschiede[424]. Sachlich gerechtfertigte Problemlösungen lassen sich deshalb jeweils nur für ein spezielles besonderes Gewaltverhältnis erarbeiten[425]. Durch die stärkere Betonung der sozialen Tatbestände besonderer Gewaltverhältnisse bietet sich außerdem die vorteilhafte Möglichkeit der Differenzierung des Rechts[426].

2. *Methodische Gründe*

Die Beschränkung auf ein spezielles Verhältnis bietet schließlich den Vorteil größerer methodischer Klarheit. Da das besondere Gewaltverhältnis als solches keine substantiellen Konturen aufweist, sondern nur jeweils das als besonderes Gewaltverhältnis verstandene spezielle Sozialgebilde, ist ein Leitbild als Orientierungshilfe erforderlich. Dieses Leitbild ist in aller Regel das Beamtenverhältnis, das nicht nur das historisch älteste besondere Gewaltverhältnis darstellt, sondern zu ihm bieten Judikatur und Literatur auch den reichhaltigsten Stoff[427].

Ungeklärt ist dabei die Berechtigung, am Beamtenverhältnis orientierte Ergebnisse auf andere besondere Gewaltverhältnisse zu übertragen. Das gleiche Problem taucht auf, wenn als Leitbild das Schulverhältnis zugrundeliegt[428]. Die Bedenken ergeben sich aus der Tatsache, daß immer ein spezielles besonderes Gewaltverhältnis als Leitbild dient, die so ermittelten Ergebnisse aber auf andere oder gar alle besonderen Gewaltverhältnisse übertragen werden, ohne die Zulässigkeit dieser Übertragung auch nur ansatzweise zu prüfen. Die hinreichende Vergleichbarkeit wird schlicht unterstellt[429].

---

[422] *Ule*, VVDStRL 15 (1957), S. 220; *Thieme*, JZ 1964, S. 82.

[423] *Tilch*, S. 115.

[424] *Perschel*, Meinungsfreiheit, S. 3; *Hesse*, Verfassungsrecht, S. 134.

[425] *Ule*, VVDStRL 15, S. 220 f.; *Weber*, VVDStRL 15, S. 186 ff.; *Ipsen*, VVDStRL 15, S. 200; *Hild. Krüger*, ZBR 1956, S. 312; *Thieme*, JZ 1964, S. 82; *Brohm*, DöV 1964, S. 638 Fußn. 10; *Tilch*, S. 115 f.; *Hansen*, S. 296.

[426] *Krüger*, VVDStRL 15, S. 222.

[427] Vgl. beispielsweise OVG Münster DöV 1963, 27 ff.; *Kellner*, DöV 1963, S. 418 und 423; *Krüger*, NJW 1953, S. 1370. Die Funktion des Beamtenverhältnisses als Leitbild aller besonderen Gewaltverhältnisse konstatiert auch *W. Schmidt*, S. 185.

[428] Vgl. beispielsweise *Peters*, VVDStRL 23 (1966), S. 252. *Podlech*, S. 49 kritisiert die Deutung aller besonderen Gewaltverhältnisse vom Beamtenverhältnis her, benutzt aber nicht weniger exemplarisch das Schulverhältnis als Leitbild.

[429] BVerwG DöV 1965, 638 (639) überträgt ausdrücklich zum Beamtenverhältnis entwickelte Lösungen auf das Schulverhältnis; ebenso *Ule*, Verwal-

Nur als untauglichen Versuch, diese Berechtigung nachzuweisen, kann es angesehen werden, wenn — wie häufig — behauptet wird, das Beamtenverhältnis[430] oder das Schulverhältnis[431] sei der „typische“ Fall eines besonderen Gewaltverhältnisses, denn die zur Anwendung gelangenden Rechtssätze sind ja nicht abstrakt zum besonderen Gewaltverhältnis erarbeitet worden, sondern an einem anderen speziellen Gewaltverhältnis.

Besonders bedenklich ist es, innerhalb eines Lösungsganges dasselbe Leitbild nicht durchgängig zu verwenden, sondern es stillschweigend auszuwechseln. Als Folge zeigen sich Manipulationen, weil nur solche Erscheinungen der besonderen Gewaltverhältnisse ausgewählt werden, die im jeweiligen Zusammenhang als nützlich erscheinen. Auch Scheingefechten wird der Boden bereitet, weil durch unbemerkten Leitbildwechsel aneinander vorbei geredet wird.

Solange abstrakt vom besonderen Gewaltverhältnis gesprochen und nur zur Exemplifikation auf dieses oder jenes besondere Gewaltverhältnis hingewiesen wird[432], ist der Weg bereitet für *unangemessene Verallgemeinerungen*, die man wohl als hervorragendstes Merkmal der Lehre vom besonderen Gewaltverhältnis ansehen muß. Während andere juristische Begriffe Ansatzpunkte für ganze Bündel von Regeln bilden — man denke nur an den Begriff des Verwaltungsakts und die Widerrufslehre oder an den Begriff der Willenserklärung und die Bestimmungen der §§ 104 ff. BGB —, stimmt beim Begriff des besonderen Gewaltverhältnisses von vornherein nicht diese Allgemeinheit, mit der für das eine Gewaltverhältnis entwickelte Regeln auf ein anderes Gewaltverhältnis anwendbar sein sollen. Der Oberbegriff des besonderen Gewaltverhältnisses ist daher geradezu der gordische Knoten, den es zu zerschlagen gilt, um den bisherigen Zwang zu unangemessenen Verallgemeinerungen zu beenden.

Die formal-logische Methode der Lehre vom besonderen Gewaltverhältnis kann ihren Ursprung in der traditionellen Staatsrechtslehre *Labands* nicht leugnen, knüpft sie doch allein an das formale Kriterium an, *daß* das besondere Gewaltverhältnis den allgemeinen staatsbürgerlichen Status modifiziert[433], wobei der freiheitsvermindernde Effekt

---

tungsprozeßrecht (5. Auflage 1971), S. 140. — *Leuschner*, S. 43 rechtfertigt die Grundrechtsbeschränkungen im Schulverhältnis durch den Hinweis auf Strafvollzugsanstalten!

[430] *Kellner*, DöV 1963, S. 423. *Ule*, VVDStRL 15, S. 135 hält Beamten- und Schulverhältnis für die „hervorragendsten Typen des besonderen Gewaltverhältnisses“.

[431] *Tilch*, S. 49.

[432] *Weber*, VVDStRL 15, S. 186.

[433] *Thieme*, JZ 1964, S. 82; *Hesse*, Verfassungsrecht, S. 135.

dieser Modifizierung seine Rechtfertigung allein im damaligen Rechtssatzbegriff findet. *Wie* dieser Status modifiziert wird, kann auch nach h. M. jeweils nur unter Berücksichtigung des jeweiligen konkreten Zwecks ermittelt werden. Die sachliche Rechtfertigung möglicher Freiheitsbeschränkungen folgt also allein aus Erfordernissen konkreter Gewaltverhältnisse.

Demgegenüber ist bisweilen bedauert worden, daß das Schulrecht die Verbindung zum Anstaltsrecht verloren habe, die es aber wieder zurückgewinnen müsse[434]. Die Einbettung von Spezialmaterien in größere Zusammenhänge ist stets janusköpfig: Einmal ist sie geeignet, Verbindungslinien aufzuzeigen und so Lösungshinweise zu geben, die sonst übersehen werden könnten; andererseits kann diese Einbettung aber auch sachlich gebotenen Ausprägungen der speziellen Materie hemmend im Wege stehen. Wohl deshalb geht der Trend heute dahin, die Verbindungslinie zwischen Schul- und Anstaltsrecht zu kappen und das Schulrecht statt von der Institution der Schul-Anstalt her von deren Bildungsaufgabe aus zu entwickeln[435].

Was besagt schon die Qualifizierung der Schule als öffentliche Anstalt in zahlreichen Schulgesetzen[436], wenn gleichzeitig ungeschriebenes Recht den Aufsichtsbegriff des Art. 7 Abs. 1 GG umfassender und damit so gänzlich verschieden vom sonstigen Aufsichtsbegriff versteht[437]? Auch das Selbsteintrittsrecht der höheren Behörde kann wegen des pädagogischen Elementes des (inneren) Schulrechts nur in einem reduzierten Umfange bestehen[438]. Schließlich spielen im Schulverhältnis bestimmte Grundrechte (Art. 6 Abs. 2, 5 Abs. 1, 12 Abs. 1 GG) eine andere Rolle als beispielsweise im Gefangenenverhältnis. Auch der Rechtsschutz wirft insbesondere im Zusammenhang mit dem Prüfungswesen spezifische Probleme auf.

Ist man also ohnehin gehalten, laufend die Erfordernisse des speziellen Lebensverhältnisses gegen die Widerstände der generalisierenden Betrachtung durchzusetzen, sollte der Versuch nicht abwegig erscheinen, unmittelbar bei der Schule und ihrer Bildungsaufgabe anzusetzen und so mitzuhelfen, „für den Bereich der Schule wirklich ein Stück besonderes Verwaltungsrecht zu entwickeln"[439]. Die Erkenntnis, daß es sich

---

[434] *Peters*, Lehrbuch, S. 406.

[435] *Richter*, Recht und Verwaltung des Bildungswesens 1948 - 1968, DöV 1968, S. 388; *Sellschopp*, Das Schulverhältnis und der Gesetzesvorbehalt, DöV 1971, S. 414.

[436] s. oben Fußn. 321.

[437] s. unten § 16.

[438] In schulpädagogischen Angelegenheiten besteht kein Selbsteintrittsrecht der höheren Behörde, HessVGH DöV 1961, 796 (797); *Wolff*, Bd. II, § 101 VII a 3 m. w. Nachw. (str.).

[439] *Ehmke*, VVDStRL 23 (1966), S. 258.

bei den besonderen Gewaltverhältnissen um heterogene Gebilde handelt, legt es vielmehr nahe, sie auch im Bereich des Verfassungsrechts unterschiedlich zu behandeln. Besteht aber keinerlei sachliche oder methodische Notwendigkeit, das Problem des Vorbehalts des Gesetzes bei allen besonderen Gewaltverhältnissen einheitlich zu lösen[440], kann eine speziell am Schulverhältnis erarbeitete Lösung nur von Nutzen sein[441].

II. Die Durchführung der Ausgliederung

Nachdem allgemein festgestellt worden ist, daß sich hinter dem Begriff des besonderen Gewaltverhältnisses die unterschiedlichsten Sozialgebilde verbergen, müssen jetzt im einzelnen die Unterschiede herausgearbeitet werden, die das Schulverhältnis von anderen besonderen Gewaltverhältnissen abheben. Nur so können Gesichtspunkte aufgezeigt werden, die zu beachten sind, um die unreflektierte Übertragung von Lösungselementen, die zu anderen speziellen besonderen Gewaltverhältnissen entwickelt worden sind, auf das Schulverhältnis zu vermeiden.

1. *Trennung zwischen Dienst- und Anstaltsverhältnissen*

Innerhalb der bunten Fülle an besonderen Gewaltverhältnissen lassen sich zwanglos zwei Gruppen bilden, deren Zusammenfassung zu einem Rechtsinstitut am gewagtesten erscheinen muß: Dientsverhältnisse einerseits — Anstaltsverhältnisse andererseits[442]. Es ist offensichtlich, daß Beamte und Soldaten in ganz anderer Intensität dem Staat verbunden sind als etwa Strafgefangene oder Schüler, von Benutzern einer Bibliothek oder eines Schwimmbades ganz abgesehen.

Daß es sich hierbei um keine willkürliche Trennung handelt, beweist ein Blick auf die geschichtliche Entwicklung des besonderen Gewaltverhältnisses. In ihren Anfängen beschränkte sich die Lehre vom besonderen Gewaltverhältnis auf das Staatsdienerverhältnis. Dieses „organische Subjektionsverhältnis“[443] ging über das „allgemeine Forderungsrecht“ hinaus und begründete eine „Gewalt“[444]. So hob sich der Staatsdiener vom Bürger ab. Die Ausdehnung dieser Lehre auf die Anstaltsverhältnisse erfolgte erst durch *Otto Mayer*[445] und *Georg Jellinek*[446]. Insbesondere die Zerlegung der öffentlichen Verwaltung in eine Viel-

---

[440] *Thieme*, JZ 1964, S. 83.

[441] Vgl. *Heckel/Seipp*, S. 364; *Perschel*, Meinungsfreiheit, S. 3.

[442] *v. Mangoldt/Klein*, Das Bonner Grundgesetz, Bd. I (2. Auflage, Neudruck 1966), Vorbemerkungen B XVI 4; *Ule*, VVDStRL 15, S. 135.

[443] *Schmitthenner*, Grundlinien des allgemeinen Staatsrechts (1845), S. 275.

[444] *Laband*, Staatsrecht, Bd. I, S. 433.

[445] Bd. I, S. 101.

[446] System, S. 112 f. und 216 ff.

zahl öffentlicher Anstalten hatte die besonderen Gewaltverhältnisse üppig ins Kraut schießen lassen[447].

Diese Ausweitung ist durchaus nicht selbstverständlich, denn das Beamtenverhältnis hat seinen rechtsgeschichtlichen Ursprung im Vasallitätsverhältnis, einem besonderen Treudienstverhältnis, das auf der Grundlage des altgermanischen Gefolgschaftsverhältnisses entstanden ist[448]. So ist es nicht verwunderlich, daß sich *Laband* noch ganz in lehensrechtlichen Wendungen bewegt[449]. Als markantestes Beispiel eines Übergangs einer für Lehnsleute gedachten Handlung in das Beamtenverhältnis kann der Eid angesehen werden[450].

Die Verbindung zwischen dem deutlich personal bezogenen Beamtenverhältnis und den eher sachbezogenen Anstaltsverhältnissen[451] läßt sich daher nur schwer begründen. Die Sonderstellung des Beamten- wie auch des Soldatenverhältnisses zeigt sich auch in der relativen Geschlossenheit dieser Gebilde — in auffälligem Gegensatz zu den weithin versplitterten anstaltlichen Verhältnissen[452]. Wegen der gegenüber anstaltlichen Verhältnissen viel engeren Einbeziehung der zu „Gliedern" des Staates gewordenen Beamten und Soldaten, die ihn tragen und verkörpern, ist der auf Dienstverhältnisse bezogene ideologische Aufwand als zusätzliches Bindemittel zu begreifen, auf das die sachlich strukturierten Anstaltsverhältnisse verzichten können[453].

Der entscheidende Gesichtspunkt ist also die Intensität, mit der der Beamte und der Soldat im Gegensatz zum Schüler ins Innere des Staatsbetriebes einbezogen sind. Beamte und Soldaten sind als Staatsorganwalter in die Staatsorganisation *eingegliedert*, nicht aber der Schüler[454]. Der Beamte wird *fremdnützig* tätig[455] und stellt so ein persönliches Mittel zur Erfüllung von Anstalts- und anderen Staatszwecken dar, während die Anstaltsbenutzer Nutznießer des Betriebes von Anstaltsverhältnissen sind[456]. Deshalb treffen in jedem Anstaltsverhältnis zwei Personengruppen aufeinander: auf der einen Seite Schüler, Anstalts-

---

[447] *Bachof*, VVDStRL 12 (1954), S. 61; *Hansen*, S. 42.

[448] Ausführlich *Wyluda*, Lehnrecht und Beamtentum (1969), S. 126; vgl. auch *Merk*, VVDStRL 15, S. 193.

[449] Vgl. *Krüger*, VVDStRL 15, S. 115 Fußn. 25.

[450] *Wyluda*, S. 127.

[451] *Merk*, Verwaltungsrecht, Bd. II, S. 1480 f.; *ders.*, VVDStRL 15, S. 192; ähnlich *Weber*, VVDStRL 15, S. 188.

[452] *Dame*, S. 63 f.

[453] *Starck*, Plädoyer für ein Strafvollzugsgesetz, ZRP 1969, S. 148.

[454] *v. Mangoldt/Klein*, Grundgesetz, Vorb. B XVI 4; *Ule*, VVDStRL 15, S. 152; *Forsthoff*, Verwaltungsrecht, S. 133; *Podlech*, S. 49.

[455] *Quaritsch*, Schulvertrag, S. 51.

[456] *Obermayer*, Verwaltungsakt, S. 85; *Thieme*, JZ 1964, S. 83.

insassen, Patienten, die die Anstalt nutzen — auf der anderen Seite Lehrer, Wärter, Ärzte, die die Fähigkeit und den Sachverstand aufweisen, die anstaltliche Leistung zu erbringen[457].

Deshalb stehen die Angehörigen dieser letzten Gruppe als persönliche Mittel in der Hand des Staates zur Erledigung bestimmter Aufgaben in einem öffentlich-rechtlichen Dienstverhältnis[458]. Hier kann und muß deutlich unterschieden werden zwischen den persönlichen, das Dienstverhältnis betreffenden Angelegenheiten und der internen Amtsstellung des Beamten[459]. Wegen der Überlagerung von dienstlicher und persönlicher Sphäre im Beamtenverhältnis ist die Unterscheidung des „Grundverhältnisses" vom „Betriebsverhältnis" von vornherein geboten, um die Sphären voneinander zu scheiden, in denen dem Beamten eigene Rechte zustehen können oder nicht. Während die Schule für den Schüler nur ein Mittel zur Realisation seines Bildungsrechtes darstellt, stehen dem Beamten in der dienstlichen Sphäre, d. h. hinsichtlich des jeweiligen Verwaltungszwecks, keine entsprechenden Rechte zur Verfügung. Unter diesem Blickwinkel gesehen übt der Beamte keine andere Funktion aus als ein Arbeitnehmer, der für seinen Arbeitgeber — der in erster Linie Unternehmer ist — den Produktionsfaktor Arbeit darstellt[460].

Der Staat bedarf der Beamten zur Erreichung seiner Zwecke, für die wiederum die Beamten sich zur Verfügung stellen. Da der Staat sich — in hier nicht zu erörternden Grenzen — beliebige Zwecke setzen darf, bedarf er in der dienstlichen Sphäre des Beamten zu ihrer Erreichung einer Generalklausel des Inhalts: „... muß seinen Vorgesetzten gehorchen[461]." Die arbeitsrechtliche Parallele dazu ist das Direktionsrecht des Arbeitgebers, das auch nur durch eine Generalklausel zu erfassen ist. Insoweit erfüllt der Beamte das wohl wichtigste Merkmal des besonderen Gewaltverhältnisses: „integriertes Glied" der Verwaltung zu sein[462].

---

457 *Podlech*, S. 51; *W. Schmidt*, S. 242.

458 Weil ein Ausfall ihrer Tätigkeit immer auch die leistungsberechtigte Allgemeinheit trifft, ergibt sich für ein Streikrecht der Beamten eine ganz andere Ausgangslage als für den typischen arbeitsrechtlichen Streik, obwohl auch hier in der Dienstleistungsgesellschaft der Gegenwart zunehmend die Allgemeinheit betroffen ist.

459 § 3 Abs. 2 Satz 1 und 2 Bundesbeamtengesetz (BBG) i.d.F. vom 22. Oktober 1965. Dazu *Wolff*, Bd. II, § 109 d 1 und e 1.

460 *Rupp*, Grundfragen, S. 76: „Das so verstandene Dienstverhältnis unterscheidet sich in seiner Struktur nicht wesentlich von anderen Arbeitsverhältnissen ..."; *Lang*, S. 68 f.; *Maunz*, MDH, Art. 33 Rdnr. 71; *W. Schmidt*, S. 206 ff.

461 § 11 Abs. 1 Satz 1 Gesetz über die Rechtsstellung der Soldaten (Soldatengesetz) i.d.F. vom 22. April 1969; ähnlich § 55 BBG, § 37 Rahmengesetz zur Vereinheitlichung des Beamtenrechts (Beamtenrechtsrahmengesetz — BRRG) i.d.F. vom 22. Oktober 1965.

462 *Obermayer*, Verwaltungsakt, S. 85.

Das alles trifft auf das Schulverhältnis und die anderen Anstaltsverhältnisse nicht zu. Anstaltsnutzer stellen sich nicht als „persönliche Mittel" zur Erreichung beliebiger Zwecke zur Verfügung. Sie leisten keinen Dienst, sondern empfangen Dienste anderer als Leistung. Deshalb gibt es bei ihnen keine „dienstliche", sondern immer nur eine „persönliche" Sphäre. Anstaltsnutzer sind nicht vom Staat integrierte Hilfsmittel, sondern stehen als Bürger der Anstaltsverwaltung gegenüber[463]. Infolgedessen ist in allen Anstaltsverhältnissen ebenso wie im allgemeinen Gewaltverhältnis eine Norm des Inhalts: „Der Bürger hat zu parieren" undenkbar.

Die Impermeabilitätstheorie mit ihrer Vorstellung des Innen und Außen hat daher für Anstaltsverhältnisse keine Berechtigung. Dienst- und Anstaltsverhältnisse sind ihrer Struktur nach jeweils so verschieden, daß ihre Zusammenfassung unter dem einheitlichen Begriff des besonderen Gewaltverhältnisses wenig sinnvoll ist. Die Ausdehnung dieser Kategorie auch auf Anstaltsverhältnisse durch Otto Mayer bedeutet die erste und wichtigste *unangemessene Verallgemeinerung* der Lehre vom besonderen Gewaltverhältnis. Von einer Dienst- und Anstaltsverhältnisse gleichermaßen umfassenden Einheit besonderes Gewaltverhältnis kann deshalb nicht länger gesprochen werden[464].

2. *Differenzierung der Anstaltsverhältnisse*

Auch innerhalb der Gruppe der Anstaltsverhältnisse ist eine weitere Differenzierung unumgänglich, weil der überall passende „Allerweltsbegriff"[465] der Anstalt einen viel zu weiten Einzugsbereich aufweist, mit dem jeweils die unterschiedlichsten Gewaltverhältnisse einhergehen.

a) „Schlichte" Anstaltsbenutzungsverhältnisse

Als Differenzierungsmerkmal bei Sozialgebilden bietet sich die Dauer und Intensität des Kontaktes zwischen Anstalt und Anstaltsnutzer an. Es kann nicht übersehen werden, daß es Anstalten mit höchst flüchtiger Berührung gibt, bei denen von einer Eingliederung auch nicht im entferntesten Sinne gesprochen werden kann. Bibliotheken, Museen und ähnliche *rein* sachlich strukturierte Einrichtungen — bei denen es allein um eine Benutzungsordnung für die zur Verfügung gestellten Einrich-

---

[463] *Hansen*, S. 43.

[464] *W. Schmidt*, S. 205 ff. und 231 ff. führt die unvermeidliche Trennung konsequent aus. Übereinstimmend: *Hansen*, S. 44; *Thieme*, JZ 1964, S. 83; *Dame*, S. 22 und 63. — Damit ist nicht präjudiziert, nach welchen Regeln die Anstaltsverhältnisse abzuwickeln sind. Das soll hier nur für das Schulverhältnis geklärt werden.

[465] *Forsthoff*, Verwaltungsrecht, S. 134.

tungen, Räume und Gegenstände geht — wirken in keiner Weise auf die Person des Nutzers ein. Deshalb weisen solche „schlichten" Anstaltsbenutzungsverhältnisse keinen die Nutzer erfassenden Sonderstatus auf[466].

Es ist bezeichnend, daß bei diesen Anstaltsverhältnissen häufig Rechtswegprobleme auftauchen, weil sie sich auch einer privatrechtlichen Benutzungsordnung bedienen können. Das darf als Indiz für das Nichtvorliegen eines besonderen Gewaltverhältnisses gewertet werden[467].

Dieses Ergebnis ist deshalb bedeutungsvoll, weil die moderne weit ausdifferenzierte Verwaltung laufend Anstaltsverhältnisse dieser Art schafft[468]. Sollen alle diese Verhältnisse dem besonderen Gewaltverhältnis zugeordnet werden, müßte dieser Begriff jede Kontur verlieren[469], ganz abgesehen von den Gefahren, die sich aus der ungehemmten Produktion neuer besonderer Gewaltverhältnisse ergeben[470].

b) „Eigentliche" Anstaltsverhältnisse

Auch die in der Gruppe der Anstaltsverhältnisse verbleibenden Gebilde wie Gefängnis, Erziehungsheim, Heilanstalt, Krankenhaus, Universität und Schule erwecken nicht den Eindruck einer Homogenität der Anstalten. Bevor auf das entscheidende Kriterium — den spezifischen Anstaltszweck — eingegangen wird, soll ein Blick auf die bei der Erfüllung des jeweiligen Anstaltszwecks beteiligten *Interessen* geworfen werden.

Die staatliche Tätigkeit weist nicht nur eine „Komplexität" von Zielsetzungen[471] auf, sondern auch ein dualistisches Interessengelage, weil jedenfalls die anstaltliche Aufgabenbewältigung immer individuelle Interessen wie auch solche des Gemeinwohls befriedigt[472]. Das gilt selbstverständlich auch für das Schulverhältnis, denn der Mensch ist erziehungsbedürftig um seiner selbst willen, erziehungsbedürftig aber auch

---

[466] *Wolff*, Bd. II, § 99 IV b 2; *W. Schmidt*, S. 66 ff.; *Obermayer*, Verwaltungsakt, S. 85 f.; *Weber*, VVDStRL 15, S. 186 ff.; *Ipsen*, VVDStRL 15, S. 200; *Dame*, S. 13 und 72 f.; a. A. *Thieme*, DöV 1956, S. 522; *Quaritsch*, Schulvertrag, S. 39.

[467] *Weber*, VVDStRL 15, S. 187.

[468] Dazu ausführlich *Jecht*, S. 49 ff.

[469] *Redeker*, Gegenwartsfragen der berufsständischen Selbstverwaltung, JZ 1954, S. 627.

[470] Einstweilen sei nur auf die Relativierung von Grundrechtsgeltung und Rechtsschutz hingewiesen. Dazu unten §§ 11 und 12. — Vgl. in diesem Zusammenhang BVerfGE 33, 1 ff., das von „unerträglicher Unbestimmtheit" als Folge dieser Rechtsfigur spricht.

[471] *Krüger*, Rechtsverordnung und Verwaltungsanweisung, in: Rechtsprobleme in Staat und Kirche. Smend-Festschrift (1952), S. 230.

[472] *Forkel*, Zum „Opfer" beim Aufopferungsanspruch, JZ 1969, S. 9.

nach gesellschaftlichen Anforderungen[473]. Allerdings können die Gewichte unterschiedlich verteilt sein: Das Schwergewicht der Interessenbefriedigung kann mehr auf der Seite des Einzelnen oder mehr auf der Seite der Allgemeinheit liegen. Danach können Anstaltsverhältnisse, die *primär* den Gemeinwohlinteressen dienen, von solchen unterschieden werden, die *primär* dem Individualinteresse dienen.

Der Schutz der Allgemeinheit steht sicher beim Strafgefangenenverhältnis[474] und wohl auch beim Heilanstaltsverhältnis im Vordergrund. Ähnliches mag in Teilbereichen für das Krankenanstaltsverhältnis gelten, jedenfalls bei ansteckenden Krankheiten i. S. des § 3 Bundes-Seuchengesetz vom 18. Juli 1961[475]. Aber auch sonst dürfte die Volksgesundheit ein solches Rechtsgut sein, das es rechtfertigt, die Intensität des staatlichen Interesses dem Individualinteresse als überlegen anzusehen. Diese Verhältnisse bringen somit — cum grano salis — für den Bürger im öffentlichen Interesse Freiheitseinbußen mit sich, die es angehen lassen, sie in stärkerem Maße mit der Vorstellung eines besonderen Gewaltverhältnisses zu identifizieren als solche Verhältnisse, die primär dem Individualinteresse dienen.

Dagegen dient das Schulverhältnis dem ureigensten Individualinteresse der Schüler[476]: Non scholae sed vitae discimus. Wohl deshalb ist die Schulpflicht nie in ähnlicher Weise in Zweifel gezogen worden wie beispielsweise die Wehrpflicht[477]. Ganz im Gegenteil klagen die Eltern gegen die Verweigerung *vorzeitiger* Einschulung oder gegen die Zurückstellung — was bei der Einberufung zum Wehrdienst wohl kaum der Fall sein dürfte. Hier zeigt sich die Berechtigung, das Schulwesen als „eines der wesentlichsten Stücke daseinsvorsorgender Leistungsverwaltung"[478] anzusehen.

Die These, das Schulverhältnis diene *primär* dem Individualinteresse, darf allerdings angesichts der Schulpflicht und der gesteigerten Bildungsanforderungen der heutigen Zeit nicht überdehnt werden. Dem Staat kann es nicht gleichgültig sein, ob er Analphabeten oder mündige Bürger hat. Totalitären Staaten mag es genügen, aus militärischen

[473] *Perschel*, Meinungsfreiheit, S. 37.

[474] BGHZ 21, 214 (220): „Dagegen haben Begründung und Aufrechterhaltung des Strafgefangenen — Gewaltverhältnisses ihren Grund und Zweck in dem Schutz der Allgemeinheit *vor* dem Rechtsbrecher."

[475] BGBl. I, S. 1012. Vgl. BGHZ 9, 83 (91), wonach die Impfung zwar auch im wohlverstandenen Interesse des einzelnen erfolge, doch bleibe dieses an Bedeutung hinter dem überwiegenden Interesse der Allgemeinheit zurück, die durch die Zwangsimpfung vor der allgemeinen Seuchengefahr geschützt werde.

[476] *Oppermann*, S. 192; *Forkel*, JZ 1969, S. 10. Zurückhaltend: *Perschel*, Meinungsfreiheit, S. 37 f.

[477] *Oppermann*, S. 192.

[478] Ebd., S. 194. Ausführlich unten § 19 II.

Gründen die Bürger lediglich mit Elementartechniken vertraut zu machen und ansonsten nur technokratische Fertigkeiten auszubilden. In der freiheitlich-demokratischen Herrschaftsform, die in Ermangelung des alleinseligmachenden Glaubens sich des formalen Prinzips der Mehrheitsentscheidung bedient, sind mündige Bürger hingegen die Bedingung erfolgreichen Wirkens, weil nur sie die demokratische Ordnung tragen können[479]. Deshalb kommt dem Recht auf Bildung neben seiner individualrechtlichen Komponente eine beachtliche politische und gesellschaftliche Funktion zu.

Deshalb hat der Staat, der legitimerweise die im Gemeinschaftsinteresse wurzelnden Bildungsziele verfolgt, sie auch am Wohl des Kindes auszurichten und sie mit dessen Individualinteressen in Einklang zu bringen[480]. Auch bietet der Staat die Gesamtheit der Bildungspalette nur an, ohne sie — von der Schulpflicht abgesehen — zur Verpflichtung zu erklären. Kann aber der Einzelne das staatliche Bildungsangebot annehmen oder ausschlagen, erscheint es erlaubt, davon zu sprechen, das Schulverhältnis diene primär dem Individualinteresse.

Erscheinungen wie die Einführung des 10. Schuljahres als Pflichtschuljahr zeigen allerdings, daß sich das öffentliche Interesse auf Kosten des Individualinteresses immer stärker geltend macht. Insbesondere da kommt das öffentliche Interesse zum Tragen, wo bestimmte Bildungserfordernisse als subjektive Zulassungsschranke errichtet werden. Bestimmte Tätigkeiten können dann nur ausgeübt werden, wenn zuvor die entsprechende Ausbildung absolviert worden ist.

Das Kriterium des durch den Schulzweck verfolgten Interesses ist somit nicht in der Lage, das Schulverhältnis von anderen Anstaltsverhältnissen präzise zu trennen, weil die miteinander verschlungenen Interessen des Individuums und der Allgemeinheit quantitativer Auflösung nicht zugänglich sind. Indessen verdeutlicht es, daß im Schulverhältnis die Gemeininteressen nicht so massiv und ungebrochen durchgesetzt werden wie in den anderen Anstaltsverhältnissen. Weil im Schulverhältnis dem Individualinteresse noch in weitem Maße Raum zur Entfaltung verbleibt, ist die Berechtigung zur Anwendung der Konstruktion des besonderen Gewaltverhältnisses nirgends so minimal wie beim Schulverhältnis.

---

[479] *Stein*, Das Recht des Kindes auf Selbstentfaltung in der Schule (1967), S. 5; *Perschel*, Meinungsfreiheit, S. 39; *Kriele*, VVDStRL 29 (1971), S. 63.

[480] *Forkel*, JZ 1969, S. 10. A. A. *Freudenberger*, S. 171: „Der Staat, der Schüler unterrichtet, ... tut dies in erster Linie nicht um der Betroffenen, sondern um der Allgemeinheit willen.“

3. Erscheinungsformen des Schulverhältnisses

Auch innerhalb des Schulverhältnisses besteht keine nahtlose Homogenität. Das in der Bundesrepublik bestehende System führt zu einer scharfen Trennung zwischen den berufsbildenden und den allgemeinbildenden Schulen. Solange das Lehrangebot der berufsbildenden Schulen nur eine Ergänzung der außerschulischen Ausbildung darstellt, muß das Berufsschulverhältnis von dem hier allein behandelten Schulverhältnis der allgemeinbildenden Schulen unterschieden werden. Erst eine die bisherige Berufsschule in eine Gesamtschule integrierende Reform vermag das dualistische System zu beenden.

So wie sich in formal-logischer Weise besondere Gewaltverhältnisse einteilen lassen nach der Art ihrer freiwilligen oder zwangsweisen Begründung[481], könnte auch im Schulverhältnis zwischen Schulpflicht- und Schulwahlverhältnis unterschieden werden. Indessen ist mit dieser Einteilung nicht viel gewonnen. Zwar wird für die zwangsweise Eingliederung in das Schulverhältnis eine gesetzliche Ermächtigung verlangt, während schulische Maßnahmen bei freiwilligem Eintritt mit der Formel „volenti non fit iniuria“ zu rechtfertigen versucht werden. Es bestehen aber nicht nur Bedenken gegen diese Formel wegen der häufig nur fingierten „Freiwilligkeit“[482], sondern auch im zwangsweise begründeten Schulverhältnis stehen keine allumfassenden Ermächtigungen zur Verfügung und auch spezielle Ermächtigungen fehlen weitgehend im Schulpflichtverhältnis[483], so daß für andere als den Eintritt gebietende schulische Maßnahmen auch hier die Suche nach einer Legitimationsgrundlage fortgesetzt werden muß.

Allerdings kann die Art der Begründung ein Indiz für dahinstehende sachliche Unterschiede sein. Bei dem pädagogischen Bemühen um die jungen Menschen im Schulverhältnis muß wegen der Altersstufen und unterschiedlichen Reifegrade der Schüler auch ein dynamisches Element zur Geltung gebracht werden. Institutionell ist das bereits durch Ausformung verschiedener Schularten (Grund- und Oberschule) geschehen. Zwischen den Extremen der Grundschule und der gymnasialen Oberstufe lassen sich leicht ebensoviel Unterschiede wie Gemeinsamkeiten finden. Hingegen stellt das Ende der Schulpflicht einen gesetzlich fixierten eindeutigen Einschnitt im Schulverhältnis dar. An diese entwicklungspsychologisch bedingten Schichtungen bei der rechtlichen Ausgestaltung anzuknüpfen kann nur von Vorteil sein[484].

---

481 *v. Mangoldt/Klein,* Grundgesetz, Vorb. B XVI 5.

482 s. dazu unten § 15.

483 s. dazu oben § 5.

484 Es sei hier nur auf das Problem der Grundrechtsmündigkeit hingewiesen. — Das ist auch der Ausgangspunkt für den Vorschlag, die gymnasiale Sekun-

§ 9 Der Zweck des Schulverhältnisses

I. Die Zweckhaftigkeit

Die Schule kann definiert werden als „eine geplante ständige Einrichtung, die unabhängig vom Wechsel ihrer Benutzer ... den Zweck verfolgt, diese in einer sie voll beanspruchenden Art und Weise nach einem bestimmten Lehrplan in einer Mehrzahl möglichst allgemeinbildender Gegenstände zu unterrichten und nach einem vom Schulträger festgesetzten Leitbild zu erziehen“[485]. Das darin stark betonte Zweckmoment scheint entbehrlich zu sein, wenn man eine andere Definition der Schule heranzieht: „(Grund-) Schulen sind ... soziale Gebilde. Sie besitzen mindestens zwei Mitgliederklassen, nämlich Lehrer und Schüler. Die Mitgliedschaft beruht auf mindestens relativer Zwangsbasis. Alle Schüler einer Schule stehen zu allen Lehrern der Schule in einem diffusen Unterordnungsverhältnis[486].“ Daß diese vom üblichen Schema abweichende Definition auf eine Zweckbestimmung verzichtet, ist kein Zufall, da *Podlech* von der Beschreibung der Schule her — von ihm als besonderes Gewaltverhältnis ohne Extremcharakter gedeutet — eine für alle diese Verhältnisse passende Formel zu erarbeiten sucht. Eine solche Formel muß das Zweckmoment eliminieren, weil gerade der Zweck die einzelnen Verhältnisse voneinander abhebt.

Auch das Schulverhältnis wird deshalb durch den ihm innewohnenden Zweck charakterisiert[487]. Dabei unterscheiden sich die Bildungsinstitute in ihren historisch und sozial bedingten Ausprägungen (Universität, Fachhochschulen, sonstige Schulen mannigfaltiger Art) untereinander nur graduell, während sie sich insgesamt von allen anderen Anstaltsverhältnissen deutlich abheben. Eine ganz andere Frage ist es, inwieweit der spezifische Zweck des Schulverhältnisses den Inhalt zulässiger Maßnahmen bestimmen und begrenzen und damit als verläßliches Entscheidungsprogramm dienen kann.

II. Die Natur der Sache

Hinter dem Bemühen, dem Zweck des Schulverhältnisses hinreichend konkretisierte Regeln zu entnehmen, verbirgt sich das rechtsphilosophische Problem der Interdependenz von Sein und Sollen[488]. Damit ist sowohl die Denkform der *Natur der Sache* wie die Lehre von der *Institu-*

---

darstufe II auf der Grundlage eines *Schulvertrages* zu regeln. Dazu *Quaritsch*, Zur rechtlichen Zweckmäßigkeit eines Schulvertrages, in: Flügge/Quaritsch, Schulmündigkeit und Schulvertrag (1971), S. 39 ff.

485 *Tilch*, S. 4. Ähnlich *Heckel/Seipp*, S. 8; *Peters*, Lehrbuch, S. 402.

486 *Podlech*, S. 57.

487 *Freudenberger*, S. 168 f.; *Peters*, Lehrbuch, S. 113; *Heckel/Seipp*, S. 8.

488 *Perschel*, Meinungsfreiheit, S. 29 ff.; *Lang*, S. 33.

tion angesprochen[489]. Beide Argumentationsmethoden setzen die Abhängigkeit des rechtlichen Sollens vom Sein voraus. Diese Abhängigkeit kann derart intensiv sein, daß die Norm unmittelbar der Sachgesetzlichkeit des erfaßten Lebensbereiches entnommen werden kann *(positive* Funktion) oder weniger intensiv dem Gesetzgeber lediglich bestimmte Gestaltungsformen verwehren *(negative* Funktion).

1. Negative Funktion

Schon *Montesquieu*[490] hat auf die nationale, soziale, geographische, klimatische, ethnographische, historische und sonstige Bedingtheit des Rechts aufmerksam gemacht. Es begegnet keinem Zweifel, daß die Realitäten die Einwirkungsmöglichkeiten des Rechts beschränken[491]. Zu diesen Vorgegebenheiten jeder rechtlichen Regelung gehören neben den Naturtatsachen auch Sozial- und bereits gestaltete Rechtsverhältnisse[492]. Auch das rechtlich nur minimal ausgestaltete Schulverhältnis läßt sich nicht ohne Besinnung auf die Eigenart dieses Lebensverhältnisses rechtlich in den Griff bekommen. Seine Natur der Sache darf nicht unbeachtet bleiben[493]. „In diesem Sinne bedeutet Natur der Sache den Widerstand der stumpfen Welt, dem sich rechtliche Ideen um ihrer Realisierbarkeit willen . . . mehr oder weniger anpassen müssen[494].“ Das Recht kann sich nicht über Tatsachen hinwegsetzen, es muß sie vielmehr in seinen Dienst stellen, wenn es seine Zwecke erreichen will[495]. Die „sachlogischen Strukturen“[496], die den ganzen Rechtsstoff durchsetzen, bilden eine Schranke für die Gestaltungsmöglichkeiten des Gesetzgebers. Schiebt er dessenungeachtet die Natur der Sache des Regelungskomplexes beiseite, muß er Schiffbruch erleiden.

Das BGB ist reich an solchen Mißgriffen, denen gegenüber sich die Vorgegebenheiten jeder Gesetzgebung als stärker erwiesen haben: Obwohl das BGB das besitzlose Pfandrecht nicht zuläßt, wird durch die

---

489 *Coing,* Grundzüge der Rechtsphilosophie (2. Auflage 1969), S. 184: „Die Lehre von der Institution ... gehört in den Bereich der Gesamtlehre von der Natur der Sache.“ Ebenso: *Larenz,* S. 389; *Rüthers,* Institutionelles Rechtsdenken im Wandel der Verfassungsepochen (1970), S. 45.

490 De l'esprit des lois, Bd. I (Paris 1950), 3. Teil, S. 239 ff. *Montesquieu* ist stark beeinflußt von *Bodin,* der diese Lehre begründete. Dazu *Quaritsch,* Staat und Souveränität, S. 322 Fußn. 324.

491 *Zippelius,* Das Wesen des Rechts (2. Auflage 1969), S. 57.

492 *Radbruch,* Die Natur der Sache als juristische Denkform, in: Festschrift für Laun (1948), S. 157 ff. = Neudruck (1964), S. 10 ff.

493 *Coing,* S. 183 ff.; *Engisch,* Einführung in das juristische Denken (5. Auflage 1971), S. 192 f.

494 *Radbruch,* Vorschule der Rechtsphilosophie (2. Auflage 1959), S. 22.

495 *Zippelius,* Geschichte der Staatsideen (1971), S. 115.

496 *Welzel,* Naturrecht und Rechtspositivismus, in: Naturrecht oder Rechtspositivismus? (Hrg. Maihofer), S. 334.

Sicherungsübereignung die „Verpfändung“ ohne Besitzübertragung ermöglicht[497]. Das BGB stellt den nichtrechtsfähigen Verein der Gesellschaft gleich — die Praxis ignoriert diese Fiktion und behandelt ihn als das, was er ist — als Verein[498]. Im Bereicherungsrecht normiert das BGB die Zweikondiktionenlehre — die ständige Rechtsprechung ersetzt sie kraft Natur der Sache durch die Saldotheorie[499]. Offensichtlich beschränkt die Eigengesetzlichkeit sozialer Prozesse die Gestaltungsmacht des Gesetzgebers: „Unmögliches oder Funktionsunfähiges erhält keine Realität und bleibt ein fehlgeschlagenes Experiment des Gesetzgebers ohne Geltungskraft[500].“

Die Beachtung der Natur der Sache ergibt sich für den Gesetzgeber positivrechtlich aus Art. 3 Abs. 1 GG. Das Bundesverfassungsgericht interpretiert den allgemeinen Gleichheitssatz als Willkürverbot. Dieses Verbot ist dann „verletzt, wenn sich ein vernünftiger, sich aus der Natur der Sache ergebender oder sonstwie sachlich einleuchtender Grund nicht finden läßt“[501]. Da die zu vergleichenden Lebensverhältnisse stets nur in einzelnen Elementen gleich sind, steht dem Gesetzgeber in der Bewertung der maßgebenden Elemente ein weiter Ermessensspielraum zu[502]. „Gesetzlichkeiten, die in der Sache selbst liegen“, darf er auch hier jedoch nicht mißachten[503]. Die Sachgesetzlichkeit der zu regelnden Materie bleibt daher als unübersteigbare Schranke bestehen.

Das Bundesverfassungsgericht versteht indessen die Natur der Sache nicht als bloße Umschreibung der in der Wirklichkeit vorgegebenen Naturtatsachen und sozialen Fakten, sondern benutzt sie als Kriterium dafür, ob die bei der rechtlichen Ordnung eines konkreten Lebensbereiches erst vom Gesetzgeber als maßgeblich zugrundegelegten Wertgesichtspunkte bei der Einzelausgestaltung auch folgerichtig durchgehalten werden[504]. Die den Gesetzgeber bindenden „sachlogischen Strukturen“[505]

---

[497] *Coing,* S. 183.

[498] *Larenz,* S. 390 f.

[499] *Diesselhorst,* Die Natur der Sache als außergesetzliche Rechtsquelle verfolgt an der Rechtsprechung zur Saldotheorie (1968); *Larenz,* S. 392 f.

[500] *Ossenbühl,* Verwaltungsvorschriften, S. 238.

[501] Ständige Rechtsprechung seit BVerfGE 1, 14 (52).

[502] BVerfGE 6, 273 (280); 9, 3 (10); 334 (337); 11, 105 (123); 245 (253); 12, 326 (337 f.); 13, 181 (202); 225 (228); 17, 381 (388); 25, 371 (400).

[503] BVerfGE 9, 338 (349). Ähnlich BVerfGE 6, 84 (91): „Natur des jeweils in Frage stehenden Sachbereichs.“ In der Leistungsverwaltung sind die Grenzen weiter gezogen: „Solange die Regelung sich auf eine der Lebenserfahrung nicht geradezu widersprechende Würdigung der jeweiligen Lebensverhältnisse stützt, ... kann sie von der Verfassung her nicht beanstandet werden.“ BVerfGE 17, 210 (216).

[504] *Rinck,* Gleichheitssatz, Willkürverbot und Natur der Sache, JZ 1963, S. 522 f.

[505] *Welzel,* S. 334.

treten erst dann unter einem bestimmten Wertaspekt hervor, wenn sich der Gesetzgeber für diesen entschieden hat. Das Gesetz wird also auf Folgerichtigkeit hinsichtlich der Beachtung der Werte geprüft, der Gesetzgeber ist aber — innerhalb der Wertordnung des Grundgesetzes — frei in der Wahl seiner Zwecke[506]. Da die Natur der Sache immer schon einen bestimmten Wertmaßstab als verbindlich voraussetzt, kann mit ihrer Hilfe nicht geklärt werden, von welchen Wertgesichtspunkten sich der Gesetzgeber bei seiner rechtlichen Regelung leiten lassen darf[507].

Aus der *negativen* Funktion der Natur der Sache ergibt sich, daß wie sonst im Recht so auch im Schulverhältnis nirgends die Tatsachenwelt ignoriert werden darf. Das Schulverhältnis trägt eine bestimmte Lebensgesetzlichkeit in sich, die zwar erst durch Zielsetzungen fixiert wird, andererseits aber nicht beliebig verändert werden kann[508]. Diese Natur der Sache des Schulverhältnisses ist geeignet, es von anderen Anstaltsverhältnissen abzuheben und gleichzeitig die äußeren Grenzen der Gestaltungsfreiheit des Gesetzgebers aufzuzeigen. Eine ganz andere Frage ist es, ob sie als Handlungsprogramm dienen kann.

2. *Positive Funktion*

Bereits Montesquieu[509] hielt es für möglich, der Natur der Sache auch im positiven Sinne hinreichend konkretisierte Regelungen zur Ausgestaltung sozialer Verhältnisse abzugewinnen: "Je n'ai point tiré mes principes de mes préjugés, mais de la nature des choses." *Dernburg*[510] stimmt dem in einer klassisch gewordenen Formulierung zu: „Die Lebensverhältnisse tragen, wenn auch mehr oder weniger entwickelt, ihr Maß und ihre Ordnung in sich. Auf sie muß der denkende Jurist zurückgehen, wenn es an einer positiven Norm fehlt oder wenn dieselbe unvollständig oder unklar ist." In beiden Aussagen wird „eine Sollimmanenz des Seins unterstellt"[511]. Auch das Bundesverfassungsgericht hält eine solche Präjudizierung des Sollens durch das Sein für möglich: „ Die Grundsätze für den Inhalt der Regelung ... können sich nur aus der Natur des zu regelnden Gegenstandes ergeben[512]."

a) Die Kritik muß ansetzen bei der Erkenntnis, daß sich rechtliche Unterschiede nicht allein aus den verschiedenen sachlichen Eigenschaften

---

[506] BVerfGE 17, 122 (130).

[507] *Rinck*, JZ 1963, S. 524; *Coing*, S. 187.

[508] *Ule*, VVDStRL 15, S. 145; *Perschel*, Meinungsfreiheit, S. 29.

[509] De l'esprit des lois, Bd. I, Préface (S. 1).

[510] Pandekten, Bd. I (3. Auflage 1892), S. 87.

[511] *Grimmer*, Die Rechtsfiguren einer „Normativität des Faktischen" (1971), S. 22.

[512] BVerfGE 15, 126 (140).

der Dinge folgern lassen[513]. Der Sinngehalt eines Faktums kann vielmehr nur im Zusammenhang mit einer Idee herausgearbeitet werden[514]. „Zum Zwecke der Erforschung des Sinns einer empirischen Erscheinung muß man aus der Welt der Wirklichkeit in die Welt der Werte hinübertasten, um in ihr die sinngebende Idee für diese empirische Erscheinung zu finden[515]." Erst die Interpretation der Wirklichkeit kann ihre Sachgesetzlichkeit hervortreten lassen. Die „sachlogische Struktur" der Dinge läßt sich erst erkennen, wenn diese durch Wertvorstellungen in einen Ordnungszusammenhang gestellt werden. Will man der Wirklichkeit normative Aussagen abgewinnen, so zwingt man der Natur der Sache eine noch gar nicht vorhandene Rechtsnorm ab[516].

Naturgemäß taucht der Gedanke einer starren Vorgegebenheit des Rechts immer dann auf, wenn die Bevormundung durch eine alle Lebensbereiche reglementierende willkürliche Machtausübung unerträglich wird[517]. Diese Argumentationsform ist deshalb ein Kind des Naturrechts. Die Norm wird tatsächlich nicht der Natur der Sache abgewonnen, sondern der Wertvorstellung, die den Dingen zugrundegelegt oder ihnen unterstellt wird. Die Argumentation aus der Natur der Sache muß also mit Zirkelschlüssen arbeiten, die der Wirklichkeit als Ergebnis das entlockt, was ihr zuvor untergeschoben werden mußte. So ist es nicht verwunderlich, daß der Natur der Sache als eines der „gefährlichsten Werkzeuge wissenschaftlicher Argumentation" eine „ganz eigenthümlich geheimnisvolle Macht in unserer Rechtswissenschaft"[518] zukommt[519].

b) Kennzeichnend ist die Verwischung zwischen dem zu ordnenden Sachverhalt und dem die Ordnung steuernden Kriterium[520]. Der notwendige Dualismus zwischen Sachverhalt und Regelung verschwimmt, beide verschwinden „im Nebel des ‚Institutionellen'"[521].

---

[513] *Coing*, S. 188.

[514] *Radbruch*, Natur der Sache, S. 33; *Zippelius*, Wesen, S. 53; *Engisch*, Einführung, S. 192 f.; *Schmidt*, Natur der Sache und Gleichheitssatz, JZ 1967, S. 404.

[515] *Radbruch*, Natur der Sache, S. 33.

[516] *Bergbohm*, Jurisprudenz und Rechtsphilosophie, Bd. I (1892), S. 353: „Noch immer möchte man der Natur der Sache eine Rechtsnorm abzwingen, die noch nicht da ist."

[517] Dazu *Rasenack*, Gesetz, S. 21.

[518] *Burkhard Wilhelm Leist*, Naturalis ratio und Natur der Sache (1860), S. 8. Dazu *Radbruch*, Natur der Sache, S. 28 f.

[519] Die gleichen Bedenken bestehen gegen eine ungeschriebene Kompetenz im Bundesstaat kraft Natur der Sache, weil auch hier ein vorgegebenes Bundesstaatsprinzip zugrundegelegt wird. Vgl. dazu *Bullinger*, Ungeschriebene Kompetenzen im Bundesstaat, AöR 96 (1971), S. 237 ff. (268 ff.).

[520] *Zippelius*, Wesen, S. 66.

[521] *Bettermann*, Rundfunkfreiheit und Rundfunkorganisation, DVBl. 1963, S. 42.

Diese Argumentation ist gefährlich, weil sie sich als Rechts*anwendung* ausgibt, in Wahrheit aber Rechts*setzung* darstellt. Sie taucht immer da auf, wo die gesetzliche Regelung fehlt oder lückenhaft ist[522]. Deshalb ist gerade das Schulverhältnis ein idealer Tummelplatz für Juristen und Pädagogen, unter Berufung auf Sinn und Zweck des Schulverhältnisses den Gesetzgeber fernzuhalten, der sich selbst für überflüssig hält[523]. Die rechtserzeugende Tätigkeit wird wahrgenommen vom Interpreten, der allerdings diese Tätigkeit unter Berufung auf Sinn und Zweck des Instituts oder auf die Natur der Sache verheimlicht[524]. Die Normsetzung wird so in einen Akt reiner Rechtsanwendung umgedeutet, die Funktionsverlagerung vom Gesetzgeber auf den Richter oder die Schulbürokratie wird als Auslegung getarnt[525]. Richter und Schulbürokratie ersetzen den Gesetzgeber: Die Schulbürokratie setzt *Normen* — ohne ihren Normen *Rechtssatz*qualität zuzuerkennen[526]. Die Justiz *setzt* Normen — ohne ihre Rechtssatz*schöpfung* auszusprechen. So ermöglicht die Kategorie der Natur der Sache der zweiten und dritten Gewalt eine *Kompetenzerschleichung* auf Kosten der ersten Gewalt.

c) Selbst bei Anerkennung der These, daß der soziale Sachverhalt die rechtliche Regelung bereits in sich trage, könnte sich doch kaum eine vollständige Regelung aus der Natur der Sache ableiten lassen. Dabei würde das Problem übergangen, ob nicht die Vorgegebenheiten der rechtlichen Regelung einen Spielraum lassen für Alternativen[527]. Dieser tatsächlich gegebene Spielraum bezieht sich nicht nur auf das Ziel selbst, das durch den Zweck allein gar nicht bestimmbar ist[528] und schon gar nicht, wenn der Zweck umstritten ist wie im Schulverhältnis[529]. Dieser Spielraum besteht insbesondere hinsichtlich der Mittel zur Erreichung anvisierter Ziele, weil angesichts der „zeitlichen und sachlichen Bezüge in komplexen Situationen“ Zwecke immer nur Lösungsvarianten, nicht aber eindeutige Verhaltensweisen bieten können[530]. Gerade wegen der Vielfalt unterschiedlichster Wege zur Erreichung desselben Wertes, kann diesem Wert schwerlich eine konkrete Norm entnommen werden.

---

[522] *Rüthers*, S. 19.

[523] Dazu unten § 28.

[524] *Rüthers*, S. 45.

[525] Ebd., S. 52.

[526] Dazu unten § 13.

[527] *Larenz*, S. 389; *Zippelius*, Wesen, S. 56.

[528] *Podlech*, S. 65 f. Ausführlich *Luhmann*, Funktionen und Folgen formaler Systeme (1964), S. 32 f., 242 ff.

[529] *Podlech*, S. 65 f.; *Luhmann*, Zweckbegriff und Systemrationalität (1968), S. 152: Im Schulwesen „lassen sich bei der Vielfältigkeit der Ausbildungsziele in einer differenzierten Sozialordnung keine handfesten Schulzwecke formulieren, auf die hin Organisation und Unterricht als Mittel geplant und kontrolliert werden könnten“.

[530] *Podlech*, S. 66 f.; *Luhmann*, Organisation, S. 109.

d) Auch darf die Natur der Sache nicht als konstant existierende, die rechtliche Konsequenz einseitig erzwingende Funktion mißdeutet werden, weil eine Norm des positiven Rechts durchaus die „Natur der Sache“ ihres Normbereiches legitim verändern kann, statt sie nur ans Licht zu heben und zu bestätigen[531]. Da aber die Natur der Sache oft als Einbahnstraße verstanden wird, kommt es zu einer Überbetonung der Sachstrukturen. Infolge dieser Überbewertung wird für zwingende sachbedingte Konsequenz gehalten, was in der Wahlfreiheit des Gesetzgebers steht[532]. Sozialgebilde weisen nicht nur geschichtliche Bedingtheiten auf, sondern unterliegen selbstverständlich dem ordnenden Zugriff der geltenden und werdenden Rechtsordnung[533]. Aus sachbestimmten Zusammenhängen darf daher nicht gleich geschlossen werden, daß der Gesetzgeber sie zur Grundlage seiner Normierung macht. Vielmehr hat die Idee des Rechts auch gegenüber der Natur der Sache das letzte Wort zu sprechen: „Die Natur der Sache tritt zwar der Idee des Rechts mit der Forderung sinnhafter Gestaltung des gegebenen Rechtsstoffes entgegen, jedoch gebührt die letzte Entscheidung der Rechtsidee[534].“

e) Die Erhebung der Natur der Sache zur außergesetzlichen Rechtsquelle müßte schließlich auf eine Anerkennung der normativen Kraft des Faktischen hinauslaufen. Indessen stellen Sachstrukturen und Gesetzmäßigkeiten sozialer Prozesse als solche noch keine Rechtsnormen dar. Eine Rechtsordnung kann nicht durch empirische Untersuchungen von Soziologen geschaffen werden, sondern die Festlegung der aus der Natur der Sache gefolgerten Gerechtigkeitsanforderungen kann nur durch den Gesetzgeber erfolgen. Die Feststellung gewisser Strukturen des Soziallebens macht die wertende Ordnung nicht überflüssig, weil die Natur der Sache zwar Elemente einer Ordnung bietet, nicht aber die Ordnung selbst. Das Recht ist aber *Ordnung* sozialer Verhältnisse, nicht deren bloßes *Derivat*[535]. Die Natur der Sache vermag deshalb die Aufgabe der Gesetzgebung nicht hinfällig zu machen[536].

---

531 *Müller*, Normstruktur und Normativität (1966), S. 107 f. Vgl. auch BVerfGE 9, 338 (349); 13, 331 (339); 24, 112 (117) und 174 (180); 30, 59 (63), wonach eine systemwidrige Durchbrechung der zivilrechtlichen Ordnung — deren Natur der Sache erst der Gesetzgeber geschaffen hat! — einen Verstoß gegen Art. 3 Abs. 1 GG bedeuten kann.

532 *Engisch*, Zur „Natur der Sache“ im Strafrecht, in: Festschrift für Eberhard Schmidt (1961), S. 90 ff.

533 *Müller*, S. 100; *Diesselhorst*, S. 237; *Lang*, S. 81; *v. Pestalozza*, Kritische Bemerkungen zu Methoden und Prinzipien der Grundrechtsauslegung in der Bundesrepublik Deutschland, Der Staat 2 (1963), S. 440.

534 *Radbruch*, Vorschule, S. 23.

535 *Larenz*, S. 389; *Müller*, S. 94.

536 *Isay*, Rechtsnorm und Entscheidung (1929), S. 81; *Diesselhorst*, S. 241. *Binding*, Vorlesungsaufzeichnung, zitiert nach *Radbruch*, Natur der Sache, S. 37 f.: „So wichtig die Lebensverhältnisse für das Verständnis der Rechtssätze sind, so unrichtig ist die oft aufgestellte Behauptung, es ließen sich die

Als Ergebnis ist daher festzuhalten, daß die Denkform der Natur der Sache ungeeignet ist, dem Schulverhältnis feste Konturen zu verleihen, soll es nicht das Schicksal aller institutionell verstandenen Rechtsverhältnisse teilen, nämlich zur „uneingeschränkt manipulierbaren Leerformel für nahezu beliebige Zwecke“ zu werden[537]. Auch für das Schulverhältnis ist deshalb die „ordnende Tat der Rechtsetzung“[538] unentbehrlich, weil seine rechtliche Ausgestaltung und insbesondere seine speziellen Macht- und Zwangsmittel sich nicht aus Sachstrukturen ergeben, sondern der Schule erst von der Rechtsordnung gegeben werden müssen[539].

III. Die Konkretisierung des Schulzweckes

Die Darstellung des Zweckes des Schulverhältnisses hat nur als negative Funktion der Natur der Sache Bedeutung, die das Schulverhältnis von anderen Anstaltsverhältnissen abhebt und dem Gesetzgeber äußere Grenzen der Gestaltungsfreiheit aufzeigen kann. Sie stellt gewissermaßen die soziologische Komponente dar, die die bisherigen unangemessenen Verallgemeinerungen bei der Behandlung des Schulverhältnisses aufdecken und zurückdrängen kann. Dagegen kann der Zweck des Schulverhältnisses keine Handlungsprogramme von hinreichender Deutlichkeit liefern. Die Subsumtion schulischer Sachverhalte unter die Floskel vom Zweck des Schulverhältnisses ist deshalb zur Erlangung konkreter Verhaltensregeln ungeeignet[540].

1. Unterricht und Erziehung

Es besteht weitgehend Übereinstimmung darin, daß die Schule stets dem *Unterricht* und der *Erziehung* der Schüler dient[541]. Unterricht bedeutet die Übermittlung von Kenntnissen und Erziehung die Entwicklung der Persönlichkeit, ohne daß sich freilich beide Komponenten des Schul-

---

Rechtssätze unmittelbar aus ihnen, aus der sogenannten Natur der Sache ableiten, sie sei eine Rechtsquelle oder wenigstens bindend für den Gesetzgeber ... Allein kein Lebensverhältnis regelt sich von selbst, und was man der Natur der Sache folgen heißt, ist ... die subjektive Rechtsansicht dessen, der seine Weisheit für die esoterische Weisheit der Dinge selbst hält. Es ist deshalb die Natur der Sache ein gänzlich inhaltloser Begriff.“

[537] Dazu *Rüthers*, S. 47. Er verifiziert diese These am Beispiel des Wesens der Ehe.

[538] *Coing*, S. 185; *Diesselhorst*, S. 241.

[539] *Lang*, S. 33.

[540] Inzident gesteht die h. M. das zu, wenn sie die Unvorhersehbarkeit notwendiger Eingriffe geradezu als Wesen des besonderen Gewaltverhältnisses versteht. Vgl. beispielsweise *Leisner*, DVBl. 1960, S. 619.

[541] *Heckel/Seipp*, S. 8; *Heckel*, Schulrecht und Schulpolitik, S. 159; *Bettermann/Goessl*, S. 152; *Tilch*, S. 4; *Peters*, Lehrbuch, S. 402; *Perschel*, Meinungsfreiheit, S. 34 ff.; *Leuschner*, S. 54 und 64 ff.; *W. Schmidt*, S. 244; *Sellschopp*, DöV 1971, S. 414. — BVerwG DöV 1965, 638.

ziels klar scheiden ließen. „Erziehung und Unterricht sind zwar verschiedene Aspekte des pädagogischen Tuns, über die man separat reflektieren kann, sie sind aber mit ihren Bedingungen und Wirkungen nicht so zu trennen, daß das eine ohne das andere zu realisieren wäre[542]."

Die Schule vermittelt ihren Schülern grundlegende Voraussetzungen für die Teilnahme am Sozialleben wie Rechnen, Schreiben und Lesen, aber in zunehmendem Maße auch speziellere Fertigkeiten und Kenntnisse, die in einer immer komplizierter werdenden Welt das Elternhaus nicht mehr zu geben vermag[543].

Neben dieser eher utilitaristischen Komponente liegt dem Staat mehr an der Erfüllung der anderen Komponente, der Erziehung, weil durch sie der Schüler in der Zeit seiner größten geistigen Aufnahmefähigkeit mit Werten vertraut gemacht werden kann, deren Respektierung im Sozialleben vorausgesetzt wird[544]. Unser heterogenes Unterrichtssystem zielt weniger auf die Selbstentfaltung der Schüler nach ihnen immanenten Maßstäben, sondern forciert die Vermittlung eines von außen an sie herangetragenen Bildungsideals[545].

Gerade um dieser Funktion willen konnte sich der Staat nicht mit einer bloßen Unterrichtspflicht begnügen, der ja auch durch Privatlehrer hätte genügt werden können, sondern mußte auf die Einführung der Schulpflicht dringen, um wenigstens für eine beschränkte Zeit die Kinder aller sozialen Schichten zusammenfassen zu können[546]. Die Möglichkeit der Verpflichtung auf ein Wertsystem wird besonders aktuell bei einer staatsrechtlichen Umwälzung. Die Einführung der allgemeinen Schulpflicht durch Art. 145 der Weimarer Reichsverfassung vom 11. August 1919, als die junge Republik das Kaiserreich ablöste, war also kein historischer Zufall. „Nachhaltigen Einfluß auf den Geist der Jugend zu erlangen, verspricht aber so viel wie den Besitz der Zukunft[547]." Diesen Mechanismus haben auch totalitäre Systeme klar erkannt[548]. Der vielbeschworene „lange Marsch durch die Institutionen" führt deshalb auch und gerade durch die Schule.

---

[542] *Iben* in: Klafki u. a., Erziehungswissenschaft, Bd. I (1970), S. 232. So schon *Johann Friedrich Herbart*, Allgemeine Pädagogik aus dem Zweck der Erziehung abgeleitet (1876), S. 7: „Ich gestehe gleich hier, keinen Begriff zu haben von Erziehung ohne Unterricht, so wie ich ... keinen Unterricht anerkenne, der nicht erzieht."

[543] Vgl. BVerwGE 5, 153 (155).

[544] *Oppermann*, S. 257.

[545] *Stein*, Selbstentfaltung, S. 51.

[546] Die künftige Gesamtschule wird diese integrierende Funktion noch verstärken.

[547] *Fuß*, VVDStRL 23, S. 200 Fußn. 4. Er zitiert den preußischen Abgeordneten *Stiehl* mit dem Ausspruch: „Wer die Schule hat, hat die Zukunft." (1849).

[548] *Stein*, Selbstentfaltung, S. 3.

Die Gefahr, die sich durch eine extensive Interpretation dieser Komponente für den einzelnen Schüler ergibt, versucht das Grundgesetz durch Art. 6 Abs. 2 zu bannen, indem es neben den staatlichen Erziehungsträger für den außerschulischen Bereich das „natürliche Elternrecht“ stellt. Sowohl der vom Staat fleißig genutzte Mechanismus, über die Erziehung der Jugend in der Schule das Denken des Staatsvolkes in der Zukunft zu beeinflussen, wie auch das gegen den Mißbrauch dieser Möglichkeit vom Grundgesetz garantierte Elternrecht zeigen mit aller Deutlichkeit, daß es sich beim Zweck des Schulverhältnisses keineswegs um ein mehr oder weniger aus der Natur der Sache folgendes klarumrissenes Entscheidungsprogramm handelt.

2. Schulische Berechtigungen

Die sachlichen Anforderungen der modernen Industriegesellschaft erzwingen ein hohes Ausbildungsniveau, das nur die Schule vermitteln kann. Zur Besetzung der Positionen des Soziallebens bedarf es eines Auslesevorganges, den die Schulen mittels ihrer Berechtigungen regulieren[549]. Zu diesen Berechtigungen hinzuführen, ist eine wesentliche Aufgabe der Schule[550]. Dabei kommt — jedenfalls gegenwärtig noch — besondere Bedeutung dem Reifezeugnis zu, weil es keine Begrenzung der Fortbildungschancen kennt[551]. Es ist deshalb nur zu verständlich, daß gerade diese Berechtigung zu häufigen Verwaltungsstreitverfahren zwischen Eltern und Schule geführt hat. Geht es nicht länger nur um die Bildung der Persönlichkeit, sondern ganz massiv um die weitere berufliche Entwicklung, das Einkommen und das Sozialprestige, läßt sich ein Scheitern im Abitur nicht leicht verschmerzen[552]. Diese Berechtigung ersetzt geradezu den Nachweis wirklicher Befähigung. Ohne sie hat deshalb auch der Tüchtige kaum eine Aufstiegschance[553].

Die aus Unterricht und Erziehung bestehende substantielle Seite des Schulzwecks wird so ergänzt durch diese formalisierte Seite. Man kann diese Schematisierung beklagen und sollte immer die Möglichkeit offenhalten, Fähigen den Aufstieg ohne verbrieften Nachweis zu ermöglichen[554]. Für den Regelfall kann aber auf formalisierte Eignungs- und

[549] *Oppermann*, S. 211 f.; *Stein*, Selbstentfaltung, S. 39.

[550] BVerfGE 27, 195 (206). BVerwGE 1, 260 f.: „Der Schüler besucht die Schule in der Regel nicht nur, um zu lernen und erzogen zu werden, sondern auch um sie mit einem Abschlußzeugnis zu verlassen.“

[551] *Bettermann/Goessl*, S. 30 und 35; *Oppermann*, S. 215.

[552] *Abelein*, Recht auf Bildung, DöV 1967, S. 375 f.

[553] Kritisch dazu *Becker*, Die verwaltete Schule, S. 149; *Heckel/Seipp*, S. 383; *Heckel*, Schulrecht und Schulpolitik, S. 170: „Für den, der bestimmte schulische Vorbildungen nicht nachzuweisen vermag, wird seine unzulängliche Schulbildung zum sozialen Hemmnis, das seine Sozialchancen empfindlich verkürzt.“

[554] *Heckel*, Schulrecht und Schulpolitik, S. 171 ff.

Leistungsnachweise nicht verzichtet werden, weil anderenfalls jedes Einstellungsgespräch oder jeder Immatrikulationsantrag mit einer Prüfung beginnen müßte — oder aber ohne Rücksicht auf die Leistung nach anderen — weniger durchsichtigen — Kriterien entschieden würde. Um eine gewisse Standardisierung kommt die moderne Industriegesellschaft deshalb auch im Schulwesen nicht herum[555]. Deshalb beinhalten schulische Berechtigungen „schematisierte und formalisierte Eignungsvermutungen"[556].

3. *Offenheit des Schulzwecks*

Mögen sich aus dem bisher Vorgetragenen bestimmte Grenzen der Gestaltungsfreiheit herausgeschält haben — als Handlungsmaxime kann der Schulzweck nicht begreiflich gemacht werden. Die Umschreibung des Schulzwecks mit Unterricht und Erziehung gibt dem Lehrer keine Antwort darauf, welchen Stoff er zu lehren, wie er ihn didaktisch aufzubereiten, welche Sanktionsmöglichkeiten er anzuwenden, unter welchen Voraussetzungen er Berechtigungen zu erteilen oder zu verweigern hat. Unterricht und Erziehung sind vielmehr bloße Begriffshülsen, die im einzelnen erst auszufüllen sind[557]. Dabei fließen allzu leicht weltanschaulich geprägte Vorstellungen ein[558]. In Zeiten homogener Grundüberzeugungen mag diese Konkretisierung eher technischer Natur sein. In Zeiten geistigen Umbruchs und ideologischer Polarisierung ist die stillschweigende Voraussetzung einer solchen Generalermächtigung an die Schulexekutive zur Ausfüllung des Schulzwecks entfallen[559].

---

[555] *Dürig*, VVDStRL 23, S. 262; *Heckel*, Schule und Schulverwaltung als Aufgabe der Verwaltungspolitik, DöV 1968, S. 373 f.; *Bettermann/Goessl*, S. 21. Anderenfalls käme es wegen der Verweigerung der Anerkennung von Reifezeugnissen u. a. Berechtigungen beim Wohnsitzwechsel in ein anderes Bundesland zu einer Aushöhlung des in Art. 11 GG garantierten Freizügigkeitsrechts. Vgl. dazu *Oppermann*, S. 257. Europäische Dimensionen verschärfen diese Situation noch, wie es sich beim deutschen Ingenieurtitel bereits gezeigt hat.

[556] *Heckel*, Schulrecht und Schulpolitik, S. 170.

[557] *W. Schmidt*, S. 236 und 244: „Im Hinblick auf die Zielsetzung selbst ist das eine Leerformel: die Bildungs- und Unterrichtsziele werden nicht genannt, sie bedürfen noch der Bestimmung."

[558] Vgl. beispielsweise BayVerfGH VerwRspr. 18 (1967), Nr. 222 (S. 910) und 21 (1970), Nr. 162 (S. 645): „Gute Schulzucht ist die Grundlage aller Erziehungs- und Unterrichtserfolge." Der nahezu anstößige Inhalt dieses Satzes braucht hier nicht seziert zu werden — Interesse erwecken muß aber der Weg, auf dem er vom „Zweck des Schulverhältnisses" als seiner Keimzelle das Licht der Welt erblickt: Er wird schlicht als evident in den Raum gestellt.

[559] *Quaritsch*, Schulvertrag, S. 55: „Rechtsverhältnisse, die nicht mehr aus der Gemeinsamkeit ungeschriebener Grundüberzeugungen zu leben vermögen, bedürfen zu ihrer Fortexistenz der detaillierten und geschriebenen Regelung." Dennoch hält er eine gesetzliche Regelung wegen ihrer Generalisierungstendenz für nicht erstrebenswert.

Unterricht und Erziehung sind lediglich *Mittel* zur Erreichung von Unterrichts- und Erziehungs*zielen*, die in der Formel „Unterricht und Erziehung" noch nicht enthalten sind[560]. Erst diese Zielvorstellungen bestimmen die erzieherischen Verhaltensweisen, die Institutionen, die Auswahl der Lehrinhalte, -methoden und -medien[561]. Da diese Erziehungsziele Antworten bestimmter Menschengruppen auf bestimmte geschichtliche Situationen unter dem Gesichtspunkt darstellen, wie sich die nachwachsende Generation gegenwärtig und zukünftig verhalten soll, unterliegen sie geschichtlichem Wandel[562].

Die Erziehungsziele werden festgelegt von den jeweils herrschenden Erziehungsmächten, wobei die mehr oder weniger freiheitliche Struktur des Bildungswesens daran zu erkennen ist, in welchem Maße der Staat neben dem staatlichen Erziehungsziel anderen Erziehungsmächten Einfluß und Möglichkeiten gewährt, ihre Ziele einzubringen. Das letzte Wort behält der Staat selbst. Dieses Wort sieht angesichts der *Geschichtlichkeit der Erziehungsziele* in der Bundesrepublik anders aus als in der DDR oder im Dritten Reich.

Da der Schüler in der Schule mit einem historisch bedingten Wertsystem vertraut gemacht werden soll, mit dessen Änderung sich auch die Erziehungsziele wandeln, bietet sich im Schulverhältnis eine *erhebliche Variationsbreite an Zielsetzungen*. Jeder Konkretisierung dieser Ziele einschließlich ihrer Mittel kommt eine beachtliche politische, gesellschaftliche, wirtschaftliche, soziale und kulturelle Bedeutung zu[563]. Wer der Herr dieser Konkretisierung ist, kann daher nicht gleichgültig sein.

Wem ist die Konkretisierung *vorbehalten?* Praxis und überkommene Lehre beantworten diese Frage zugunsten des Kultusministers, der die Arbeit in der Schule mittels Richtlinien, Erlassen und anderen Verwaltungsanweisungen steuert. Das sind die typischen Mittel für detaillierte Ausfüllung bereits gesetzlich formulierter Handlungsprogramme. In diesen Fällen setzt das Parlament das Ziel und in groben Zügen auch die Wege zu seiner Erreichung. Den Rest besorgt die Verwaltung. Im Bereich des Schulverhältnisses ist die Lage anders. Hier muß die Verwaltung erst einmal das Schulprogramm fixieren, ohne daß die ihr in die Hand gegebene Formel „Unterricht und Erziehung" dabei behilflich sein könnte.

---

[560] *Klafki*, Bd. I, S. 189; *Perschel*, Meinungsfreiheit, S. 38; *W. Schmidt*, S. 236 und 244.

[561] *Klafki*, Bd. I, S. 45; Bd. II, S. 15.

[562] Ebd., Bd. II, S. 23 ff.; *Dilthey*, Pädagogik. Geschichte und Grundlinien des Systems (2. Auflage 1960), S. 173; *Leuschner*, S. 66 f.

[563] A. A. *Hansen*, S. 330 f.; *Lengert*, Schulreform, S. 3 ff. und 21 f. Darin nur „technische Realisationen" zu sehen, wird der Bedeutung dieser Maßnahmen nicht gerecht.

Freilich ist der Kultusminister aus *politischen* Gründen daran gehindert, beliebige Ziele zu setzen. Indessen besteht die politische Verantwortlichkeit des Ministers auch im Bereich der Eingriffsverwaltung, wo nichtsdestoweniger zusätzlich eine *gesetzliche* Ermächtigung (und damit Beschränkung) erforderlich ist.

Das Gesetz im modernen Staat orientiert sich nicht mehr an den Kodifikationen der Jahrhundertwende, die bislang geübte Verhaltensweisen aufgezeichnet haben, sondern steuert und reguliert anhand projektierter Sozialmodelle[564]. Angesichts der Dynamik und der Sogwirkung, in die das gesamte Bildungswesen gegenwärtig geraten ist, und im Bewußtsein der Tatsache, daß sich die heutige soziale Revolution auf dem Gebiete der Bildung vollzieht[565], bedarf es keines weiteren Beweises, daß die das Schulverhältnis steuernden Kultusministerial-Erlasse ihrem Inhalt nach exakt der Typik des modernen Gesetzes entsprechen. Der Ruf nach dem Gesetzgeber ergibt sich von selbst.

§ 10 Normierbarkeit des Schulverhältnisses

1. So inhaltsleer die Formel „Unterricht und Erziehung" als Zweck des Schulverhältnisses sein mag, so müßte doch der Ruf nach dem Gesetzgeber von vornherein ungehört verhallen, wenn die Möglichkeit einer Normierung des Schulverhältnisses ausgeschlossen wäre, weil die in ihm auftretenden Vorgänge sich als so individuell und komplex erwiesen, daß sie sich im voraus getroffener genereller Regelung entzögen. Der Vorbehalt des Gesetzes kann sich nicht auf Materien beziehen, die einer rechtlichen Regelung nicht zugänglich sind. „Das Gesetz kann sich seiner Struktur nach nur mit Bereichen befassen, auf denen typische Sachverhalte in voraussehbarem Ablauf und in regelmäßiger Konstellation auftreten[566]." Voraussetzung ist also, daß der zu regelnde Sachverhalt formulierbar und damit konkretisierbar ist[567].

Schon *Otto Mayer*[568] befürchtete, das Gesetz sei zu generell, um den vielfältigen Einzelfällen der besonderen Gewaltverhältnisse gerecht werden zu können. Heute noch weist die h. M. darauf hin, daß die im besonderen Gewaltverhältnis auftauchenden Fälle unvorhersehbar seien[569].

---

[564] *Quaritsch*, Das parlamentslose Parlamentsgesetz (2. Auflage 1961), S. 30 f.

[565] *Klein*, Zum Recht auf Erziehung und Bildung, in: Klein/Fabricius, Das Recht auf Bildung und seine Verwirklichung im Ballungsraum (1969), S. 23.

[566] *Krüger*, VVDStRL 19 (1961), S. 267.

[567] *Herzog*, Gesetzgeber und Verwaltung, VVDStRL 24 (1966), S. 190.

[568] Bd. II, S. 271.

[569] OVG Koblenz NJW 1954, 1663. — *Daniels*, Pflichten und Rechte der Beamten, HDStR, Bd. II (1932), S. 41; *Fleiner*, S. 167; *Thieme*, Deutsches Hochschulrecht (1956), S. 304; *Leisner*, DVBl. 1960, S. 619 f.; *Dame*, S. 21; *Obermayer*,

Insbesondere das Schulverhältnis entziehe sich wegen seiner „geist- und menschenbildenden Aufgabe“[570] und der dadurch bedingten „pädagogischen Eigengesetzlichkeit“[571] heteronomer Einwirkung[572].

2. Dem widerspricht es nun allerdings, daß das Schulrecht jahrzehntelang dem Blickfeld der Rechtswissenschaft entschwunden war[573], weil es sich dabei immer „um einen geschlossenen und immer wiederkehrenden Kreis von Tatbeständen und Problemen“[574] handelte, so daß das Schulrecht — anders als so dynamische Gebiete wie das Arbeits- oder Wirtschaftsrecht — keinen Anreiz zur wissenschaftlichen Durchdringung vermitteln konnte[575]. Ein Blick auf die Rechtsprechung zum Schulverhältnis läßt einen unveränderten „Kanon“ schulischer Entscheidungen erkennen. Eltern und Schüler wehren sich gegen Schulmaßnahmen, die die Begründung oder die Beendigung des Schulverhältnisses betreffen oder im Zusammenhang mit der Bewertung erbrachter Leistungen bei Versetzung und Reifeprüfung stehen oder Schulstrafen aussprechen. Alle diese Fälle betreffen den Werdegang des Schülers, das Um- und Vorfeld der von ihm erstrebten Berechtigung, die das eigentliche Ziel seiner Mühe darstellt, weil sie ihm erst seine soziale Existenz eröffnet.

3. Offensichtlich glauben die Schulverwaltungen selbst nicht an die durch die pädagogische „Eigengesetzlichkeit“ bedingte Unvorhersehbarkeit schulischer Entscheidungen, deckt doch die von ihnen gestartete Richtlinienlawine mit ihren peniblen Konkretisierungen den Einzugsbereich des Schulverhältnisses lückenlos ab. Es bestehen Hunderte von Erlassen über den Lehrstoff, Art und Umfang der Darbietung, Lehr-, Lern- und Hilfsmittel, Notengebung, Zeugniserteilung, Begutachtungen und Versetzungen, Voraussetzungen für den Besuch der verschiedenen Schulzweige, Prüfungsordnungen, wahlfreie Zusatzkurse u. v. m.[576]. Die zum Objekt lückenloser Reglementierung gemachte „verwaltete Schu-

---

Verwaltungsakt, S. 86; *Wolff*, Bd. II, § 99 IV b 3 und § 114 I b; *Ossenbühl*, Verwaltungsvorschriften, S. 246; *Merk*, VVDStRL 15, S. 194; *Podlech*, S. 67, der allerdings bezweifelt, ob für die Oberstufen der Gymnasien die „Unmöglichkeit der Inventarisierung“ noch bestehe, S. 71 Fußn. 16.

570 *Sellschopp*, Schule und Staatsverwaltung, RdJ 1966, S. 125 ff.

571 *Oppermann*, S. 258.

572 *Tilch*, S. 136 f.; *Krüger*, VVDStRL 15, S. 128; *Ehmke*, VVDStRL 23, S. 258.

573 Nach *Quaritsch*, Schulvertrag, S. 39 spielt „das Schulrecht ... in der Vorstellungswelt des normalen Juristen eine eher skurrile Chargenrolle“. So auch *Tilch*, S. 34 ff.

574 *Heckel/Seipp*, S. 18.

575 Wohl deshalb ist der Begriffsapparat des öffentlichen Schulrechts nicht mit der Sorgfalt ausgebildet worden, wie es für andere Bereiche des öffentlichen Rechts geschehen ist. *Maunz*, MDH, Art. 7 Rdnr. 7. Vgl. beispielsweise die eigentümliche Ausprägung des Aufsichtsbegriffs im Schulrecht. Dazu unten § 16.

576 *Wimmer*, DVBl. 1966, S. 847 f.

le"[577] ist schon längst Wirklichkeit geworden. Mit der Existenz zahlloser abstrakt-genereller Schulordnungen und Richtlinien ist die angebliche Unmöglichkeit normativer Determination widerlegt[578]. Es bedeutet deshalb eine „Verzerrung der Argumente, wenn man sich einerseits mit dem Schlagwort von der drohenden Perfektion der Gesetze und der Lähmung der Verwaltung gegen eine allseitige gesetzliche Ermächtigung stemmt, andererseits aber ohne Zögern bereit ist, eine gesetzesungebundene, dafür aber um so perfektioniertere Flut widersprüchlichster Merkblätter, Rundschreiben, Anweisungen der Schulverwaltungen auf den Lehrer niedergehen zu lassen und ihm dadurch erst recht jede pädagogische Entscheidungsfreudigkeit zu nehmen"[579].

Daß die Schuljuristen die fachgeprägten Ansichten der Pädagogen übernehmen, dürfte daran liegen, daß sie durch die Berufung auf die Eigengesetzlichkeit des Schulverhältnisses die Kompetenz des Gesetzgebers usurpieren können, um sich an seiner Stelle um so penibler um die Ausgestaltung kümmern zu können. Demgegenüber würden gesetzliche Regelungen trotz der landläufigen gegenteiligen Behauptungen überhaupt erst einmal dem Lehrer an der Schulfront Freiräume schaffen, deren er in der Tat bedarf. Der Gesetzgeber würde sich nicht um jedes Detail kümmern und durch vorsichtiges Dosieren seiner Ermächtigungen die dirigistischen Neigungen der Schulverwaltung unterbinden[580]. Die Realität in der Schule beweist jedenfalls, daß es nicht um die Normierbarkeit an sich geht, weil sie hinreichend erwiesen ist, sondern um den *Herrn der Normierung* — Parlament oder Kultusminister.

4. Läßt sich somit die grundsätzliche Normierbarkeit des Schulverhältnisses nicht länger leugnen, ist noch dem Einwand zu begegnen, die Normierung dieses Bereiches sei jedenfalls *praktisch* nicht möglich. Der parlamentarische Gesetzgeber wird als ungeeignet zur Regelung der Schulmaterie angesehen, weil dabei Wertentscheidungen getroffen werden müßten; Kulturfragen könne man nicht durch Mehrheitsbeschluß der Parlamente entscheiden[581]; es könne nicht alles vor die Parlamente und damit in den Kampf der politischen Parteien gezogen werden[582].

---

[577] *Hellmut Becker*, Quantität und Qualität. Grundfragen der Bildungspolitik (2. Auflage 1968), S. 147.

[578] *Hansen*, S. 70.

[579] *Rupp*, VVDStRL 23, S. 275. Vgl. auch: *Ders.*, Grundfragen, S. 127. Kritisch zur Dichte der Bildungspläne: *Stein*, Selbstentfaltung, S. 44 f. und 59 ff. Sachlich übereinstimmend: *Wimmer*, DVBl. 1966, 847: „ein außerordentlich dichtes ... Labyrinth von Verwaltungsverordnungen." *Obermayer*, VVDStRL 23, S. 260: „Perfektionismus".

[580] Den Dirigismus der Schulverwaltungen beklagt *Heckel*, DöV 1968, S. 374.

[581] *Herrfahrdt*, VVDStRL 23, S. 273.

[582] *Peters*, VVDStRL 23, S. 251 f.

Verräterisch an dieser Argumentation ist, daß hier offen eingräumt wird, welche große Bedeutung hinter dem Zweck des Schulverhältnisses verborgen ist — ganz im Gegensatz zur üblichen Behauptung, durch bloße Auslegung der Natur des Schulverhältnisses die ihm innewohnende Ordnung herausdestillieren zu können.

Unklar bleibt allerdings, was in aller Welt das Parlament denn sonst entscheiden soll, wenn nicht gerade die im Volk umstrittensten Dinge. Die Kompetenz des Parlaments darf doch nicht auf die Abstimmung über unumstrittene Fragen beschränkt werden! Probleme der Schulordnung „in die Parlamente zu bringen" ist besser, als sie „im stillen Kämmerlein der Schulbehörden" durch Merkblätter zu reglementieren[583]. Daher stellt *Fuß* mit Recht fest, diese Auffassung vom Wesen der Demokratie weiche ab von den herkömmlichen Vorstellungen[584]. Wenn man ein Mißtrauen gegen die Wähler und die Parlamentarier hat, dann trifft das nicht die gesetzliche Ausgestaltung des Schulverhältnisses, sondern *jede* gesetzliche Regelung. Daß Gesetze vom Parlament zu beschließen sind, läßt sich nun aber wirklich nicht aus dem Grundgesetz hinwegdisputieren.

Auch eine Regelung durch Gesetz braucht den Sachverstand nicht zu vernachlässigen, stützt sich das Parlament doch ohnehin auf die Mitwirkung der Exekutive. Nur darf der größere Sachverstand nicht von vornherein bei der Verwaltung gesucht werden, denn es ist kein „naturrechtliches Regierungsmonopol . . ., im Alleinbesitz unfehlbaren Sachverstandes zu sein"[585]. Gerade die mit jeder Sachkunde verbundene fachliche Spezialisierung führt „zu einer gefährlichen Verengung des Anschauungsfeldes, die den Blick auf alle fachfremden rechtlichen und sozialen Momente des zu regelnden Falles verstellt"[586]. Auch sind Gemeinwohlinteressen keine a priori vorhandenen Gegebenheiten, die vom Experten nur aufgespürt werden müßten. Vielmehr werden sie erst durch das Wetteifern politischer und sonstiger Verbände sichtbar.

Was besagt schließlich der angebliche Sachverstand des Experten hinsichtlich der Sprachenfolge oder der Einführung des 10. Schulpflichtjahres oder der Vorschulerziehung? Solche gesellschaftspolitischen Entscheidungen darf kein „Experte" dem Parlament abnehmen, weil er keine demokratische Legitimation aufweist[587]. Diese Streitfragen müssen vielmehr dem Parlament vorbehalten bleiben.

---

[583] *Naumann*, VVDStRL 23, S. 257.

[584] VVDStRL 23, S. 278. Das gibt *Herrfahrdt*, VVDStRL 23, S. 273, selbst zu: „Meine allgemeinen Bedenken gegen parlamentarische Mehrheitsbeschlüsse zeigen sich hier besonders deutlich."

[585] *Rupp*, DVBl. 1971, S. 672.

[586] *Vogel*, VVDStRL 24, S. 173.

[587] Die Anschauungen „alter Bürokraten" und sendungsbewußter Bildungstechniker decken sich weitgehend in ihrem antiparlamentarischen Effekt. Beide

5. Andererseits läßt sich nicht leugnen, daß es auch im Schulverhältnis banale Alltagsdinge gibt, die im formellen Gesetz nur einen Fremdkörper darstellen und ohnehin im einzelnen kaum vorhersehbar sind. Es handelt sich dabei um bloße Ordnungsbelange, die sich klar abheben vom ganzen Umfeld der schulischen Berechtigungen. Damit ist gewissermaßen das „Betriebsverhältnis“ angesprochen, wenn auch sein Umfang sehr viel enger als bisher gezogen werden muß und damit auch noch keine Festlegung hinsichtlich des Rechtsschutzes erfolgen kann. Für diesen Bereich bietet sich der Weg einer Generalklausel an[588].

Auch im übrigen muß nicht schon das Gesetz alle Regelungen enthalten, vielmehr werden sich häufig Ermächtigungen zur Ausfüllung durch den Kultusminister als sinnvoll erweisen. Dieses Verfahren ermöglicht es, die Schulordnung jederzeit den Bedürfnissen der Praxis anzupassen, ohne den Gesetzgeber bemühen zu müssen[589]. Dem Schulverhältnis muß natürlich die Elastizität und Flexibilität erhalten bleiben, die es benötigt, um sich neuen pädagogischen Erkenntnissen und Situationen anpassen zu können[590]. Das gilt aber letztlich für *jede* Verwaltungstätigkeit. Diesem Bedürfnis wird neben der Gewährung von Ermessensspielräumen auch durch die Bereitstellung von Ermächtigungen zu Rechtsverordnungen genügt[591]. Die Änderung der durch Rechtsverordnung geregelten Materien kann der Verwaltung keine größere Arbeitsbelastung auferlegen, als die Neufassung von Richtlinien auch jetzt schon mit sich bringt[592].

Dagegen bleiben die im formellen Gesetz geregelten Grundentscheidungen (einschließlich präzis umrissener Ermächtigungen) lange stabil, es sei denn, es ereignen sich Einbrüche in die Bildungskonzeption. Solcher radikaler Umbau ist aber nicht der Normalfall — auch wenn die gegenwärtige Bildungsreformwelle diesen Eindruck erwecken sollte — und außerdem gerade wegen der erforderlichen Neubesinnung mit einem „schwerfälligen“ Gesetzgebungsverfahren[593] zu vereinbaren, denn wert-

schätzen die Fähigkeit des Parlaments, zu sachgerechten Beschlüssen zu gelangen, ziemlich gering ein.

588 *Evers*, VVDStRL 23, S. 160; *Heckel/Seipp*, S. 15 und 372; *Kuhn*, Grundrechte und Minderjährigkeit (1965), S. 161.

589 *Rupp*, VVDStRL 23, S. 275; *Heckel/Seipp*, S. 365 und 372.

590 BVerwGE 21, 293 (298). — *Wimmer*, DVBl. 1966, S. 848.

591 BVerfGE 19, 17 (29) charakterisiert den Anwendungsbereich der Rechtsverordnung durch den Zeitdruck, unter dem gesetzesergänzende Regelungen ergehen müssen. Aus dem raschen Wechsel des zu regelnden Sachbereichs kann sich deshalb kein Verzicht auf mit ordentlichen Ermächtigungen versehene Rechtsverordnungen ergeben. Allenfalls hinsichtlich Art. 80 Abs. 1 Satz 2 GG sind Konzessionen diskutierbar. Dazu unten § 25.

592 *Heckel*, Schulrecht und Schulpolitik, S. 61.

593 Die Scheu, die „Gesetzgebungsmaschine in Bewegung setzen zu müssen“, ist alt. s. dazu *Freudenberger*, S. 165.

bezogene sozialgestaltende Bildungskonzeptionen dürfen nicht im Hauruck-Verfahren in die Welt gesetzt werden — auch dann nicht, wenn ein Kultusminister gerade die „richtige" Konzeption haben sollte[594].

Es geht also nicht darum, das Schulverhältnis total mit speziellen Regelungen zu überziehen. Ein Rest nicht individuell ausformulierbarer Gestaltungen wird sich nie ausschalten lassen[595]. Das trifft im Schulverhältnis primär auf die Tatbestandsseite zu, deren bunte Fülle dem Lehrer täglich neu begegnet. Dagegen gestattet ein sinnvolles System von Ermächtigungen und Ermessensspielräumen eine nach pädagogischen Gesichtspunkten ausgerichtete Erziehungstätigkeit[596]. Deshalb erscheint der Verzicht auf *jede* Normierung als ungerechtfertigt. Sinnvoll ist hingegen das Ausschöpfen des normierbaren Bereiches durch spezielle Regelungen in Gesetzen und Rechtsverordnungen und das Abstützen des Bereichs der eigentlichen pädagogischen Betätigung durch Generalklauseln.

6. Nach allem kann nicht länger in Abrede gestellt werden, daß das Schulverhältnis grundsätzlich normierbar ist[597]. Das beweisen schon die Schulpflichtgesetze, die außer der Normierung der Schulpflicht auch Ansätze zur Regelung des Schulverhältnisses enthalten[598]. Der Streit um die Normierbarkeit des Schulverhältnisses ist daher nichts anderes als ein „Nachgeplänkel des äußerlich längst ausgetragenen Streites, ob und wieweit das Verhältnis zwischen Staat und Bürger überhaupt einer Verrechtlichung fähig ist"[599]. Denn auch im „Außenbereich" stellt sich das Problem des Verhältnisses von Recht und Verwaltung. Dabei ist nicht einzusehen, daß der begrenzte Lebensbereich des Schulverhältnisses weniger berechenbar sein sollte als das soziale Leben schlechthin. Im Schulverhältnis ist das mögliche Betätigungsfeld jedenfalls eingeschränkter — unabhängig davon, was sich dem Zweck des Schulverhältnisses abgewinnen läßt[600].

---

[594] Das verbietet im „unitarischen Bundesstaat" schon die Notwendigkeit der Harmonisierung in den Kultusministerkonferenzen.

[595] Selbst das Strafrecht muß trotz Art. 103 Abs. 2 GG auf Generalklauseln zurückgreifen. Dazu *Dürig*, MDH, Art. 103 Rdnr. 116.

[596] *Evers*, VVDStRL 23, S. 163; *Heckel/Seipp*, S. 365 f.

[597] *Wimmer*, DVBl. 1966, S. 848; *Lang*, S. 98: „Diese Materien sind auch bis ins einzelne regelbar, unvorhersehbare Sachverhalte treten dabei nicht auf." *Abelein*, ZfP XIV (1967), S. 332: „Das Verhältnis des Schülers zur Schule läßt sich mit den Mitteln der allgemeinen Gesetzgebung ebenso regeln, wie das weniger intensiv gestaltete Verhältnis zwischen Bürger und Staat." Mit Einschränkungen *Podlech*, S. 71 Fußn. 16 und *Müller*, S. 221. — Vgl. auch BVerfGE 22, 221 (237): „Das Unterrichtswesen in *einem* Gesetz zu regeln ist technisch nicht möglich ..." (Hervorhebung im Original!).

[598] Dazu oben §§ 4 und 5. s. auch *Heckel/Seipp*, S. 124; *Heckel*, Schulrecht und Schulpolitik, S. 61.

[599] *Krüger*, VVDStRL 15, S. 124.

[600] *Abelein*, ZfP XIV (1967), S. 326.

So erweist sich der jetzige Zustand als unbefriedigend, weil wegen der Unvorhersehbarkeit schulischer Alltagsdinge auf eine parlamentarische Legitimation für lebens- und schicksalsentscheidende Schulmaßnahmen verzichtet wird. Auch hier zeigt sich die Lehre vom besonderen Gewaltverhältnis als *unangemessene Verallgemeinerung*. Dem Grundgesetz ist es gelungen, den Notstand des Staates in speziellen Regelungen einzufangen — das sollte für den Alltag im Schulverhältnis auch möglich sein.

Drittes Kapitel

Das Schulverhältnis als Rechtsverhältnis

Bevor der Versuch, die Reichweite des Vorbehaltsgrundsatzes im Schulverhältnis zu klären, unmittelbar in Angriff genommen wird, muß noch festgestellt werden, was von der Lehre vom besonderen Gewaltverhältnis in anderen Bereichen aufrechterhalten wird. Deshalb soll anhand der drei Problemkreise: Grundrechte im Schulverhältnis (§ 11), Rechtsschutz im Schulverhältnis (§ 12) und Rechtsnatur der Allgemeinregelungen im Schulverhältnis (§ 13) untersucht werden, welche Veränderungen gegenüber der überkommenen Lehre inzwischen vorgenommen worden sind, ob sie in sich schlüssig und untereinander harmonisch sind. Auf diesem Wege, der notwendige Korrekturen nicht ausschließen soll, können die zu diesen Problemkreisen angestellten Überlegungen der Vorbehaltsproblematik erschlossen werden und zu ihrer Lösung beitragen.

§ 11 Die Grundrechte im Schulverhältnis

I. Die Geltung der Grundrechte

Der Rechtssatzbegriff der konstitutionellen Staatsrechtslehre[1] schloß subjektive öffentliche Rechte im besonderen Gewaltverhältnis aus. Deshalb wurde noch in der Weimarer Zeit die Geltung der Grundrechte auf das allgemeine Gewaltverhältnis beschränkt. Davon gab es allerdings Ausnahmen: Die sogenannten „gesteigerten Grundrechte" — Art. 130 Abs. 2, 135, 142 und 149 der Weimarer Reichsverfassung — sollten auch das besondere Gewaltverhältnis erfassen[2].

Dagegen folgerte *Carl Schmitt*[3] aus dem Wesen des bürgerlichen Rechtsstaates, der den Zweck habe, Grundrechte „nicht zu gewähren, sondern nur zu gewährleisten" und zu sichern, die Vor- und Überstaat-

---

[1] Dazu oben § 7.

[2] *Thoma*, Grundrechte und Polizeigewalt, in: Verwaltungsrechtliche Abhandlungen. Festgabe zur Feier des 50jährigen Bestehens des Preußischen Oberverwaltungsgerichts (1925), S. 204 ff.; *Jacobi*, HDStR, Bd. II, S. 257. Kritisch *Freudenberger*, S. 194 ff.

[3] Verfassungslehre, S. 163 ff.; HDStR, Bd. II, S. 580. Auch *Freudenberger*, S. 194 ff. ging von der grundsätzlichen Geltung der Grundrechte im besonderen Gewaltverhältnis aus.

lichkeit der Grundrechte. Infolgedessen mußten sie auch im besonderen Gewaltverhältnis Geltung beanspruchen. Doch kam es auch hier zu einer Verkürzung der Grundrechtsgeltung, weil „im Konfliktsfall der Sonderstatus den Ausschlag geben" mußte[4]. Zum gleichen Ergebnis kam *Anschütz*[5], der den Gesetzesvorbehalt der Grundrechte auch durch Schulordnungen etc. erfüllt ansah: Auch hier fiel die Entscheidung gegen das Grundrecht, für die Anordnungsmacht im besonderen Gewaltverhältnis.

Die *Geltung* der Grundrechte auch im Schulverhältnis wird heute von Art. 1 Abs. 3 GG zwingend geboten[6]. Das Schulverhältnis stellt nicht länger einen rechtsfreien Raum dar, vielmehr wird durch den Eintritt des Schülers in die Schule ein öffentlich-rechtliches Rechtsverhältnis begründet[7]. Die Schüler sind nicht länger bloße Objekte der besonderen Herrschaftsgewalt der Schule[8]. Der Streit wird heute nur darum geführt, wie die für notwendig erachtete Einschränkbarkeit der Grundrechte verfassungsrechtlich gerechtfertigt werden kann (II) und in welchem Ausmaß das Schulverhältnis eine Einschränkung der Grundrechte zuläßt oder erfordert (III).

II. Die Einschränkbarkeit der Grundrechte

1. *Unterwerfung*

Zur Rechtfertigung der Grundrechtsbeschränkungen im Schulverhältnis wird auch heute noch auf das schon von *Otto Mayer*[9] verwendete Argument verwiesen, der Schüler unterwerfe sich durch den (freiwilligen) Eintritt in das Schulverhältnis allen zu seiner Durchführung erforderlichen Rechtseinbußen: volenti non fit iniuria[10].

---

[4] *C. Schmitt*, Verfassungslehre, S. 181. Ähnlich *Fleiner*, S. 166 f.; *W. Jellinek*, Verwaltungsrecht (2. Auflage 1931, Neudruck 1949), S. 370 f., 484 und 493 Fußn. 5.

[5] Kommentar zur Reichsverf., Art. 118 Anm. 4d und Art. 123 Anm. 4g. Kritisch: *Freudenberger*, S. 198 f.

[6] OVG Berlin E 3, 146 (155); OVG Hamburg VerwRspr. 6 (1954), Nr. 154 (S. 668); HessStGH DöV 1971, 201 (202) und DVBl. 1966, 29 (30). — *Bachof*, VVDStRL 12, S. 60; *Krüger*, Rechtsverordnung, S. 231; *ders.*, NJW 1953, S. 1372; *Forsthoff*, Verwaltungsrecht, S. 426; *Leisner*, DVBl. 1960, S. 622; *Leuschner*, S. 37; *Kuhn*, S. 165 f.; *Oppermann*, S. 262; *Heckel*, DöV 1968, S. 373; *Maunz*, MDH, Art. 7 Rdnr. 27; *Schmidt-Bleibtreu/Klein*, Die Grundrechte (1970), Art. 19 Rdnr. 24; *Dame*, S. 24; *Abelein*, ZfP XIV (1967), S. 321; *Hamann/Lenz*, Grundgesetz (3. Auflage 1970), Vorb. Grundrechte 6. — A. A. *Friesenhahn*, Der Rechtsschutz im öffentlichen Recht nach dem Bonner Grundgesetz, DV (Bl.) 1949, S. 481; *Kratzer*, Art. 142 des Grundgesetzes und die Grundrechte in der Bayerischen Verfassung, in: Festschrift für Laforet (1952), S. 120.

[7] BVerwGE 1, 260 und 263; OVG Hamburg VerwRspr. 6 (1954), Nr. 154 (S. 661); LVG Düsseldorf DöV 1956, 635.

[8] BayVerfGH VerwRspr. 18 (1967), Nr. 222 (S. 904).

[9] Bd. II, S. 285.

[10] BVerwGE 1, 260; BayVGH DVBl. 1950, 305; OVG Koblenz DVBl. 1954, 579 (581); BayVerfGH DöV 1960, 950. — *Krüger*, Die Einschränkung von Grundrech-

Ein echter Verzicht auf die Grundrechte selbst kann in dieser Unterwerfung nicht gesehen werden, weil jedenfalls die nach Art. 1 Abs. 2 GG unverletzlichen und unveräußerlichen Menschenrechte unverzichtbar sind[11]. Auch die sonstigen Grundrechte stehen nicht zur Disposition des Grundrechtsträgers, weil sie ihm über ihre Funktion als subjektive öffentliche Rechte hinaus auch als objektive Ordnungsprinzipien im Interesse der Gemeinschaft verliehen sind[12].

Deshalb betont diese Lehre, der Verzicht beziehe sich nicht auf das Grundrecht selbst, sondern nur auf die Ausübung einzelner Befugnisse[13]. Durch diese ziemlich haarspalterische Unterscheidung wird indessen die Unverzichtbarkeit der Grundrechte praktisch unterlaufen, weil das nach dem Verzicht auf die Ausübung verbleibende „Grundrecht" eine inhaltslose Position darstellt[14]. Wenn überhaupt kann nur der *aktuelle* Anspruch verzichtbar sein[15]. Wird aber im voraus auf ein Bündel von grundrechtlichen Befugnissen „verzichtet", die im einzelnen gar nicht überschaubar sind, kann von einem aktuellen Anspruch keine Rede sein. Ließe man den Bürger auf eine Summe von Grundrechtspositionen verzichten, müßte letztlich die Verfassungsordnung des Grundgesetzes leerlaufen.

Ohnehin käme eine Einwilligung nur nach Beendigung der Schulpflicht, also nur bei weiterführenden Schulen, in Betracht[16]. Selbst dann darf die „Freiwilligkeit" der Einwilligung nicht überschätzt werden[17]. „Die neuzeitlichen Arbeits-, Zivilisations- und Kulturverhältnisse bewirken, daß die Eltern allein in der Regel gar nicht in der Lage wären, ihren Kindern eine ausreichende Erziehung angedeihen zu lassen[18]." Die Freiwilligkeit eines Verzichts auf die Ausübung von Grundrechten muß des-

---

ten nach dem Grundgesetz, DVBl. 1950, S. 629; *Merk*, VVDStRL 12, S. 104; *Forsthoff*, Verwaltungsrecht, S. 128; *Tilch*, S. 121.

[11] *Bachof*, VVDStRL 12, S. 60; *v. Mangoldt/Klein*, Grundgesetz, Vorb. B XVI 5; *Werner*, Bemerkungen zum Verhältnis von Grundrechtsordnung, Verwaltung und Verwaltungsgerichtsbarkeit, JZ 1954, S. 561; *Maunz*, Deutsches Staatsrecht (19. Auflage 1973), S. 151 f.; *Perschel*, Meinungsfreiheit, S. 22; *Leisner*, DVBl. 1960, S. 624 (insb. Fußn. 43); *Hamann/Lenz*, Vorb. Grundrechte 6.

[12] *Peters*, Lehrbuch, S. 150; *Kuhn*, S. 167; *Dame*, S. 49.

[13] *Maunz*, Staatsrecht, S. 151 f.; *Krüger*, DVBl. 1950, S. 629; *v. Mangoldt/Klein*, Vorb. B XVI 5; *Löffler*, NJW 1964, S. 1102.

[14] *Dürig*, AöR 81 (1956), S. 117 und 152; *Lerche*, Grundrechte der Soldaten, BNS, Bd. IV 1. Hbd. (1960), S. 489 und 495; *v. Münch*, Meinungsäußerung, S. 27; *Perschel*, Meinungsfreiheit, S. 22; *Schick*, Der Beamte als Grundrechtsträger, ZBR 1963, S. 69.

[15] So schon *G. Jellinek*, System, S. 325.

[16] *Obermayer*, Verwaltungsakt, S. 88; *Perschel*, Meinungsfreiheit, S. 22; *Tilch*, S. 121.

[17] *Bachof*, VVDStRL 12, S. 60 f.; *Dame*, S. 49 f.; *Tilch*, S. 122; *Perschel*, Meinungsfreiheit, S. 23; *Heckel/Seipp*, S. 366 f.; *Leuschner*, S. 40.

[18] BVerwGE 5, 153 (155).

halb angezweifelt werden. Heute dürfte sich mit dieser These wohl niemand mehr vor Schüler wagen[19].

2. *Gewohnheitsrecht*

Denkbar ist auch eine Grundrechtseinschränkung kraft verfassungsrechtlicher Überlieferung. Nach dieser Meinung habe der Grundgesetzgeber die Institution des besonderen Gewaltverhältnisses gekannt und setze die Existenz bestimmter besonderer Gewaltverhältnisse in mehreren Verfassungsartikeln voraus. Sein Schweigen hinsichtlich der übrigen herkömmlichen besonderen Gewaltverhältnisse lasse den Schluß zu, daß er auch diese nicht habe beseitigen wollen[20].

Ob das Schweigen des Grundgesetzes in dem Sinne gedeutet werden darf, Eingriffsmöglichkeiten bisheriger Art würden damit aufrechterhalten, und ob sich die für das Vorliegen von Gewohnheitsrecht erforderliche opinio juris et necessitatis aller Beteiligten — auch der Gewaltunterworfenen — nachweisen läßt[21], braucht hier nicht geklärt zu werden, weil der Rückgriff auf das Gewohnheitsrecht speziell für das Schulverhältnis entbehrlich ist, denn in Art. 7 Abs. 1 GG erfaßt die Verfassung das Schulverhältnis. Ungeachtet der Vielzahl möglicher Auslegungen handelt es sich dabei immer um die Interpretation der *geschriebenen* Verfassung.

3. *Immanenzlehre*

Hierbei handelt es sich nicht um eigentliche Grundrechts*schranken*. Vielmehr wird der Schutzbereich des jeweiligen Grundrechts von vornherein enger gezogen. Die Einschränkung der Grundrechte durch besondere Gewaltverhältnisse betrifft danach die Beschränkung des *Inhalts* der Grundrechte[22].

So meint *Peters*[23], das mit den Schulen verbundene Erziehungsziel lege dem Schüler öffentlich-rechtliche Pflichten auf, die scheinbar Beschränkungen von Grundrechten darstellten, in Wahrheit aber lediglich vom Schüler verlangen, daß er seine Grundrechte in einer Weise ausübe, die den Zweck der Schule nicht vereitele. Danach haben die Grundrechte des Schülers die immanente Schranke, daß sie am Recht der staatlichen Gemeinschaft auf Schulerziehung enden. Dem Schüler sind die Grundrechte

---

[19] Grundrechtsbeschränkungen auf Grund *freiwilligen* Eintritts in ein besonderes Gewaltverhältnis mögen im Beamtenverhältnis anders zu beurteilen sein. Vgl. dazu BVerfGE 30, 29 (31). — Ausführlich zum Verzicht unten § 15.

[20] *Dame*, S. 16.

[21] Ablehnend: *Kuhn*, S. 172. — Ausführlich zum Gewohnheitsrecht unten § 17.

[22] *C. Schmitt*, HDStR, Bd. II, S. 577.

[23] Lehrbuch, S. 302.

überhaupt nur so weit gewährleistet, daß eine verfassungsgemäße Schulerziehung durchgeführt werden kann[24].

Ist die einem Grundrecht immanente Begrenzung seines rechtlichen Gehalts aus seiner geistesgeschichtlichen Entwicklung zu bestimmen[25], so kann nur das Grundrecht selbst, nicht aber eine außerhalb des Grundrechts bestehende und sich wandelnde Institution wie das besondere Gewaltverhältnis zur Festlegung des *Inhalts* der Grundrechte herangezogen werden. Echte, den natürlichen Wirkungsbereich des Grundrechts verändernde Schranken können nicht als Inhaltsbestimmungen ausgegeben werden[26].

Auch *v. Mangoldt / Klein*[27] sprechen nicht von echten Grundrechtsschranken, sondern bezeichnen in ihrer Schrankensystematik die besonderen Gewaltverhältnisse als Sonderfall der persönlichen Gewährleistungsschranken. Die allerdings erforderliche unmittelbare grundgesetzliche Grundlage finden sie für das Schulverhältnis in Art. 7 GG.

Im Ergebnis berührt sich diese Lehre mit der von *Peters* vertretenen Auffassung: Der Gewährleistungsbereich der Grundrechte wird einseitig durch die Erfordernisse des Schulverhältnisses begrenzt. Art. 7 GG von vornherein als stärker anzusehen, vermag aber nicht zu überzeugen[28]. Dieser Lehre kann allerdings ein berechtigter Kern nicht abgesprochen werden: Die Grundrechte dürfen nicht isoliert von anderen Bestimmungen des Grundgesetzes interpretiert werden, vielmehr hat eine systematische Auslegung auch den Gehalt anderer Normen zu berücksichtigen, aus dem sich dann auch für die Grundrechte Grenzen irgendwelcher Art ergeben können.

4. *Grundgesetzliche Schranken*

Die Einschränkbarkeit der Grundrechte im Schulverhältnis kann sich aus dem Grundgesetz selbst ergeben[29]. Eine ausdrückliche Regelung der Einschränkung von Grundrechten im besonderen Gewaltverhältnis findet sich allerdings nur für das Wehr- und Ersatzdienstverhältnis in Art. 17 a GG.

a) Art. 17 a GG

Art. 17 a GG, der die Einschränkbarkeit bestimmter Grundrechte im Wehr- und Ersatzdienstverhältnis gestattet, kann unterschiedlich ver-

---

24 *Tilch,* S. 119.

25 *v. Mangoldt/Klein,* Vorb. B. XV 2a.

26 *Dame,* S. 37; *Abelein,* ZfP XIV (1967), S. 322.

27 Vorb. B XVI 4.

28 *Kuhn,* S. 169 f. m. w. Nachw.

29 *Hesse,* Verfassungsrecht, S. 136; *v. Mangoldt/Klein,* Vorb. B XVI 4; *Tilch,* S. 120.

standen werden[30]: Entweder ist er *konstitutiv* und abschließend in dem Sinne, daß er vorher nicht vorhandene Beschränkungsmöglichkeiten der Grundrechte schafft und sie damit zugleich auf das Wehr- und Ersatzdienstverhältnis und die genannten Grundrechte beschränkt[31], oder er ist lediglich *deklaratorisch* in dem Sinne, daß er die ohnehin bestehenden Einschränkungsmöglichkeiten lediglich ausspricht[32].

Es ist sicher richtig, daß die Funktion des Art. 17 a GG in der Klarstellung liegt, daß die Grundrechte im Wehr- und Ersatzdienstverhältnis beschränkt werden können[33]. Diese Klarstellungsfunktion kann sich aber sinnvollerweise nur auf dieses erst nachträglich vom Grundgesetz geschaffene, politisch brisante Verhältnis selbst beziehen. Daher dürfen selbst bei nur deklaratorischer Bedeutung aus Art. 17 a GG über das Wehr- und Ersatzdienstverhältnis hinaus keinerlei Folgerungen für andere besondere Gewaltverhältnisse gezogen werden[34].

Spezielle Folgerungen sind bereits deshalb verwehrt, weil Art. 17 a GG eine Enumeration einzelner auf das Wehr- und Ersatzdienstverhältnis bezogener Grundrechte enthält, denen in anderen besonderen Gewaltverhältnissen durchaus eine ganz andere Funktion zukommen kann, so daß in diesen Verhältnissen eine Beschränkung entweder gar nicht oder aber von geringerer oder auch größerer Intensität möglich ist. Art. 17 a GG kann daher keinerlei Bedeutung für das Schulverhältnis zugemessen werden[35].

b) Art. 7 GG

(1) Institutionalisierung

Auch da, wo es an einer „Idealregelung“[36] wie Art. 17 a GG fehlt, die ein spezielles besonderes Gewaltverhältnis *und* spezielle Grundrechte erfaßt, kann das Grundgesetz Grundrechte beschränken, wenn es besondere Gewaltverhältnisse zu Bestandteilen der verfassungsmäßigen Ordnung macht[37]. Das geschieht beispielsweise[38] durch Art. 33

---

[30] *Dame*, S. 43; *Abelein*, ZfP XIV (1967), S. 322.

[31] *Leisner*, DVBl. 1960, S. 623; *Bach*, NJW 1963, S. 1764; *Kuhn*, S. 174; *Hamann/Lenz*, Vorb. Grundrechte 6.

[32] *Mann*, Grundrechte und militärisches Statusverhältnis, DöV 1960, S. 412; *Ule*, Öffentlicher Dienst, BNS, Bd. IV, 2. Hbd. (1962), S. 618 Fußn. 258; *Dürig*, MDH, Art. 17a Rdnr. 30 Fußn. 2.

[33] *Leisner*, DVBl. 1960, S. 624 Fußn. 42.

[34] *Dürig*, MDH, Art. 17a Rdnr. 22.

[35] A. A. *Leuschner*, S. 37.

[36] *Dürig*, MDH, Art. 17a Rdnr. 22.

[37] *H. M. — Hesse*, Verfassungsrecht, S. 136; *v. Münch*, Meinungsfreiheit, S. 36; *Cramer*, Die Zensur bei Schüler- und Studentenzeitungen (1964), S. 24; *Maack*, Grundlagen des studentischen Disziplinarrechts (1956), S. 137; *Thieme*, Hochschulrecht, S. 305; *Löffler*, NJW 1961, S. 531; *Perschel*, Schülerzeitung und Zen-

Abs. 5 GG für das Beamtenverhältnis[39], durch Art. 5 Abs. 3 GG für das Hochschullehrerverhältnis[40] und durch Art. 74 Nr. 1/104 GG für das Strafgefangenenverhältnis[41]. Zu diesen im Grundgesetz „institutionalisierten“[42] besonderen Gewaltverhältnissen zählt auch das in Art. 7 GG angesprochene Schulverhältnis[43].

Daß die grundgesetzliche Erwähnung nicht eine bloß verbale Beziehung zur Verfassung schafft, wird besonders beim Schulverhältnis deutlich: Art. 7 GG befindet sich im Grundrechtsabschnitt in unmittelbarer Nähe des Art. 6 Abs. 2 GG. Es ist offensichtlich, daß der im Anschluß an das Elternrecht normierte Vorbehalt des Staates hinsichtlich des Schulwesens in Art. 7 Abs. 1 GG geeignet sein kann, dem Elternrecht Grenzen zu setzen[44].

(2) Einschränkbarkeit

Erkennt das Grundgesetz in Art. 7 GG das Schulverhältnis an, dann muß es auch über die bloße Existenz hinaus gewisse mit der Vollziehung dieses Verhältnisses verbundene Freiheitsbeschränkungen billigen[45]. Ein für das Leben des Gemeinwesens unentbehrliches Lebensverhältnis wie das Schulverhältnis könnte seine Aufgaben nicht voll erfüllen, wenn die Grundrechte unbeschränkt erhalten blieben[46]. So muß es den Eltern verwehrt sein, ihren nur mit mäßigen geistigen Gaben versehenen Sohn auf das Gymnasium zu schicken. Dem in Art. 7 GG institutionali-

---

surverbot, RWS 1963, S. 227; *Rehmert*, Verwaltungsgerichtliche Probleme des Schulrechts, DöV 1958, S. 442; *Schmidt-Bleibtreu/Klein*, Art. 19 Rdnr. 8; *Dame*, S. 52 f.; *Leuschner*, S. 46 und 54. — BayVerfGH VerwRspr. 18 (1967), Nr. 222 (S. 910); OVG Koblenz DVBl. 1956, 271.

[38] Ob aus der Institutionalisierung einzelner besonderer Gewaltverhältnisse der Schluß gezogen werden darf, das Grundgesetz wolle damit *alle* besonderen Gewaltverhältnisse aufrechterhalten, braucht hier nicht entschieden zu werden. Bejahend: *Dame*, S. 16; *v. Mangoldt/Klein*, Vorb. B XVI 4; a. A. *Perschel*, Meinungsfreiheit, S. 25 („positivrechtliche Erwähnung“); *Merk*, VVDStRL 15, S. 195.

[39] *Hesse*, Verfassungsrecht, S. 136; *v. Mangoldt/Klein*, Vorb. B XVI 4; *Hild. Krüger*, ZBR 1956, S. 310 ff.; *Schick*, ZBR 1963, S. 71.

[40] *Hesse*, Verfassungsrecht, S. 136; *v. Mangoldt/Klein*, Vorb. B XVI 4; *Hild. Krüger*, ZBR 1956, S. 310 ff.

[41] *Dame*, S. 16; *Hild. Krüger*, ZBR 1956, S. 310 f.

[42] *Hild. Krüger*, ZBR 1956, S. 312. Dazu kritisch: *Perschel*, Meinungsfreiheit, S. 24 f.; *W. Schmidt*, S. 238 Fußn. 731.

[43] *Peters*, Lehrbuch, S. 302; *v. Mangoldt/Klein*, Vorb. B XVI 4; *Hesse*, Verfassungsrecht, S. 136; *Heckel*, Schulrecht und Schulpolitik, S. 157 f.; *Hild. Krüger*, ZBR 1956, S. 310 f.; *Dame*, S. 16; *Tilch*, S. 120; *Perschel*, Meinungsfreiheit, S. 24 f.; *Merk*, VVDStRL 15, S. 193 f.; *Schmidt-Bleibtreu/Klein*, Art. 19 Rdnr. 8.

[44] *W. Schmidt*, S. 245 f.

[45] *Peters*, Lehrbuch, S. 302.

[46] *Hesse*, Verfassungsrecht, S. 135; *Abelein*, ZfP XIV (1967), S. 323.

sierten Gewaltverhältnis muß Raum zu seiner Entfaltung bleiben, soll diese Norm nicht ins Leere stoßen[47]. Deshalb erlaubt die Institutionalisierung des Schulverhältnisses in Art. 7 GG den Schluß von der Existenz auf die grundsätzliche Möglichkeit der Grundrechtseinschränkung[48]. Hieran aber den weiteren Schluß zu knüpfen, die Konkretisierung dieser Grundrechtsbeschränkungen obliege der Verwaltung, findet in Art. 7 GG keine Rechtfertigung und wäre ein weiteres Beispiel *unangemessener Verallgemeinerung.*

(3) Abwägung

Offen bleibt noch die „Gretchenfrage", ob die Grundrechtsbefugnis dem Zweck des Gewaltverhältnisses oder dieser Zweck der Grundrechtsgeltung zu folgen hat. Die grundsätzliche Einschränkungsmöglichkeit darf sicher nicht so weit gehen, daß die besonderen Gewaltverhältnisse letztlich doch von der Grundrechtsgeltung ausgeschlossen sind[49]. Vielmehr dürfen weder die Grundrechte den besonderen Gewaltverhältnissen zum Opfer gebracht werden, noch dürfen die grundrechtlichen Gewährleistungen die Funktion dieser Verhältnisse unmöglich machen. Erforderlich ist deshalb eine Zuordnung von Grundrechten und Gewaltverhältnissen, die beiden zu optimaler Wirksamkeit verhilft und dadurch die zwischen den Grundrechten und diesen Gewaltverhältnissen bestehende Spannungslage entschärft[50].

Diese Aufgabe wird besonders deutlich beim Schulverhältnis. Zwischen den beiden Verfassungsnormen der Art. 6 Abs. 2 und 7 Abs. 1 GG besteht ein „Spannungsverhältnis"[51], das nicht gelöst werden kann, indem man einem der beiden widerstreitenden Sätze prinzipiell den Vorrang zuerkennt. Das verbietet die Verfassung als ein einheitliches logisch-teleologisches Sinngebilde, das die isolierte Betrachtung einzelner Verfassungssätze ohne die Berücksichtigung des Zusammenhangs ausschließt[52]. Beide Normen, durch die elterliche und schulische

---

[47] *Perschel,* Meinungsfreiheit, S. 26.

[48] H. M., s. Fußn. 37.

Kuhn, S. 171 verwirft die Lehre von der Institutionalisierung der besonderen Gewaltverhältnisse, weil diese die besonderen Gewaltverhältnisse *einseitig* zu Lasten der Grundrechte bevorzuge. Dieser Schluß ist nicht zwingend.

[49] Vgl. beispielsweise *W. Jellinek,* S. 520: „Nach Eintritt in die Schule unterliegt das Kind der Schulzucht, die bei körperlicher Züchtigung häufig bis an die Grenze des Unrechts heranreicht."

[50] *Dürig,* MDH, Art. 17 Rdnr. 30; *Hesse,* Verfassungsrecht, S. 136; *Bachof,* VVDStRL 15, S. 205; *Hild. Krüger,* ZBR 1956, S. 310; *Dame,* S. 52; *Leuschner,* S. 48 ff. Damit ist den Bedenken *Kuhns,* S. 171 Rechnung getragen.

[51] BVerwGE 5, 153; BVerwG DVBl. 1969, 930 (931); BayVerfGH VerwRspr. 21 (1970), Nr. 162 (S. 647). — *Maunz,* MDH, Art. 7 Rdnr. 41/42; *Perschel,* Meinungsfreiheit, S. 27; *Heckel,* DöV 1968, S. 372; *Heckel/Seipp,* S. 368; *Tilch,* S. 80; *Dame,* S. 52.

[52] BVerfGE 19, 206. — *Oppermann,* S. 254.

Gewalten nebeneinander gestellt werden, sind ranggleich. Deshalb betont das Bundesverwaltungsgericht[53] in ständiger Rechtsprechung, daß das Recht des Staates zur schulischen Erziehung dem Elternrecht gleichgeordnet ist. Daher kann weder die Regelung des Schulwesens in Art. 7 Abs. 1 GG die Berufung auf Grundrechte im Schulverhältnis ausschließen, noch kann umgekehrt die Berufung auf Grundrechte die Schulgewalt des Art. 7 Abs. 1 GG aus den Angeln heben. Zwischen beiden konkurrierenden Verfassungsnormen ist für jeden konkreten Einzelfall aufs Neue eine *Abwägung* der beteiligten Interessen vorzunehmen[54].

III. Das Ausmaß der Einschränkbarkeit

1. *Einschränkungsmaßstab*

Als Maßstab der Grundrechtseinschränkungen im Schulverhältnis wird eine bunte Palette von Kriterien angeboten, teils isoliert, teils kombiniert: Wesen[55], Natur[56] Sinn[57], Zweck[58] oder Eigenart[59] wie auch Sinn und Zweck[60], Wesen und Zweck[61] oder Wesen, Sinn und Zweck[62]. Zwischen diesen Merkmalen bestehen keine grundsätzlichen Unterschiede — allenfalls Akzentverschiebungen[63] —, da immer die Kategorie der *Natur der Sache* angesprochen ist[64].

Es handelt sich somit immer darum, die Eigentümlichkeit der Schulverhältnisse zu ermitteln, weil diese die Grundrechtsbeschränkungen rechtfertigt und zugleich begrenzt. Da sie nur für das jeweils in Frage

---

[53] BVerwGE 18, 40 (42); 21, 289 (292). — Ebenso: OVG Berlin E 3, 146 (150); OVG Hamburg DöV 1956, 627; OVG Koblenz DöV 1963, 553 (554); OVG Saarland DöV 1961, 795 (796); VGH Mannheim DVBl. 1967, 462 (463). — *Evers*, VVDStRL 23, S. 152; *Oppermann*, S. 265.

[54] *Becker*, Schule und Verwaltungsgerichtsbarkeit, ZBR 1960, S. 179; *Oppermann*, S. 262; *Perschel*, Meinungsfreiheit, S. 26 und 42 ff.; *Peters*, Lehrbuch, S. 302.

[55] *Ule*, BNS, Bd. IV 2. Hbd., S. 617; *Dürig*, MDH, Art. 17a Rdnr. 22.

[56] BVerwG DöV 1965, 638 (639); OVG Koblenz DVBl. 1955, 159.

[57] *Tilch*, S. 120.

[58] OVG Berlin E 3, 146 (155). — *Krüger*, VVDStRL 15, S. 121; *Peters*, Lehrbuch, S. 302; *Rehmert*, DöV 1958, S. 442; *Hild. Krüger*, ZBR 1956, S. 311; *Maunz*, Staatsrecht, S. 152; *Scheuner*, VVDStRL 15, S. 206; *Perschel*, Meinungsfreiheit, S. 33; *Merk*, VVDStRL 12, S. 104; *Dame*, S. 48; *Wolff*, Bd. I, § 25 VIII b.

[59] *Hesse*, Verfassungsrecht, S. 137.

[60] *Bachof*, VVDStRL 12, S. 205; *Krüger*, NJW 1953, S. 1373.

[61] *Ule*, VVDStRL 15, S. 205. — VGH Mannheim DVBl. 1961, 523 (524).

[62] *v. Mangoldt/Klein*, Vorb. B XVI 4; *Tilch*, S. 120.

[63] *Perschel*, Meinungsfreiheit, S. 31. — Bereits die Tatsache, daß zahlreiche Autoren die Terminologie wechseln, läßt erkennen, daß es sich dabei um keinen strengen Rechtsbegriff handelt, sondern um die Umschreibung dessen, was das Schulverhältnis „eigentlich“ ausmacht, „im Kern“ darstellt.

[64] s. dazu oben § 9.

stehende besondere Gewaltverhältnis zu erfassen ist, muß spätestens an dieser Stelle auch die h. M. ihren allgemeinen Ansatz verlassen und sich um eine Analyse des konkreten Gewaltverhältnisses bemühen. Nur so ist es überhaupt erträglich, Beamte und Anstaltsinsassen, Schüler und Strafgefangene über den Leisten des besonderen Gewaltverhältnisses zu schlagen. Konsequenter wäre es allerdings, von vornherein das Schulverhältnis als eigengeartetes Lebensverhältnis zur Grundlage rechtlicher Erörterung zu machen[65].

Diese konkrete Betrachtungsweise gebietet auch eine getrennte Untersuchung der Grundrechte, weil jeweils die Beziehung zwischen einem konkreten Grundrecht und dem Schulverhältnis das spezielle Spannungsverhältnis bildet, das durch sachgerechte Zuordnung zu entschärfen ist. Deshalb läßt sich eine allgemeine Antwort auf die Möglichkeit der Grundrechtsbeschränkungen im Schulverhältnis und deren Ausmaß nicht geben. Sicher ist nur, daß die Beschränkung immer nur das einzelne Grundrecht in dieser oder jener Beziehung erfassen kann[66].

2. *Bestimmbarkeit*

Zwar enthält das Schulverhältnis eine bestimmte Lebensgesetzlichkeit, die auch der Gesetzgeber nicht beliebig verändern kann[67] (negative Funktion der Natur der Sache); aber diese „Natur der Sache" angesichts der „recht erheblichen Variationsbreite der Zielsetzungen"[68] exakt zu formulieren, ist nicht möglich[69] (positive Funktion der Natur der Sache)[70]. Die Kategorien „Natur der Sache" oder „Wesen" des besonderen Gewaltverhältnisses sind untauglich, einen zuverlässigen Maßstab für die Zulässigkeit von Grundrechtbeschränkungen abzugeben[71]. Bei jeder Argumentation aus dem „Wesen" einer Instituion läßt sich das Ergebnis nur finden, indem auf *Wertungen* zurückgegriffen wird[72]. Grundrechtseinschränkungen im Schulverhältnis kann daher kein vorherbestimmtes und vorherbestimmbares Wesen dieses Gebildes zugrundegelegt werden. Fällt aber die Entscheidung über die Grundrechtseinschränkung erst durch Vornah-

---

[65] s. dazu oben § 8.

[66] *v. Mangoldt/Klein*, Vorb. B XVI 4; *Perschel*, Meinungsfreiheit, S. 3; *Hild. Krüger*, ZBR 1956, S. 311; *Dame*, S. 62 ff.

[67] *Ule*, VVDStRL 15, S. 145; *Perschel*, Meinungsfreiheit, S. 29.

[68] *Bachof*, VVDStRL 15, S. 206.

[69] *Perschel*, Meinungsfreiheit, S. 30.

[70] Dazu ausführlich oben § 9.

[71] *Merkl*, Entwicklung und Reform des Beamtenrechts, VVDStRL 7 (1932), S. 63.

[72] *Perschel*, Meinungsfreiheit, S. 30; *Leuschner*, S. 50. — Ausführlich *Rüthers*, S. 32 ff.

me einer Wertung, kann es nicht gleichgültig sein, *wer* sie vornimmt, wem sie *vorbehalten* ist[73].

3. *Wechselwirkung*

Um zu verhindern, daß die Grundrechte der Verwaltungseffizienz ausgeliefert und dadurch ausgehöhlt werden, darf die Funktion des Schulverhältnisses nicht einseitig zur Grenze der Grundrechte gemacht werden. Vielmehr haben die Grundrechte auch Einfluß auf das Schulverhältnis. Die Grundrechte sind bei der Ermittlung des Sinns des Schulverhältnisses zu berücksichtigen, der Zweck des Schulverhältnisses ist nur so weit legitim, wie die Grundrechte dies zulassen[74]. Nur der „im Lichte der Bedeutung der Grundrechte" ermittelte Zweck des Schulverhältnisses ist geeignet, den Grundrechten Schranken zu ziehen.

4. *Erforderlichkeit*

Zu klären ist schließlich, ob jede dem Schulzweck *förderliche* Beschränkung der Grundrechte zulässig ist oder nur solche Beschränkungen, die zur Zweckerreichung unbedingt *erforderlich* sind.

Es hieße, die Grundrechte gänzlich leerlaufen zu lassen, wenn über die mehr oder weniger unbestimmte Zielsetzung des Schulverhältnisses hinaus jede Beschränkung der Grundrechte zulässig wäre, die diesen Zweck irgendwie zu fördern vermag. Was ist schließlich nicht in dieser oder jener Weise dem Schulzweck förderlich? Pädagogen könnten sicher ganze Kataloge präsentieren. Naturgemäß sind engagierte Fachleute in ihren Mitteln wenig grundrechtsfreundlich[75].

Der Grundsatz der Verhältnismäßigkeit entfaltet hier seine die Grundrechtsbeschränkungen begrenzende Funktion: Die Grundrechte dürfen nur so weit eingeschränkt werden, als es zur Erfüllung des Zwecks des Schulverhältnisses *zwingend erforderlich* ist[76].

---

[73] In der Diskussion zur Grundrechtseinschränkung im besonderen Gewaltverhältnis wird fast durchweg übergangen, ob diese Entscheidung nicht möglicherweise vom Gesetzgeber zu treffen sei. Deutlich aufgeworfen wird diese Frage von *W. Schmidt*, S. 244, der sie allerdings nicht im Zusammenhang mit dem allgemeinen Vorbehalt des Gesetzes lösen will, sondern mittels der speziellen Gesetzesvorbehalte einzelner Grundrechte. Damit trägt Schmidt ähnlich wie *Vogel* der Eigenständigkeit des allgemeinen Vorbehaltsgrundsatzes nicht im erforderlichen Maße Rechnung. Vgl. dazu oben § 2 II und unten IV 3 b.

[74] *Bachof*, VVDStRL 15, S. 206; *Leisner*, DVBl. 1960, S. 623; *Dame*, S. 48; *Tilch*, S. 120; *Perschel*, Meinungsfreiheit, S. 39 f.; *Stein*, Selbstentfaltung, S. 37 f. Vgl. demgegenüber *Otto Mayer*, Bd. I, S. 102: „Immer bedeutet es einen Zustand verminderter Freiheit, in dem der Betroffene sich im gegebenen Maße nach dem zu richten hat, was hier der Zweck der öffentlichen Verwaltung erfordert."

[75] Dazu *Vogel*, VVDStRL 24, S. 173 f. m. w. Nachw.

[76] H. M. — *Thieme*, DöV 1956, S. 524; *Krüger*, NJW 1953, S. 1373; *Perschel*, Meinungsfreiheit, S. 33; *Dame*, S. 81; *Hesse*, Verfassungsrecht, S. 137; *Kuhn*,

In diesem Zusammenhang wird von einer Vermutung für die Freiheit[77] und einer eltern- und schülerfreundlichen Auslegung[78] gesprochen. Das ist indessen wenig aussagekräftig, weil die Vermutung „in dubio pro libertate" jederzeit durch eine den Zweck des Schulverhältnisses wie die Grundrechte gleichermaßen berücksichtigende sachgerechte Lösung beiseite geschoben werden kann. Deshalb kann dieser Vermutung nicht mehr abgewonnen werden, als daß jede Grundrechtsbeschränkung im Schulverhältnis nachprüfbar begründet sein muß, d. h. Grundrechtsbeschränkungen tragen gewissermaßen die „Beweislast" für ihre Zulässigkeit.

IV. Die Abwägung von Grundrechten und Schulverhältnis im einzelnen

1. Grundrechtsmündigkeit

a) Der Schule stehen als Beteiligte des Schulverhältnisses zwei Personengruppen gegenüber: Schüler und Eltern. Unterricht und Erziehung zielen allein auf den Schüler ab, er spürt auch in erster Linie die Auswirkungen schulischer Maßnahmen. Dagegen hat sich die Diskussion der Grundrechte im Schulverhältnis ursprünglich ausschließlich am Elternrecht orientiert. Erst allmählich rücken die Grundrechte des Schülers in den Blickpunkt[79]. Abgesehen von den Veränderungen der *pädagogischen* Auffassungen, die den Schüler nicht länger als „Zögling" behandelt wissen wollen, mag das zwei *juristische* Gründe haben:

(1) Die systematische Stellung des Art. 7 GG in unmittelbarer Nähe des Art. 6 Abs. 2 GG verleitete offensichtlich dazu, Äußerungen der Schulgewalt *allein* als Beeinträchtigung der mit ihr konkurrierenden Erziehungsgewalt der Eltern zu deuten und so den unmittelbar betroffenen Schüler und seine Grundrechte zu vernachlässigen[80]. Seine Grundrechte

---

S. 175. — *Merk*, Verwaltungsrecht, Bd. II, S. 1482 und 1875: „Gefährdung des Erziehungszwecks." *Jecht*, S. 115, auch Fußn. 51 zum Verbot für Schülerinnen, Hosen zu tragen: „Aufgabe der Schule ist die Ausbildung ihrer Schüler, nicht aber der Erlaß von Kleiderordnungen." *Freudenberger*, S. 188 und 192: Auch im besonderen Gewaltverhältnis ist die „Erforderlichkeit und die Verhältnismäßigkeit des Mittels für die Rechtmäßigkeit des Eingriffs ... bestimmend." — BVerfGE 33, 1 ff. zum Strafgefangenenverhältnis: „unerläßlich" müssen Grundrechtseingriffe sein. — Weniger streng: *v. Mangoldt/Klein*, Vorb. XVI 5.

77 *Maunz*, Staatsrecht, S. 152; *Peters*, Lehrbuch, S. 302.

78 *Tilch*, S. 123.

79 *Heckel*, Schulrecht und Schulpolitik, S. 183; *Holland*, Die Bedeutung des Grundrechts der Berufsfreiheit im Schulrecht, RdJB 1969, S. 259; *Weber*, Freie Berufswahl und freie Wahl der Ausbildungsstätte, RWS 1964, S. 36; *Kuhn*, S. 231 f.

80 Beispielsweise leitet BVerwGE 5, 153 (157) die Freiheit der Wahl der weiterführenden Schule allein aus Art. 6 Abs. 2 GG her, ohne auf Art. 12 Abs. 1 GG einzugehen.

wurden allenfalls mittelbar über Art. 6 Abs. 2 GG in Erwägung gezogen, indem die Eltern als Sachwalter der Kindesgrundrechte verstanden wurden[81].

(2) Diese Sicht der Dinge war wiederum nur möglich, weil erst spät erkannt wurde, daß der Schüler nicht nur Träger der Grundrechte (Grundrechtsfähigkeit)[82], sondern auch schon vor seiner Volljährigkeit sie auszuüben in der Lage ist (Grundrechtsmündigkeit)[83]. Können Grundrechts*fähigkeit* und Grundrechts*mündigkeit* des Schülers sich sowohl decken als auch auseinanderfallen, ist mit der Bejahung der Grundrechtsgeltung im Schulverhältnis noch nicht entschieden, wer diese Grundrechte ausübt — der Schüler selbst oder seine Eltern[84].

b) Bei der Diskussion zur Grundrechtsmündigkeit, die sich gegen die beiden Erziehungsträger Schule und Eltern richtet[85], muß das Verhältnis zwischen Schüler und Eltern auf der einen Seite und das Verhältnis des Schülers zur Schule auf der anderen Seite streng auseinander gehalten werden[86].

Im Eltern-Kind-Verhältnis geht es dabei nicht um eine Kollision der (auch) gegen die Eltern gerichteten Kindesgrundrechte mit dem (auch) gegen den Schüler gerichteten Elternrecht[87]; denn von einer Drittwirkung der Grundrechte auch im Bereich der Familie kann keine Rede sein. Vielmehr sind Elternrecht und Grundrechte des Schülers — gewissermaßen parallel — gegen die Schule gerichtet[88]. Im Eltern-Kind-Verhältnis geht es bei der Frage der Grundrechtsmündigkeit im Schulverhältnis allein um die Zuordnung der Befugnis zur Grundrechtsausübung.

Im Verhältnis des Schülers zur Schule geht es dagegen darum, ob die Grundrechte des Schülers ergänzend an die Seite des Elternrechts treten[89].

---

[81] OVG Hamburg MDR 1956, 317; OVG Rhld.-Pf. NJW 1954, 1462.

[82] Die Grundrechtsfähigkeit ist ein Sonderfall der allgemeinen Rechtsfähigkeit des § 1 BGB. *Dürig*, MDH, Art. 19 Abs. 3 Rdnr. 17; *Kuhn*, S. 29 ff.; *Stein*, Selbstentfaltung, S. 28 ff. Deshalb kann auch dem „Unmündigen" — entgegen *Reuter*, Kindesgrundrechte und elterliche Gewalt (1968), S. 51 ff. — das Persönlichkeitsrecht des Art. 2 Abs. 1 GG nicht abgesprochen werden. *Maunz*, MDH, Art. 6 Rdnr. 34; *Lang*, S. 102; *Leuschner*, S. 73.

[83] Der Begriff in dieser spezifischen Bedeutung stammt von *Hild. Krüger*, ZBR 1956, S. 329.

[84] *Heckel*, DöV 1968, S. 373; *Stein*, Selbstentfaltung, S. 28; *Maunz*, MDH, Art. 6 Rdnr. 34; a. A. *Tilch*, S. 105.

[85] *Oppermann*, S. 191 und 265.

[86] *Kuhn*, S. 59 ff. und 106 ff. spricht von „Innenverhältnis" und „Außenverhältnis". Sachlich übereinstimmend *Peters*, BNS, Bd. IV, 1. Hbd., S. 393 ff.; *Perschel*, RdJ 1963, S. 37 f.; *Leuschner*, S. 76 ff.; *Oppermann*, S. 265 f.

[87] So aber *Hild. Krüger*, FamRZ 1956, S. 329 ff.

[88] *Dürig*, MDH, Art. 19 Abs. 3, Rdnr. 21; *Stein*, Selbstentfaltung, S. 28 f.

[89] *Stein*, Selbstentfaltung, S. 28 f.

Wird die Grundrechtsmündigkeit des Schülers bejaht, sieht sich die Schule den Grundrechten des Schülers *und* dem Elternrecht des Art. 6 Abs. 2 GG gegenüber. Wird die Grundrechtsmündigkeit verneint, sieht sich der Schüler *allein* durch das Elternrecht geschützt. In *jedem* Fall trifft die Schule auf grundrechtliche Positionen.

c) Die Zuordnung der Grundrechte zur selbständigen Ausübung wird in erster Linie geregelt vom Gesetzgeber, der durch ausdrückliche Anordnung die Grundrechtsmündigkeit vorverlagern kann[90]. Beim Fehlen gesetzlicher Regelungen ist dagegen die zur Mündigkeit führende Altersgrenze durch Abwägung zu ermitteln. Diese Abwägung kann sich nicht am Volljährigkeitsdatum orientieren, weil dessen Funktion darin besteht, den Minderjährigen vor der Übernahme rechtsgeschäftlicher Verbindlichkeiten zu schützen[91] und das Interesse der am Rechtsverkehr beteiligten Allgemeinheit an Offenkundigkeit der Rechtsverhältnisse zu wahren[92]. Dagegen bezweckt die Grundrechtsmündigkeit, den Freiheitsraum des Schülers durch eigene Ausübungsbefugnisse zu verstärken[93].

Bei der selbständigen Ausübung von Grundrechten durch Minderjährige darf die Erziehungsfunktion des Elternrechts nicht vernachlässigt werden: Erziehung soll mündig machen[94]. Entsprechend dem verschiedene Altersstufen erreichenden Reifeprozeß kann ein größeres Maß an Selbstverantwortung allmählich übertragen werden, wodurch mit wachsendem Alter des Kindes die elterliche Gewalt abgeschwächt wird[95]. Insbesondere im Schulbereich, wo den Schülern weitgehend die selbständige Wahrnehmung von Aufgaben obliegt, sind die Minderjährigen der elterlichen Gewalt schon erheblich entwachsen[96]. Daher wäre es gerade im Schulverhältnis pädagogisch wenig sinnvoll, den Schüler bis zur Volljährigkeit

---

[90] BGHZ 21, 352. — *Dürig*, MDH, Art. 19 Abs. 3 Rdnr. 26; *Kuhn*, S. 36 und 60. — Vgl. beispielsweise §§ 112, 113 BGB. So ergibt § 19 Abs. 5 Wehrpflichtgesetz die Befugnis des minderjährigen Wehrpflichtigen, in allen seinen die Wehrpflicht betreffenden Angelegenheiten selbständig zu handeln, BVerwGE 7, 66 (67). Das gilt insbesondere vom Recht auf Kriegsdienstverweigerung wegen der höchstpersönlichen Natur der Gewissensentscheidung, Art. 4 Abs. 3 GG, §§ 25 bis 27 WehrpflG. Deshalb kann der nicht volljährige Soldat auch selbständig Verfassungsbeschwerde einlegen, BVerfGE 28, 243 (254 f.).

[91] *Leuschner*, S. 74 f.

[92] *D. Reuter*, S. 91.

[93] Die Anwendung der §§ 107 ff. BGB auf die Grundrechtsausübung muß abgelehnt werden, weil sie nicht als Rechtsgeschäft qualifiziert werden kann. *Perschel*, Meinungsfreiheit, S. 81; *Leuschner*, S. 74 f. Anders dagegen die überwiegende Meinung, *v. Campenhausen*, S. 37 Fußn. 51 m. w. Nachw.

[94] *Kuhn*, S. 66; *Perschel*, Meinungsfreiheit, S. 38 und 86; *Stein*, Selbstentfaltung, S. 87 Fußn. 79.

[95] *Kuhn*, S. 71. Auf den individuellen Entwicklungsstand darf dabei allerdings nicht abgestellt werden. So aber *Lang*, S. 109 f. Auch im Grundrechtsbereich ist eine Typisierung unerläßlich, wobei sich die Anknüpfung an Altersstufen empfiehlt. *Stein*, Selbstentfaltung, S. 30.

[96] *Hild. Krüger*, Grundrechtsausübung durch Jugendliche (Grundrechtsmün-

von der Ausübung seiner Grundrechte ganz auszuschließen, um sie ihm dann mit dem 21. Lebensjahr unvermittelt zu überlassen.

Deshalb muß im Grundsatz davon ausgegangen werden, daß der Schüler ganz allmählich in die Stellung eines selbständigen Grundrechtsträgers hineinwächst, bis er mit dem 21. Lebensjahr die volle Grundrechtsmündigkeit erlangt[97]. Die zur Ausfüllung dieses Grundsatzes erforderlichen Einzelaussagen sind nur an Hand der einzelnen Grundrechte zu erhalten, weil jedes einzelne Grundrecht im Schulverhältnis auch unter dem Kriterium unterschiedlicher Reifegrade nivellierender Betrachtung verschlossen ist[98]. Dabei darf allerdings als Anhaltspunkt des Beginns einer ersten und beschränkten Grundrechtsmündigkeit der Eintritt in das Schulverhältnis als eindeutig auszumachende Grenze angesehen werden, während als Anhaltspunkt für den regelmäßigen Eintritt der Grundrechtsmündigkeit im Schulverhältnis hier das 14. Lebensjahr vorgeschlagen wird, das etwa mit dem Ende der Schulpflicht zusammenfällt. Gesetzlicher Anknüpfungspunkt dafür ist § 59 FGG[99].

Ist von der grundsätzlichen Möglichkeit einer Grundrechtskumulation im Schulverhältnis auszugehen, soll auf dieser Grundlage exemplarisch dargelegt werden, wie die Belange des Schulverhältnisses mit den Grundrechten der Eltern (2.) und Schüler (3.) in Einklang zu bringen sind.

2. *Elternrecht*

Das Grundrecht des Art. 6 Abs. 2 GG[100] kann auch im Schulverhältnis Geltung beanspruchen[101]. Hier begegnen sich zwei gleichgeordnete Erziehungsträger, die im Einzelfall auf Grund wertender Entscheidung je den Vorrang beanspruchen können[102].

a) Außerschulisches Verhalten

Außerhalb des eigentlichen Schulbetriebes geht das Elternrecht den Erziehungsmaßnahmen der Schule vor[103]. Anders als im schulischen Er-

---

digkeit) und elterliche Gewalt, FamRZ 1956, S. 332. Ebenso: *Perschel*, Meinungsfreiheit, S. 89 f.

[97] *Oppermann*, S. 265; *Dame*, S. 80.

[98] *Perschel*, Meiungsfreiheit, S. 86; *Stein*, Selbstentfaltung, S. 30.

[99] *Stein*, Selbstentfaltung, S. 31: Beschränkt grundrechtsmündig für Art. 2 Abs. 1 GG wird ein Kind mit dem Eintritt in die Schule.

[100] BVerfGE 4, 52 (57): „Art. 6 Abs. 2 GG gewährt ... ein Abwehrrecht gegen unzulässige Eingriffe des Staates in das elterliche Erziehungsrecht ...". E 7, 320 (323).

[101] OVG Hamburg DöV 1956, 627; OVG Lüneburg VerwRspr. 8 (1956), Nr. 96 (S. 400); OVG Münster DöV 1958, 465 (466) und DVBl. 1961, 525; VGH Mannheim JZ 1964, 627. — *Evers*, VVDStRL 23, S. 161.

[102] *Oppermann*, S. 262: „Weder bricht das Elternrecht generell das staatliche Schulrecht noch umgekehrt." *Leuschner*, S. 56 ff.

ziehungskreis, in dem Art. 7 Abs. 1 GG dem Staat eine selbständige Verantwortung einräumt, ist der Staat im außerschulischen Erziehungsbereich durch Art. 6 Abs. 2 GG auf bloße Bewachung elterlicher Erziehungsmaßnahmen beschränkt[104]. Hier kann der Staat nicht mit den Mitteln des Schulverhältnisses, sondern nur mit Mitteln des Jugendschutzes arbeiten[105]. Deshalb ist es der Schule verwehrt, „den Schülern Ausgehverbote in den späten Abendstunden, Rauchverbote (auch zu Hause), die Pflicht zum Tragen von Schülermützen in der Öffentlichkeit" und andere über den Unterricht hinausgehende Pflichten außerhalb der Schulzeit und des Schulraums aufzuerlegen[106]. Der Schule fehlt die Kompetenz zur Reglementierung des außerschulischen Verhaltens des Schülers[107].

b) Schulorganisation

Die Eltern haben weder einen Anspruch darauf, daß ihnen eine ihren Wünschen entsprechende Schule zur Verfügung gestellt werde noch ein Recht auf Offenhaltung der Schule[108]. Insoweit wird das Erziehungsrecht der Eltern durch das staatliche Organisationsrecht und das Schulaufsichtsrecht notwendigerweise begrenzt[109]. Indessen dürfen auch solche schulorganisatorischen Maßnahmen wie die Schließung der Schule das Elternrecht „nicht in unzumutbarer Weise" beeinträchtigen[110].

c) Wahl weiterführender Schulen

Ausgeglichen sind dagegen die Ansprüche der konkurrierenden Erziehungsträger Schule und Eltern bei der Entscheidung, welchen Schulzweig der Schüler besuchen soll. Die Auswahl der weiterführenden Schule und damit des einzuschlagenden Bildungsweges ist ausschließlich Sache der Eltern[111]. Der Schule ist somit eine Verplanung der Begabungen

[103] *Heckel*, Schulrecht und Schulpolitik, S. 159; *Dame*, S. 81. — *Peters*, Lehrbuch, S. 404 macht die Einschränkung: „... soweit es vernünftig gehandhabt wird und den Schulbetrieb als solchen nicht gefährdet." Die Handhabung des Elternrechts geht die Schule nichts an.

[104] *Evers*, VVDStRL, 23, S. 152.

[105] *Heckel/Seipp*, S. 399.

[106] So aber *Peters*, Lehrbuch, S. 114 und 404.

[107] *Heckel*, DöV 1968, S. 372; *Dame*, S. 81; *Lang*, S. 125; *Perschel*, Meinungsfreiheit, S. 44 f. — Deshalb ist § 56 Abs. 3 bad.-württ. SchVOG verfassungswidrig. *Heckel*, Schulrecht und Schulpolitik, S. 89; *Heckel/Seipp*, S. 397; *Perschel*, Die Rolle des Rechts bei der Demokratisierung der Schule, RdJB 1969, S. 38; a. A. *Leuschner*, S. 58 f.

[108] BVerwG DVBl. 1958, 512; HessVGH VerwRspr. 4 (1954), Nr. 25 (S. 114). — *Tilch*, S. 108 m. w. Nachw.

[109] Insbesondere BVerwGE 35, 111 (113); BVerwG DVBl. 1969, 930. s. auch BVerfGE 6, 309 (339 f.).

[110] BVerwGE 18, 40 (42).

[111] BVerwGE 5, 153 (155); OVG Hamburg VerwRspr. 6 (1954), Nr. 154 (S. 664)

durch positive Auslese verwehrt[112]. Dagegen gebietet die Erreichung des Schulzweckes notwendig eine negative Auslese: Die Schule darf solche Schüler als ungeeignet ablehnen, die mit an Sicherheit grenzender Wahrscheinlichkeit ihre Mitschüler auf der weiterführenden Schule hemmen würden[113].

d) Ergebnis

Es zeigt sich, daß die Einwirkungsmöglichkeiten des Staates in dem Maße wachsen, in dem er sich dem schulischen Bereich nähert, und in dem Maße schwinden, in dem er auf den Rechtskreis der Eltern Einfluß zu nehmen droht[114]. So schränkt das Elternrecht des Art. 6 Abs. 2 GG in sehr elastischer Manier die staatliche Schulerziehung da fühlbar ein, wo Elterninteressen überwiegen, ohne ihr den Raum für erfolgversprechende Betätigung da streitig zu machen, wo sachgerechte Gründe ihn erfordern[115].

Die Ergebnisse der Rechtsprechung sind zu billigen, weil sie in aller Regel einen sachgerechten Ausgleich zwischen den Interessen der Eltern und der Schule erzielen. Der Weg zu diesen Entscheidungen führt freilich über rechtliche Wertungen, die nicht immer vorhersehbar sind. Angesichts der Fülle der Judikatur zum Elternrecht im Schulverhältnis sind heute jedoch keine Überraschungen mehr zu erwarten. Dagegen ist bei den bisher vernachlässigten Grundrechten der Schüler sehr wohl damit zu rechnen.

3. Schülerrechte

Das Spannungsverhältnis zwischen Art. 6 Abs. 2 GG und Art. 7 Abs. 1 GG wird ergänzt und überlagert durch ein nicht minder starkes Spannungsverhältnis zwischen den Grundrechten des Schülers und wiederum Art. 7 Abs. 1 GG. Das Widerspiel zwischen dieser Norm und dem

---

und MDR 1956, 319; DVBl. 1960, 742 (743); OVG Berlin DöV 1956, 641. — *Tilch*, S. 102 m. w. Nachw.; *Mampe*, S. 49 ff.; a. A. noch LVG Minden VerwRspr. 4 (1952), Nr. 6 (S. 49 f.). Der Anspruch besteht nur auf Zugang zu einer bestimmten Schul*art*, nicht aber auf Aufnahme in eine bestimmte Einzelschule, OVG Münster DöV 1958, 465 (466) und DVBl. 1964, 829 ff. Insoweit überwiegt die Schulgewalt, denn die Schule muß zu einer Planung der Einzugsgebiete berechtigt sein. *Forsthoff*, Verwaltungsrecht, S. 424; *Klein*, Recht auf Bildung, S. 18; *Mampe*, S. 22 ff.

[112] *Maunz*, MDH, Art. 6 Rdnr. 28; *Evers*, VVDStRL 23, S. 152; *Fuß*, VVDStRL 23, S. 205; *Oppermann*, S. 151 Fußn. 22; *Stein*, Selbstentfaltung, S. 41.

[113] Insoweit wird Art. 6 Abs. 2 GG durch Art. 7 Abs. 1 GG begrenzt. BVerwGE 5, 153 (159 f.); 5, 164 f.; OVG Hamburg VerwRspr. 6 (1954), Nr. 154 (S. 664 f.); MDR 1956, 318 f.; DVBl. 1960, 652 und 743; NJW 1964. 2178. — *Tilch*, S. 103 m. w. Nachw.; *Stein*, Selbstentfaltung, S. 40.

[114] *Maunz*, MDH, Art. 6 Rdnr. 27; *Leuschner*, S. 59.

[115] *Oppermann*, S. 195.

Grundrechtsbesitz des Schülers macht geradezu die verfassungsrechtliche Grundlage der Ordnung des Schulverhältnisses aus[116]. Das setzt allerdings voraus, daß die bisher recht vernachlässigten Grundrechte des Schülers stärker hervorgehoben werden. Das soll hier an Hand des allgemeinen Gleichheitssatzes und des Art. 12 GG als Beispiel eines Freiheitsrechtes skizziert werden. Dabei muß untersucht werden, ob sie ihrem Schutzbereich nach überhaupt Geltung im Schulverhältnis beanspruchen können und welchen Schranken sie unterliegen.

a) Art. 3 GG

Keine Rechtsordnung kann bestehen ohne Willkürverbot[117]. „Das Willkürverbot ist nicht nur grundrechtlich gesichert; als Element des objektiven Gerechtigkeitsprinzips und damit des Grundsatzes der Rechtsstaatlichkeit gilt der allgemeine Gleichheitssatz in allen Bereichen und für alle Personengemeinschaften[118].“ Aus diesem Grund gilt Art. 3 GG auch im Schulverhältnis[119] und zwar ohne jede Einschränkung. Die Einschränkung von Grundrechten ist nur bei Freiheitsrechten möglich. Der allgemeine Gleichheitssatz bedarf auch im Schulverhältnis keiner Einschränkbarkeit, weil er sachliche Differenzierungen ohne weiteres gestattet und unsachliche ohne Ausnahme verbietet.

So kann ein Anspruch auf Benutzung öffentlicher Bildungseinrichtungen nicht unabhängig von individuellen Merkmalen wie Begabung, Vorbildung und Bildungswilligkeit bestehen[120]. Der Schulbeginn kann unabhängig von individueller Reife durch eine generalisierende Regelung von bestimmten Altersstufen abhängig gemacht werden[121]. Schließlich fordert der allgemeine Gleichheitssatz im Schulverhältnis die Gewährung und Einhaltung der Chancengleichheit, insbesondere im Prüfungsverfahren[122].

---

116 *Heckel*, Schulrecht und Schulpolitik, S. 180 ff.

117 *Forsthoff*, Verwaltungsrecht, S. 70.

118 BVerfGE 26, 228 (244).

119 OVG Koblenz DöV 1956, 631; OVG Lüneburg E 9, 430 (433 und 439); OVG Münster DöV 1958, 465 (466). — *Peters*, Lehrbuch, S. 301; *Merk*, Verwaltungsrecht, Bd. II, S. 1482 und 1875; *Forsthoff*, Verwaltungsrecht, S. 128; *Leisner*, DVBl. 1960, S. 624; *v. Mangoldt/Klein*, Art. 3 Anm. VI 4; *Dame*, S. 32; *Oppermann*, S. 161 Fußn. 61; *Hamann/Lenz*, Vorb. Grundrechte 6 und Art. 7 Anm. A 1; *Tilch*, S. 109; *Leuschner*, S. 50. — Art. 3 GG entfaltet unter dem Gesichtspunkt der Selbstbindung der Schulverwaltung seine größte Wirksamkeit. Dazu unten § 13.

120 *Maunz*, MDH, Art. 12 Rdnr. 115; *Fuß*, VVDStRL 23, S. 204; *Stein*, Selbstentfaltung, S. 39.

121 BVerwGE 35, 111 (112).

122 *Hummel*, Gerichtsschutz gegen Prüfungsbewertungen (1969), S. 35 ff.

b) Art. 12 GG

Obwohl Art. 12 GG ebenso wie die anderen Grundrechte des Schülers bisher vernachlässigt worden ist, hat sich dadurch keine Grundrechtseinbuße des Schülers gezeigt, weil dieser mittelbar den Schutz des Elternrechts des Art. 6 Abs. 2 GG genießt[123].

Die Anwendbarkeit des Art. 12 Abs. 1 GG im Schulverhältnis hängt davon ab, ob die Schule eine Ausbildungsstätte im Sinne dieses Artikels ist. Das ist früher vereinzelt verneint worden[124]. Heute ist Art. 12 GG unter sozialstaatlichem Aspekt auch als bildungs- und schulrechtliche Norm zu begreifen[125]. Mit der Wahl der Schulart fällt bereits eine wichtige Vorentscheidung für die künftige Berufswahl. Der Sinngehalt des Art. 12 GG, den beruflichen und sozialen Aufstieg allein von den rein persönlichen Fähigkeiten des Einzelnen abhängig zu machen, gebietet deshalb die Einbeziehung jedenfalls der weiterführenden Schulen in den Schutzbereich der Freiheit der Wahl der Ausbildungsstätte[126].

Daraus folgt ein Anspruch auf Zugang zu den schulischen Bildungseinrichtungen. Die freie Wahl der Ausbildungsstätte darf nicht durch „positive“ Auslese vereitelt werden, während eine „negative“ Auslese, beispielsweise in Gestalt einer Aufnahmeprüfung, als subjektive Zulassungsvoraussetzung damit zu vereinbaren ist[127]. Allerdings bezieht sich die Freiheit der Wahl nur auf die Schul*art*, nicht auf die konkrete Schule, weil die einzelnen Schulen prinzipiell dasselbe Bildungsangebot und denselben Leistungsstand aufweisen. Insoweit überwiegen organisatorische Belange des einheitlich konzipierten Schulwesens die Interessen des Schülers, der einen bestimmten Schulweg oder am „Ruf“ einer bestimmten Schule zu partizipieren wünscht[128].

---

[123] *Kuhn*, S. 232; *Heckel*, Schulrecht und Schulpolitik, S. 183; *Holland*, RdJB 1969, S. 259.

[124] OVG Münster DöV 1958, 465 (466). Zögernd: OVG Hamburg VerwRspr. 6 (1954), Nr. 154 (S. 654) und NJW 1956, 1173. Unentschieden: BVerfGE 27, 195 (210); BVerwGE 5, 153 (155 ff.). — Ablehnend auch *Abraham*, BK, Art. 12 Erl. II 3 c.

[125] *Oppermann*, S. 160; *Lang*, S. 127 ff.

[126] OVG Berlin E 3, 146 (153); OVG Hamburg DöV 1956, 627; VGH Mannheim JZ 1964, 627; HessStGH DöV 1971, 201 (202). — *Peters*, Städtetag, N.F. 5 (1952), S. 99; *v. Mangoldt/Klein*, Art. 12 Erl. III 4; *Thieme*, Die verwaltungsgerichtliche Überprüfung von Entscheidungen in Schul-, Ausbildungs- und Prüfungssachen, NJW 1954, S. 743; *Rehmert*, DöV 1958, S. 442; *Merk*, Verwaltungsrecht, Bd. II, S. 1875; *Oppermann*, S. 161 Fußn. 61; *Maunz*, MDH, Art. 12 Rdnr. 108; *Stein*, Selbstentfaltung, S. 39 f.; *Hamann/Lenz*, Art. 12 Erl. B 4; *Heckel*, Schulrecht und Schulpolitik, S. 163; *Holland*, RdJB 1969, S. 260; *Tilch*, S. 106; *Kuhn*, S. 98 ff.; *W. Schmidt*, S. 69 und 249; *Quaritsch*, Schulvertrag, S. 44 f. und 49.

[127] OVG Hamburg NJW 1964, 2178. — *Kuhn*, S. 234 f.; *Tilch*, S. 106 f.; *Stein*, Selbstentfaltung, S. 41. Beispiele bei *Holland*, RdJB 1969, S. 261. Im Ergebnis ebenso: BVerwGE 5, 153 (160).

[128] OVG Münster DVBl. 1964, 829 ff. Dafür spricht auch die Organisations-

Die Entscheidung über die Wahl der weiterführenden Schule haben die Eltern zu treffen, weil zum Zeitpunkt dieser Entscheidung — Ende des 4. oder 6. Schuljahres — der Schüler hinsichtlich dieses Rechtes noch nicht grundrechtsmündig ist[129]. Dagegen kann sich der Schüler am Ende der Schulpflicht selbst für oder gegen seine weitere schulische Ausbildung entscheiden[130]. Diese zur Grundrechtsmündigkeit führende Altersgrenze deckt sich in etwa mit dem Beginn der Qualifizierung der Schule als Ausbildungsstätte im Sinne des Art. 12 Abs. 1 GG.

Auch das Recht der freien Wahl der Ausbildungsstätte ist nicht schrankenlos. Der Anspruch auf Zulassung zur Schule hat in jedem Falle die Funktionsfähigkeit der Schule als Ausbildungsstätte als unübersteigbare Grenze[131]. Freilich stellt sich hier wie sonst die Frage nach dem Zweck des Schulverhältnisses[132]. Deutet man ihn dahingehend, daß die Selbstentfaltung der Schüler zu fördern sei, scheint von vornherein eine Kollision zwischen Grundrecht und Schulzweck ausgeschlossen zu sein[133]. Der Zweck des Schulverhältnisses muß sicher auch den Wertgehalt der Grundrechte in sich aufnehmen[134]. Damit steht aber nicht fest, daß er sich darin erschöpft. Worin er sonst noch bestehen mag, kann freilich nicht durch logische Operationen geklärt werden.

Möglicherweise folgt bereits aus Art. 12 Abs. 1 GG für bestimmte schulische Entscheidungen — beispielsweise für die Berechtigung als formalisierte subjektive Zulassungsvoraussetzung — das Erfordernis einer gesetzlichen Grundlage[135]. Dabei ist allerdings beim schulischen Bereich der Spezialvorbehalt des Art. 7 Abs. 1 GG zu berücksichtigen, der jedes allein zu Art. 12 GG erarbeitete Ergebnis wieder in seiner Aussage

---

form der Schule als *nicht*rechtsfähige öffentliche Anstalt. A. A. *Stein*, Selbstentfaltung, S. 40; *Kuhn*, S. 233 m. w. Nachw., aber widersprüchlich, vgl. S. 236.

[129] Deshalb ist die Entscheidung BVerwGE 5, 153 (155) im Ergebnis richtig. Für die 7. Klasse bejaht VGH Mannheim RWS 1963, 306 die Anwendbarkeit von Art. 12 GG, allerdings neben Art. 6 Abs. 2 GG. Ebenso: *Stein*, Selbstentfaltung, S. 40; *Maunz*, MDH, Art. 6 Rdnr. 28.

[130] *Quaritsch*, Schulvertrag, S. 45 sieht den Schüler mit Beginn der Sekundarstufe II als voll grundrechtsmündig an. — Überläßt man die Entscheidung über die Zuordnung der Grundrechtsausübung allein dem Privatrecht, also hier den §§ 1626 ff. BGB, ist § 1666 BGB zu beachten: Die Abmeldung eines begabten Kindes von der höheren Schule nach der mittleren Reife kann ein Mißbrauch des Personensorgerechts sein. Dazu *Kuhn*, S. 99 m. w. Nachw.

[131] *Maunz*, MDH, Art. 12 Rdnr. 110; *Forsthoff*, Verwaltungsrecht, S. 426; *Tilch*, S. 108 m. w. Nachw.

[132] Dazu oben § 9.

[133] So *Perschel*, RdJB 1969, S. 37.

[134] Immer muß der Wesensgehalt der Grundrechte erhalten bleiben. *Abelein*, ZfP XIV (1967), S. 321; *Wolff*, Bd. I, § 25 VIII b; *Kuhn*, S. 174; *Dürig*, MDH, Art. 1 Rdnr. 81; *Brohm*, DöV 1964, S. 247; *Leisner*, DVBl. 1960, S. 625.

[135] *W. Schmidt*, S. 249; *Evers*, VVDStRL 23, S. 162; *Heckel*, Schulrecht und Schulpolitik, S. 171.

durchlöchern kann. Deshalb ist die Frage nach der Form von Grundrechtseinschränkungen im Schulverhältnis letztlich nicht an Hand der speziellen Gesetzesvorbehalte einzelner Grundrechte, sondern unter Verwertung der Spezialregelung des Art. 7 Abs. 1 GG an Hand des Allgemeinvorbehaltes zu beantworten[136].

V. Ergebnis

Als erste Erkenntnis ist festzuhalten, daß vom Schulverhältnis als rechtsfreiem Raum keine Rede mehr sein kann. Anders als der Beamte gelangt der Schüler in keine Organstellung, so daß er auch im Schulverhältnis wenigstens grundsätzlich den Schutz der Grundrechte genießt[137]. Dieser Schutz wird nicht nur von Art. 6 Abs. 2 GG geboten, sondern in zunehmendem Maße finden eigene Grundrechte des Schülers Anerkennung, die den schon bisher bestehenden Grundrechtsschutz im Schulverhältnis ergänzen.

Weiterhin ist festzuhalten, daß Erfordernisse des Schulverhältnisses nicht unmittelbar geeignet sind, die Grundrechte im Schulverhältnis zu beschränken. Vielmehr ergibt sich die „grundrechtseinschränkende Funktion“[138] des Schulverhältnisses erst und allein aus seiner verfassungsrechtlichen Anerkennung in Art. 7 Abs. 1 GG[139]. Die Grundrechtsproblematik im Schulverhältnis stellt sich somit dar als die Notwendigkeit der Abwägung zwischen gleichrangigen Normen der Verfassung[140]. Dabei ist Art. 7 Abs. 1 GG nicht nur wie bisher zu Art. 6 Abs. 2 GG in Beziehung zu setzen, sondern auch zu den Grundrechten des Schülers.

Diese Abwägung hat zu beginnen mit der Ermittlung des Zwecks des Schulverhältnisses. Hier ergeben sich bereits erste Bedenken, weil über diese Schranke der Grundrechte nie das letzte Wort gespochen werden kann, solange nicht eine Instanz den Zweck des Schulverhältnisses verbindlich festsetzt. Diese Aufgabe wird gegenwärtig von der Verwaltung vorgenommen und von der Rechtsprechung kontrolliert. Die Rechtsprechung hat verhindert, daß sich reine Verwaltungseffizienz als Zweck des Schulverhältnisses hat durchsetzen können. Angesichts der zahlreichen möglichen Zielsetzungen im Schulverhältnis ist die Rechtsprechung zu wertender Entscheidung gezwungen, ohne daß ihr zur Sinnermittlung ge-

---

[136] A. A. W. *Schmidt*, S. 244 und 249.

[137] *Herzog*, MDH, Art. 5 Rdnr. 116; *Hansen*, S. 43.

[138] *Dürig*, MDH, Art. 17a Rdnr. 20.

[139] Die Frage nach der Möglichkeit von Grundrechtseinschränkungen, wenn es diese verfassungsrechtliche Anerkennung nicht gäbe, ist hypothetischer Natur — es gibt Art. 7 Abs. 1 GG. Die Auslegung kann sich nur an der konkreten Verfassung, nicht einer gedachten orientieren. Dazu *Hesse*, Verfassungsrecht, S. 3.

[140] *Tilch*, S. 118.

eignete Kriterien zur Verfügung stehen — es sei denn, man ersetzt den Zweck des Schulverhältnisses durch seinen Sinn, seine Natur, sein Wesen, seine Funktionsfähigkeit oder ähnliche Tautologien[141].

Angesichts der behutsam prozedierenden Rechtsprechung, die sorgfältig bemüht ist, Grundrechte und Schulverhältnis in optimaler Weise einander zuzuordnen, tritt das Bedenken gegen diese Art der Grundrechtseinschränkung nicht deutlich zutage. Aber so sehr auch der grundrechtsfreundlichen Rechtsprechung im Ergebnis — auch bei strengen Ansprüchen an den Wertgehalt der Grundrechte — zugestimmt werden kann, so bleiben doch die Bedenken gegen den Lösungsweg bestehen, weil eine am diffusen Schulzweck orientierte Rechtsprechung nie die Unwägbarkeiten einer Kadi-Justiz beseitigen kann[142]. Es muß einfach Unbehagen bereiten, daß Verwaltungszwecke unmittelbar Grundrechte durchbrechen können[143].

Der Zusammenhang mit der Vorbehaltsproblematik ist nicht zu übersehen. Sowenig sich leugnen läßt, daß das Schulverhältnis auf Grundrechtsbeschränkungen angewiesen ist, soll es seine Funktion im Interesse der Allgemeinheit und auch der Schüler erfüllen, so dringend wird die Beantwortung der Frage, ob die Konkretisierung der Leerformel „Unterricht und Erziehung" nicht beim unmittelbar demokratisch legitimierten und in rechtsstaatlich bedenkenfreier Weise sich artikulierenden Gesetzgeber in den besseren Händen wäre. Das hier aufgezeigte Unbehagen soll als Merkposten bei der weiteren Erörterung verwertet werden.

§ 12 Der Rechtsschutz im Schulverhältnis

I. Die Reichweite des Art. 19 Abs. 4 GG

Schon *Ule*[144] hat auf drei grundsätzlich mögliche Lösungen hingewiesen: Man kann den Rechtsschutz im Schulverhältnis total verweigern oder total gewähren oder aber ihn grundsätzlich zulassen, um ihn dann an einer bestimmten Grenze enden zu lassen.

---

[141] So aber *Tilch*, S. 123. Mit allgemeinen Freiheitsvermutungen sind keine Kriterien zu bilden.

[142] Solche Bedenken bestehen nicht in gleicher Weise gegen die polizeiliche Generalklausel des § 14 PVG: Abgesehen von ihrer Subsidiarität gegenüber Spezialregelungen, die ihr heute kaum noch Raum lassen, ist ihr Anwendungsbereich durch eine jahrzehntelange konstante Rechtsprechung fest konturiert. Ohnehin ermöglicht sie lediglich punktuelle Eingriffe zur Gefahrenabwehr, nicht aber eine kontinuierliche positive Ausgestaltung, wie sie im Schulverhältnis erfolgt. Wegen der Unbegrenztheit möglicher Störungen läßt sich für die polizeiliche Gefahrenabwehr eine Generalklausel wohl auch nicht vermeiden. Dagegen hat es das Schulverhältnis mit einer begrenzten Reihe regelungsbedürftiger Sachverhalte zu tun.

[143] *Maunz*, Staatsrecht, S. 152; *Köhl*, ZBR 1957, S. 124; *Abelein*, ZfP XIV (1967), S. 323.

[144] VVDStRL 15 (1957), S. 142.

1. Noch 1949 meinte *Friesenhahn*[145], das besondere Gewaltverhältnis ganz aus der Rechtsschutzgarantie des Art. 19 Abs. 4 GG herausnehmen zu müssen. Art. 1 und 2 Abs. 1 GG lassen aber erkennen, daß der einzelne Bürger nicht lediglich „Gegenstand staatlichen Handelns" sein soll, vielmehr als „selbständige sittlich verantwortliche Persönlichkeit und deshalb als Träger von Rechten und Pflichten anerkannt" wird. Da im Rechtsstaat (Art. 20 in Verb. mit Art. 28 GG) „die Beziehungen des Bürgers zum Staat grundsätzlich solche des Rechts (sind), wird auch das Handeln der öffentlichen Gewalt ihm gegenüber der gerichtlichen Nachprüfung unterworfen (Art. 19 Abs. 4)"[146]. Kommt somit der Verfassungsbestimmung des Art. 19 Abs. 4 GG mehr als bloß die Funktion einer technischen Zuordnung zu, nämlich fundamentale rechtsstaatliche Bedeutung, ist nicht einzusehen, daß ihr Schutzbereich vor den Toren des besonderen Gewaltverhältnisses enden sollte. Vielmehr gebietet dieser Sinn der Rechtsschutzgarantie ihre Erstreckung auf das besondere Gewaltverhältnis[147] und damit auch auf das Schulverhältnis[148], weil Eltern und Schüler auch im Schulverhältnis Grundrechtsträger sind[149] und die Tätigkeit der Schule öffentliche Gewalt darstellt[150].

Wegen der rechtsstaatlichen Funktion des Art. 19 Abs. 4 GG darf auch hier nicht mit dem Argument des fiktiven Verzichts auf Rechtsschutz gearbeitet werden: „Es ist nicht angängig, von Gesetzes wegen einen Verzicht auf die gerichtliche Anfechtung einer Verwaltungsentscheidung zu unterstellen, die noch gar nicht ergangen ist und deren Inhalt nicht vorausgesehen werden kann[151]." Was der Gesetzgeber nicht unterstellen darf, sollte der Verwaltung auch verwehrt sein.

2. So unerträglich uns heute der Ausschluß jeglichen Rechtsschutzes im Schulverhältnis erscheint, mag jedenfalls früher die Vorstellung einer allumfassenden gerichtlichen Nachprüfung gewesen sein. Soll inner-

---

[145] DV(Bl.) 1949, S. 481. Er stützte sich dabei auf einen Umkehrschluß aus Art. 132 Abs. 3 GG, der für einen Sonderfall des besonderen Gewaltverhältnisses den Rechtsweg ausdrücklich eröffnet. Diese Übergangsvorschrift deckt diesen Schluß jedoch nicht. *Klein*, Tragweite der Generalklausel in Art. 19 Abs. 4 des Bonner Grundgesetzes, VVDStRL 8 (1950), S. 108.

[146] BVerwGE 1, 159 (161).

[147] Heute unbestritten: *Ule*, VVDStRL 15, S. 148 m. w. Nachw.; *Forsthoff*, Verwaltungsrecht, S. 426 ff.; *Obermayer*, Verwaltungsakt, S. 41 f. und 88; *Klein*, VVDStRL 8 (1950), S. 107 f.; *Rupp*, Grundfragen, S. 88; *Bachof*, VVDStRL 12, S. 59; *Schmidt-Bleibtreu/Klein*, Art. 19 Rdnr. 24. — BGHZ 10, 295 (297).

[148] *Peters*, Lehrbuch, S. 403; *Krüger*, NJW 1953, S. 1371; *Holland*, DVBl. 1968, S. 245; *ders.*, RdJB 1969, S. 263.

[149] Dazu oben § 11.

[150] BVerwGE 1, 263 (265).

[151] BVerfGE 9, 194 (199) zur „Wahlklage". s. auch LVG Münster DVBl. 1953, 27 (28).

halb des Schulverhältnisses der Rechtsschutz auf bestimmte Entscheidungen der Schule beschränkt sein, bedarf es eines Kriteriums, das hinreichend differenzierte, aber gleichzeitig eindeutige Ergebnisse zu liefern vermag.

Krüger[152] stellt auf ein materielles Kriterium ab, wenn er die gerichtliche Nachprüfung abhängig macht von dem Gegensatzpaar „Rechtswert — Verwaltungswert". Dem Rechtsschutz soll nur die Maßnahme unterliegen, die einen „Rechtswert" verkörpert. Die Qualität einer Maßnahme als Rechtsakt will Krüger insbesondere dann anerkennen, wenn im konkreten Fall „prima facie Unrecht" geschehen sei[153]. Damit scheint er die bei der Zulässigkeit der Klage vorzunehmende Qualifizierung einer Maßnahme als Rechtsakt von ihrer Begründetheit abhängig machen zu wollen[154]. Rechtsnatur und Rechtsmäßigkeit einer Anordnung müssen aber streng auseinander gehalten werden[155]. Indessen benutzt Krüger diese Formel nur als Indiz für den rechtlichen Gehalt einer Verwaltungsäußerung, weil Art. 19 Abs. 4 GG den Rechtsweg natürlich nur für solche Akte der öffentlichen Gewalt bereitstellt, die sich als Rechtsakte darstellen[156]. Hiernach ist unter wertenden Gesichtspunkten über die Reichweite des Rechtsschutzes zu entscheiden, wobei es insbesondere auf den Grad der rechtlichen Betroffenheit des Bürgers ankommt.

Bachof[157] stellt auf das formelle Kriterium des Gegensatzpaares von „innen — außen" ab. Rechtsakte sind alle über die Durchführung des Betriebes hinausgehenden Maßnahmen mit Außenwirkung[158]. Diese gerade von Krüger abgelehnte Grenzziehung, der die zugrundeliegenden „räumlichen" Kriterien als „naturalistisch" verwirft[159], vermag dann als Richtlinie zu dienen, wenn nicht formal und rein schematisch subsumiert, sondern die Lösung nach wertenden Gesichtspunkten gesucht wird, nämlich nach der Erforderlichkeit gerichtlicher Nachprüfung[160].

Eine Kombination aus diesen Kriterien findet sich bei *Forsthoff*, der im Zweifel die Qualifizierung als Rechtsakt vorschlägt, um ein „Höchstmaß an Rechtsschutz" zu bieten[161].

---

[152] Rechtsverordnung und Verwaltungsanweisung, Smend-FS (1952), S. 211 ff.

[153] NJW 1953, S. 1371.

[154] So verstehen ihn *Bachof*, VVDStRL 12, S. 60 und VVDStRL 15, S. 204; *Obermayer*, Verwaltungsakt, S. 161; *Tilch*, S. 44 und 59; *Dame*, S. 92.

[155] *Obermayer*, Verwaltungsakt, S. 161; *Brohm*, DöV 1964, S. 245.

[156] VVDStRL 15, S. 126.

[157] Verwaltungsakt und innerdienstliche Weisung, Laforet-FS (1952), S. 285 ff.

[158] Vgl. auch § 27 EVwVerfG: „mit unmittelbarer Außenwirkung".

[159] NJW 1953, S. 1369 und 1372.

[160] *Bachof*, VVDStRL 12, S. 60.

[161] Verwaltungsrecht, S. 141.

Eine Kritik dieser Lehren hat an ihrer Grundlage anzusetzen, nämlich der Scheidung eines rechtsfreien Raumes von dem Bereich des Rechts. Darauf braucht hier aber noch nicht eingegangen zu werden[162], weil sich die in diesen Lehren angebotenen Kriterien wegen ihrer geringen Praktikabilität ohnehin nicht haben durchsetzen können. Eine hinreichend differenzierende und dennoch zu klaren Resultaten führende Lösung der Rechtsschutzproblematik bietet demgegenüber Ule[163], dessen auch von Gegnern als „kühner Wurf" bezeichnete[164] Lehre weitgehend anerkannt wird[165].

II. Der Rechtsschutz im Grundverhältnis

1. *Die Lehre Ules*

Ule verwertete die vor ihm erarbeiteten Ansätze zu einem praktikablen Instrument, das insbesondere der Rechtsprechung feste Konturen bieten konnte. Sein Gedankengang ist folgender:

Die Eigenart besonderer Verhältnisse bestehe darin, daß der Einzelne mit der Begründung des besonderen Gewaltverhältnisses in aller Regel einem „Betrieb" (in einem weiteren soziologischen Sinne) eingegliedert werde. Bestehe die Eigenart dieser Verhältnisse in der Eingliederung des Einzelnen in einen „Betrieb" mit einer Ordnung, der sich der Einzelne zu fügen habe, dann lasse sich aus dieser Feststellung die Unterscheidung zwischen den Rechtsbeziehungen ableiten, die in der Begründung, Veränderung oder Beendigung des besonderen Gewaltverhältnisses selbst bestünden, und den Rechtsbeziehungen, die sich aus der Geltung der „Betriebsordnung" ergäben. Man könne diese beiden Rechtsverhältnisse auch das *Grundverhältnis* und das *Betriebsverhältnis* nennen[166].

Mit dieser Unterscheidung verbindet Ule die Folge, daß jedenfalls das Grundverhältnis immer vom gerichtlichen Rechtsschutz umfaßt werde[167]. Inzwischen ist durch umfangreiche Erörterungen in Rechtsprechung und Schrifttum weitgehend geklärt, was jeweils dem Grundverhältnis bzw. dem Betriebsverhältnis zuzuordnen ist. Von wenigen Ausnahmen abgesehen besteht *praktisch* kein Streit[168]. Die grundsätzliche Klärung steht dagegen noch aus[169].

---

[162] Dazu ausführlich unten § 13.

[163] VVDStRL 15, S. 133 ff.

[164] *Dürig*, MDH, Art. 19 Abs. 4 GG, Rdnr. 25.

[165] *Forsthoff*, Verwaltungsrecht, S. 204; *Oppermann*, S. 151; *Heckel*, Schulrecht und Schulpolitik, S. 160.

[166] VVDStRL 15, S. 151 ff.

[167] Ebd., S. 153.

[168] Einzelheiten bei *Ule*, Verwaltungsgerichtsbarkeit (2. Auflage 1962), § 42

2. *Einzelfälle*

Bei der Qualifizierung schulischer Entscheidungen als Verwaltungsakte greifen Schrifttum und Rechtsprechung auf die Lehre Ules zurück und legen dabei auch seine Terminologie vom *Grund-* und *Betriebsverhältnis* zugrunde[170]. Insbesondere die Rechtsprechung zu diesen Fragen hat inzwischen einen stattlichen Umfang angenommen — in auffälligem Gegensatz zur früheren Abstinenz vor verwaltungsgerichtlicher Kontrolle in *inneren* Schulangelegenheiten[171].

Ausgangspunkt dieser Rechtsprechung ist die Erkenntnis, daß die Beendigung und die Begründung des Schulverhältnisses immer die Rechtssphäre des Schulnutzers berühren, weil sie stets in das Allgemeinverhältnis übergreifen[172]. Die Beziehung zum allgemeinen Gewaltverhältnis begründet die für das Vorliegen eines Verwaltungsaktes erforderliche Außenwirkung[173].

a) *Verwaltungsakt* ist die Befreiung von der Schulpflicht[174], die Zurückstellung eines Kindes vom Schulbesuch[175] wie auch die Entscheidung über die vorzeitige Einschulung.

b) Die Schließung einer Schule stellt nicht nur eine organisatorische Maßnahme dar, sondern berührt unmittelbar auch die Rechtsstellung der Eltern, deren Kinder die betreffende Schule besuchen[176]. Das gilt auch für die Schließung nur einer Klasse[177].

Erl. 4 a; *Redeker/v. Oertzen*, Verwaltungsgerichtsordnung (4. Auflage 1971), § 42 Rdnr. 54 und 60.

[169] *Zimmermann*, Probleme des Anwendungsbereichs der Anfechtungsklage, VerwArch. 62 (1971), S. 49.

[170] Der Sache nach seit BVerwGE 5, 153 (154), zur Übernahme der Terminologie vgl. beispielsweise OVG Saarland DöV 1961, 795 und OVG Hamburg DVBl. 1968, 262. — s. auch *Tilch*, S. 83; *Kellner*, DöV 1963, S. 419; *Heckel/Seipp*, S. 418 Fußn. 4; *Merk*, Verwaltungsrecht, Bd. II, S. 1485 und 1875; *Holland*, DVBl. 1968, S. 245; *Quaritsch*, Schulvertrag, S. 41; *Selb*, DöV 1965, S. 805.

[171] *Oppermann*, S. 150 Fußn. 18. Selbst in Ländern mit verwaltungsgerichtlicher Generalklausel — Sachsen, Württemberg, Thüringen, Hamburg, Lübeck — kam es nicht zu „Schulrechtsfällen". *Heckel*, Schulrecht und Schulpolitik, S. 156; *Werner*, DVBl. 1957, S. 223; *Tilch*, S. 31.

[172] BVerwGE 1, 263 (264). — *Ule*, VVDStRL 15, S. 154; *Obermayer*, Verwaltungsakt, S. 160.

[173] Nur darum geht es hier. Die anderen Merkmale des Verwaltungsaktsbegriffs sind bei schulischen Entscheidungen in aller Regel unproblematisch. Einzelheiten bei *Tilch*, S. 62 ff.

[174] OVG Lüneburg VerwRspr. 11 (1959), Nr. 45 (S. 210).

[175] *Heckel/Seipp*, S. 451.

[176] BVerwGE 18, 40 (41); BVerwG DVBl. 1969, 930; OVG Lüneburg DöV 1961, 793.

[177] HessVGH VerwRspr. 4 (1952), Nr. 25 (S. 114); VG Wiesbaden DöV 1949, 437.

c) Das Grundverhältnis wird geregelt durch die Einweisung in eine (Sonder-)Schule[178], die Überweisung an eine (in einem anderen Schulbezirk gelegene) Schule[179], die Einschulung[180], die Entlassung[181] und die Aufnahme in die Schule[182], insbesondere die Aufnahme in weiterführende Schulen[183] bzw. die Anordnung, diese (wegen mangelnder Eignung) zu verlassen[184].

d) Behält man das vom Schüler mit dem Schulbesuch erstrebte Ziel im Auge, nämlich den Erwerb einer bestimmten Berechtigung, so leuchtet es ein, daß die Entscheidung über diesen Abschluß, die sowohl das Schulverhältnis beendet als auch eine Rechtsposition einräumt, ein Verwaltungsakt sein muß[185]. Wegen ihres engen Zusammenhangs mit diesen „Maßnahmen mit Berechtigungsfolgen“[186] sind auch Zulassung[187] zu und Ausschluß[188] von dieser (Reife-)Prüfung als Verwaltungsakte zu qualifizieren.

---

[178] BVerwG DVBl. 1959, 366 f.; OVG Münster DöV 1959, 228; OVG Lüneburg MDR 1966, 445. — *Ule*, VVDStRL 15, S. 154; *Heckel/Seipp*, S. 451.

[179] OVG Münster E 10, 115.

[180] BVerwG VerwRspr. 21 (1970), Nr. 165 (S. 653); OVG Lüneburg VerwRspr. 11 (1959), Nr. 45 (S. 209).

[181] BayVGH BayVBl. 1961, 186; OVG Münster E 14, 305. — *Ule*, VVDStRL 15, S. 154; *Tilch*, S. 72.

[182] HessVGH DöV 1956, 628 (629); OVG Münster DöV 1958, 465; OVG Saarland DöV 1961, 795. — *Ule*, VVDStRL 15, S. 154; *Tilch*, S. 70; *Rehmert*, DöV 1958, S. 438 Fußn. 21; *Heckel/Seipp*, S. 451; *Holland*, RdJB 1969, S. 263.

[183] BVerwGE 5, 153 (154) und 164; BVerwG DVBl. 1958, 104; OVG Berlin E 3, 146 (147); OVG Hamburg VerwRspr. 6 (1954), Nr. 154 (S. 661); DöV 1956, 627; DVBl. 1960, 652 und 742 (743); OVG Lüneburg VerwRspr. 8 (1956), Nr. 98 (S. 399); E 12, 327; OVG Münster E 12, 241; LVG Minden VerwRspr. 4 (1952), Nr. 6 (S. 49); VG Darmstadt NJW 1960, 1878; VG Frankfurt a. M. JZ 1961, 65. — *Heckel/Seipp*, S. 451; *Evers*, JuS 1967, S. 259; *Holland*, DVBl. 1968, S. 246; *Merk*, Verwaltungsrecht, Bd. II, S. 1875.

[184] BayVGH BayVBl. 1961, 186; VGH Mannheim VerwRspr. 12 (1960), Nr. 138 (S. 525); OVG Hamburg DVBl. 1964, 327 (328); OVG Münster MDR 1970, 267. — *Heckel/Seipp*, S. 452.

[185] BVerwGE 16, 154; BVerwG DöV 1961, 789 und DVBl. 1966, 35; VGH Mannheim RWS 1963, 146 (147); VerwRspr. 15 (1963), Nr. 7 (S. 19); DVBl. 1966, 37; OVG Berlin RWS 1962, 17 (18); OVG Münster E 18, 194 f.; MDR 1953, 253; RWS 1963, 85 und RWS 1964, 277 (279); OVG Rhld.-Pf. DöV 1956, 631; LVG Rhld.-Pf. DVBl. 1953, 79; LVG Düsseldorf DöV 1956, 633; VG Düsseldorf RWS 1964, 123 (124); VG Frankfurt a. M. JZ 1962, 504; VG Hannover RWS 1963, 179. — *Ule*, VVDStRL 15, S. 154; *Merk*, VVDStRL 15, S. 198; *ders.*, Verwaltungsrecht, Bd. II, S. 1485 und 1875; *Rehmert*, DöV 1958, S. 438 Fußn. 21; *Tilch*, S. 72; *Heckel/Seipp*, S. 452; *Holland*, DVBl. 1968, S. 246; *ders.*, RdJB 1969, S. 263. — Damit übereinstimmend die Rechtsprechung zu Prüfungsentscheidungen aus anderen Bereichen: BVerwGE 2, 22 (26); 9, 306 (309); 14, 31 (32); 16, 150; BVerwG VerwRspr. 17 (1966), Nr. 178 (S. 673).

[186] *Heckel*, Schulrecht und Schulpolitik, S. 222.

[187] BVerwG DVBl. 1964, 821 und DöV 1965, 638; OVG Lüneburg DöV 1954, 510 (Nr. 210); E 9, 430 (434); VGH München DVBl. 1950, 305; LVG Hannover

e) Jede Nichtversetzung verzögert die Erlangung der erstrebten Berechtigung um ein Jahr. Sie regelt daher das Schulverhältnis mit Außenwirkung[189] ebenso, wie es bei der (abgelehnten) Bewilligung zum Überspringen einer Schulklasse geschieht[190].

f) Mit der dem Erwerb der schulischen Berechtigung vorausgehenden Prüfung eng verbunden sind die der Bewertung zugrundeliegenden Unterlagen. Deshalb stellen die Bewilligung der Einsicht in Schülerbogen[191] und Prüfungsunterlagen[192] Verwaltungsakte dar.

g) Noch nicht endgültig geklärt ist die rechtliche Qualität einer einzelnen Zeugnisnote. Überwiegend wird ihr die Eigenschaft eines Verwaltungsakts abgesprochen, da ihr keine unmittelbare Rechtserheblichkeit zukomme[193]. Die Qualifikation als Verwaltungsakt soll aber dann mög-

---

DöV 1953, 29. — *Ule*, VVDStRL 15, S. 154; *Merk*, Verwaltungsrecht, Bd. II, S. 1875.

[188] VG Freiburg DöV 1956, 634. — *Heckel/Seipp*, S. 452.

[189] BVerwGE 1, 260 f.; 8, 272; BVerwG MDR 1968, 177; VerwRspr. 15 (1963), Nr. 118 (S. 391); BayVGH VerwRspr. 20 (1969), Nr. 188 (S. 391); OVG Hamburg DVBl. 1964, 327; 1966, 39; 1968, 262; HessVGH DVBl. 1959, 144 f.; OVG Lüneburg DVBl. 1968, 263; OVG Münster DVBl. 1954, 584; DöV 1958, 468; DVBl. 1959, 72; JZ 1962, 322; RdJB 1966, 128; LVG Münster DVBl. 1953, 27 (28); LVG Düsseldorf DVBl. 1954, 583; DöV 1956, 635; VG Düsseldorf RdJB 1965, 45 (46); VG Kassel DöV 1956, 636; VG Saarland DVBl. 1968, 263. — *Ule*, VVDStRL 15, S. 155; *Merk*, VVDStRL 15, S. 198; *ders.*, Verwaltungsrecht, Bd. II, S. 1485 und 1875; *Rehmert*, DöV 1958, S. 438 Fußn. 21; *Tilch*, S. 73 f.; *Obermayer*, Verwaltungsakt, S. 155 f.; *Heckel/Seipp*, S. 451; *Forsthoff*, Verwaltungsrecht, S. 427; *Holland*, DVBl. 1968, S. 246; *ders.*, RdJB 1969, S. 263; *Mampe*, S. 106 ff. m. w. Nachw. — A. A. noch OVG Rhld.-Pf. DVBl. 1954, 579; *Oeltze*, NJW 1955, 765.

[190] BayVGH DVBl. 1950, 305. — *Ule*, VVDStRL 15, S. 155; *Mampe*, S. 117 Fußn. 56.

[191] OVG Hamburg VerwRspr. 11 (1959), Nr. 65 (S. 273): „Außenwirkung". Dazu *Mampe*, S. 117 Fußn. 56.

[192] OVG Koblenz DöV 1963, 553 (aufgehoben durch BVerwG DöV 1964, 638) und NJW 1968, 1899. Im letztgenannten Urteil hält das OVG Koblenz trotz BVerwGE 7, 153 und 14, 31, wonach Prüfungsakten ihrem Wesen nach geheim seien, an seiner Rechtsprechung fest, daß sich aus Art. 6 Abs. 2 GG ein Informationsanspruch ergebe, demzufolge der Inhalt schriftlicher Reifeprüfungsunterlagen — ohne die Korrekturen und Einzelbewertungen der Prüfer — bekanntzugeben und die für die Arbeiten erteilten Endnoten schriftlich zu begründen seien. Gerade unter Berücksichtigung der Rechtsprechung zum Schulverhältnis erscheint es willkürlich, einen solchen — eng begrenzten — Anspruch zu leugnen, zumal der in Art. 19 Abs. 4 GG garantierte *effektive* Rechtsschutz eine so beschränkte Einsicht erforderlich macht. Worauf sollen die Eltern ihre Klage stützen, wenn ihnen die rechtlichen Maßstäbe (Prüfungsordnung als bloße Verwaltungsvorschrift) kaum zugänglich sind und ihnen nun auch noch das Tatsachenmaterial verweigert wird? Das wird vom „Wesen" der Prüfungsakten nicht gedeckt. A. A. *Mampe*, S. 136 ff. und 140 ff.

[193] OVG Münster NJW 1967, 1772 (1774); OVG Hamburg DVBl. 1964, 327; VGH Bebenhausen JZ 1959, 67; VG Wiesbaden NJW 1963, 2140; VG Berlin NJW 1964, 939. — *Rehmert*, DöV 1958, S. 445; *Ule*, NJW 1964, S. 939; *Tilch*, S. 78 f.; *Mampe*, S. 101 und 105.

lich sein, wenn die Einzelnote im Zeugnis Auswirkungen hat auf die Zulassung zu weiterführenden Bildungseinrichtungen oder für das Ergreifen eines bestimmten Berufes[194]. Indessen kann sich die Regelungswirkung eines Verwaltungsakts nicht daraus ergeben, daß ein Dritter der Einzelnote eine bestimmte Bedeutung zumißt. Das tut er doch gerade deshalb, weil die Zeugnisnote eine abschließende Beurteilung der Leistungen innerhalb eines bestimmten Zeitraumes darstellt[195]. Einzelnoten im Zeugnis sind daher richtigerweise als selbständige Verwaltungsakte anzusehen[196].

Dagegen wird den sonstigen Bewertungen mündlicher oder schriftlicher Arbeitsleistungen die verbindliche Regelungsfunktion abgesprochen, weil es sich bei diesen Noten, die eher des Erziehungseffektes wegen erteilt würden, um bloße Vorbereitungen anderer Entscheidungen handeln soll. Erst diese Entscheidung, z. B. die (Nicht-)Versetzung, könne die Rechte des Schülers berühren[197].

h) Auch bei den Schulstrafen ist noch nicht das letzte Wort gesprochen. Verwaltungsakt ist die strafweise Verweisung[198] von der Schule und der Ausschluß von allen Gymnasien des Landes[199], weil sie das Schulverhältnis beeenden, während die Androhung der Verweisung als bloße Warnung verstanden wird, die noch nicht in die Rechtsstellung eingreife[200]. Auch Verweise und Strafarbeiten[201], Rügen im Klassenbuch[202]

---

[194] VG Wiesbaden NJW 1963, 2140. Unentschieden: OVG Koblenz DöV 1956, 631. — *Ule*, Verwaltungsprozeßrecht (5. Auflage 1971), S. 140; *Holland*, DVBl. 1968, S. 246; *Heckel-Seipp*, S. 452.

[195] *Zimmermann*, VerwArch. 62 (1971), S. 68; *Lang*, S. 37.

[196] *Czermak*, NJW 1964, S. 939; *Menger*, VerwArch. 50 (1959), S. 281; *ders.*, VerwArch. 55 (1964), S. 387 f.

[197] *Tilch*, S. 79; *Zimmermann*, VerwArch. 62 (1971), S. 68; *Ule*, Verwaltungsgerichtsbarkeit, § 42 Erl. 4 b.

[198] BVerwGE 1, 263; 15, 267; BayVGH RWS 1962, 243 (244); VGH Kassel DVBl. 1961, 856; VerwRspr. 21 (1970), Nr. 225 (S. 930); OVG Münster E 12, 133 (135); DöV 1959, 588; VG Freiburg DöV 1956, 634; VG München RdJB 1969, 276 (277). — *Ule*, VVDStRL 15, S. 154; *Rehmert*, DöV 1958, 438 Fußn. 21; *Selb*, DöV 1965, 805; *Heckel/Seipp*, S. 452; *Holland*, DVBl. 1968, S. 245; *ders.*, RdJB 1969, S. 263; *Merk*, Verwaltungsrecht, Bd. II, S. 1875.

[199] VGH Mannheim JZ 1964, 627. — *Holland*, DVBl. 1968, S. 245; *Selb*, DöV 1965, S. 805; a. A. OVG Saarland JBl. Saarld. 1966, 140 f.

[200] HessVGH DöV 1961, 796 (797); VG Karlsruhe NJW 1965, 1452. — *Tilch*, S. 80; *Knudsen*, RdJB 1966, S. 299; a. A. *Ule*, VVDStRL 15, S. 161; *Holland*, RdJB 1969, S. 263; *Selb*, DöV 1965, S. 804 f.; *Zimmermann*, VerwArch. 62 (1971), S. 66; *Rinsche*, NJW 1965, S. 1933; *Kruse-Becker*, NJW 1972, S. 616 f. unter Hinweis auf § 18 Verwaltungs-Vollstreckungsgesetz (VwVG).

[201] HessVGH DöV 1961, 796; VG Freiburg DVBl. 1966, 870 (871). — *Thieme*, JZ 1964, S. 83; *Forsthoff*, Verwaltungsrecht, S. 204; a. A. *Wolff*, Bd. II, § 101 V b.

[202] VG Berlin RdJ 1958, 335. — *Dame*, S. 97; a. A. *Oeltze*, NJW 1955, S. 765.

und Anordnung des Nachsitzens[203] werden nicht als Verwaltungsakte qualifiziert, obwohl doch all diesen Schulstrafen und Ordnungsmaßnahmen eine Beeinträchtigung der Rechtssphäre des Schülers nicht abgesprochen werden kann, weil sie verbindlich über einen Sachverhalt befinden und eine verbindliche Maß*regelung* des Schülers enthalten[204].

Die Schulstrafe des Ausschlusses vom Unterricht[205] wird als Verwaltungsakt qualifiziert, ohne daß sich dies deutlich aus der Beziehung zum Grundverhältnis erkennen ließe. Das Grundverhältnis darf also nicht schematisch im Sinne von begründen, ändern oder aufheben eines Rechtsverhältnisses verstanden werden. Stets ist eine wertende Entscheidung im Hinblick auf den begehrten Rechtsschutz gegen eine potentielle Rechtsbeeinträchtigung zu treffen[206].

i) Auch unter diesem Gesichtspunkt kommt die h. M. zum Ergebnis, daß Maßnahmen der Unterrichtsgestaltung, wie beispielsweise die Erteilung von Schulaufgaben, nicht rechtserheblich seien und deshalb nicht als Verwaltungsakte angesehen werden könnten[207]. Dazu dürfen dann jedoch nicht solche Maßnahmen gerechnet werden, die die Teilnahme an bestimmten Schulveranstaltungen verlangen, weil ihnen eine „rechtliche Regelungsfunktion mit Verbindlichkeitsanspruch" nicht abgesprochen werden kann[208].

3. *Kritische Würdigung*

a) Kriterium der Schwere

Es ist offensichtlich, daß die Qualifizierung einer schulischen Entscheidung als Verwaltungsakt nicht länger dazu dient, einen Rechtsbereich von einem Nichtrechtsbereich zu scheiden. Anders als die Terminologie von Grund- und Betriebsverhältnis erwarten läßt, handelt es sich dabei nicht um zwei verschiedene Rechtsverhältnisse, die sich voneinander abheben ließen. Vielmehr ist der leitende Gesichtspunkt der, bestimmte als *Bagatellsachen* verstandene schulische Anordnungen vom Rechtsschutz auszunehmen, um ihn auf Anordnungen von gewisser Intensität oder Bedeutung zu beschränken[209]. Dem liegt offenbar die Vorstellung zu-

---

[203] *Ule*, VVDStRL 15, S. 161.

[204] *Zimmermann*, VerwArch. 62 (1971), S. 66.

[205] VG Freiburg DVBl. 1966, 870 (871); *Holland*, RdJB 1969, S. 263; a. A. *Knudsen*, RdJB 1966, S. 301.

[206] *Oppermann*, S. 178.

[207] *Ule*, Verwaltungsgerichtsbarkeit, § 42 Erl. 4 b; *ders.*, Verwaltungsprozeßrecht, S. 139; *Tilch*, S. 79; *Dame*, S. 97.

[208] *Tilch*, S. 80; a. A. *Ule*, Verwaltungsgerichtsbarkeit, § 42 Erl. 4 b.

[209] So ausdrücklich *Dame*, S. 90 f. s. auch *Baring*, DVBl. 1952, S. 395 f., der die Qualifikation als Verwaltungsakt davon abhängig macht, daß nicht an Stelle

grunde, daß von einer gewissen Untergrenze an nicht mehr von *Rechtssachen* gesprochen werden könne: minima non curat praetor[210]. Damit ist das eigentliche Kriterium der Trennung von Grund- und Betriebsverhältnis kein logisches, sondern ein rein quantitatives, nämlich das der *Schwere* der rechtlichen Beeinträchtigung[211].

Nun kann es eine wirklich überzeugende und deshalb unveränderliche Umschreibung eines Katalogs von Maßnahmen, deren rechtliche Beeinträchtigung als schwer einzustufen ist, nicht geben. So ist es nicht verwunderlich, daß die wenigen in ihrer Qualifikation noch umstrittenen Schulakte ständig wechseln. Die Grenzziehung erweist sich als dynamisch, allerdings auch einseitig immer nur auf Erweiterung des Rechtsschutzes bedacht. Nie kommt es zu einer rückläufigen Bewegung in der Bewertung von Schulmaßnahmen als Verwaltungsakt. Der Streit entzündet sich jeweils am letzten „Noch-nicht-Verwaltungsakt", dessen Stellung solange verteidigt wird, bis sie durch Qualifizierung als Verwaltungsakt genommen wird. Der Kampf entzündet sich dann am nächsten „Noch-nicht-Verwaltungsakt". Auch diese Bastion fällt, wenn aus mehr oder weniger zufälligen Gründen des Einzelfalles die Qualifikation als Verwaltungsakt unausweichlich erscheint.

Angesichts der Tatsache, daß im Schulverhältnis das Elternrecht und Grundrechte des Schülers Geltung beanspruchen, eine rechtliche Betroffenheit also gar nicht ausgeschlossen werden kann, darf bereits hier die Vermutung ausgesprochen werden, daß die Ausweitung des Begriffs des Verwaltungsakts auf immer mehr Schulmaßnahmen weniger einem gesteigerten Bedürfnis nach Rechtsschutz entspringt, als vielmehr auf der dogmatischen Unhaltbarkeit einer Trennung von Grund- und Betriebsverhältnis im Schulverhältnis.

b) Ansatzpunkt Verwaltungsakt

Es fällt auf, daß die Qualifikation einer Schulmaßnahme als *Verwaltungs*akt im Brennpunkt der Diskussion zum Rechtsschutz im Schulverhältnis steht, obwohl doch dafür nur das Vorliegen eines *Rechts*akts Voraussetzung sein kann. Weder fordert Art. 19 Abs. 4 GG als Rechts-

---

eines rechtlichen Problems nur „eine Bagatelle im Streit sein würde". Kritisch dazu *Obermayer*, Verwaltungsakt, S. 164, der zu Recht darauf hinweist, daß die jeweiligen Umstände nicht die Qualifizierung beeinflussen dürfen. Der rechtsuchende Bürger darf nicht durch Bagatellisierung seiner Probleme verhöhnt werden.

[210] *Thieme*, JZ 1964, S. 83.

[211] Außer *Thieme*, JZ 1964, S. 83 auch *Brohm*, DöV 1964, S. 244; *Obermayer*, Verwaltungsakt, S. 163; *Heckel*, Schulrecht und Schulpolitik, S. 223 f.; *Starck*, Gesetzesbegriff, S. 305 f.

schutzvoraussetzung einen Verwaltungsakt[212], noch sind umgekehrt alle Verwaltungsmaßnahmen, gegen die Rechtsschutz gewährt wird, als Verwaltungsakte zu qualifizieren[213]. Der Verwaltungsakt ist lediglich Anknüpfungspunkt für bestimmte Klagearten (Anfechtungs- und Verpflichtungsklage, § 42 Abs. 1 VwGO). Wird einer schulischen Entscheidung die Rechtsnatur als Verwaltungsakt abgesprochen, kann damit kein Ausschluß des Rechtsschutzes verbunden sein, weil noch die Leistungs- und die Feststellungsklage zur Verfügung stehen[214]. Konsequenterweise darf nicht die Frage nach dem Vorliegen eines Verwaltungsakts im Vordergrund stehen, sondern die Frage, ob überhaupt Rechtsschutz zu gewähren ist oder nicht[215]. Die Antwort erteilt Art. 19 Abs. 4 GG.

Die Funktion des Verwaltungsakts ist somit auf ihre prozessuale Bedeutung zu beschränken. Nur innerhalb dieses Rahmens kann der bisherigen Judikatur Relevanz zukommen. Wegen dieser rein prozessualen Funktion des Begriffs des Verwaltungsakts[216] kann die Qualifikation einer Schulmaßnahme als Verwaltungsakt oder nicht *hier* dahinstehen.

III. Der Rechtsschutz im Betriebsverhältnis

1. Die Lösung Ules

Auch wenn es gelingt, alle schulischen Entscheidungen eindeutig entweder dem Grundverhältnis oder dem Betriebsverhältnis zuzuordnen, kann damit noch keine endgültige Entscheidung über den Rechtsschutz getroffen sein. Nur „schreckliche Vereinfacher"[217] können diesem Schluß

---

[212] BVerwGE 1, 260; 5, 153 (154 f.); VG Freiburg DVBl. 1966, 870 (871). — *Bettermann*, VVDStRL 15, S. 215; *Kellner*, DöV 1963, S. 420; *Holland*, DVBl. 1968, S. 246. — Dagegen verneinen zu Unrecht OVG Rhld.-Pf. DVBl. 1954, 579 (581) und VG Karlsruhe NJW 1965, 1452 die Klagemöglichkeit wegen Fehlens eines Verwaltungsakts. Richtig die Anmerkungen dazu von *Hamann*, DVBl. 1954, S. 581 und *Rinsche*, NJW 1965, S. 1934. — A. A. *Obermayer*, Verwaltungsakt, S. 42 f. und *Dame*, S. 89. Dieser versteht Art. 19 Abs. 4 GG gänzlich falsch, wenn er meint, für Nichtverwaltungsakte käme nur die subsidiäre Zuständigkeit der ordentlichen Gerichte in Betracht! Er übersieht, daß Art. 19 Abs. 4 GG die Generalklausel des § 40 VwGO geradezu erzwungen hat.

[213] So aber *Dürig*, MDH, Art. 19 Abs. 4 GG, Rdnr. 25. Danach wären Leistungs- und Feststellungsklage überflüssig. Kritisch dazu: *Zimmermann*, VerwArch. 62 (1971), S. 56.

[214] *Schweickhardt*, Der Verwaltungsakt als Anknüpfungspunkt im Verwaltungsprozeß, DöV 1965, S. 799; *Bettermann*, VVDStRL 15, S. 215; *Kellner*, DöV 1963, S. 420; *Zimmermann*, VerwArch. 62 (1971), S. 67.

[215] *Menger*, VerwArch. 51 (1960), S. 376; *Hamann/Lenz*, Art. 19 Erl. B 14.

[216] Seine prozessuale Bedeutung behält der Verwaltungsaktbegriff, vgl. *Zimmermann*, VerwArch. 62 (1971), S. 48 f. Das schon deswegen, weil auch im Schulverhältnis Anfechtungs- und Verpflichtungsklagen die häufigsten Klageformen darstellen, *Holland*, RdJB 1969, S. 263.

[217] *Kellner*, DöV 1963, S. 420.

erliegen[218]. *Ules* Antinomie Grund-/Betriebsverhältnis stellt lediglich klar, daß jedenfalls das Grundverhältnis ganz von der Rechtsschutzgarantie des Art. 19 Abs. 4 GG erfaßt wird[219]. Dagegen bezeichnet Ule selbst es als eigentliches Problem, ob der Rechtsstaatsgedanke auch die Einbeziehung des Betriebsverhältnisses in den verwaltungsgerichtlichen Rechtsschutz fordere[220].

Ule bejaht den Rechtsschutz für das Betriebsverhältnis des Wehrdienstverhältnisses und der geschlossenen Anstaltsverhältnisse, verneint ihn aber für das Beamtenverhältnis und offene Anstaltsverhältnisse[221]. Unter offenen Anstaltsverhältnissen versteht er solche, die den Nutzer mit seiner Mit- und Umwelt in Verbindung lassen (Schulen, Hochschulen, Krankenanstalten u. ä.), während dieser in geschlossenen Anstaltsverhältnissen von seiner bisherigen Mit- und Umwelt auch gegen seinen Willen ferngehalten wird (geschlossene Krankenhausabteilungen und Strafanstalten)[222]. Danach ist der Verwaltungsrechtsweg gegen alle Maßnahmen des Schulbetriebs verschlossen[223].

Daß Ule insbesondere dem Wehrpflichtigen und dem Strafgefangenen auch im Betriebsverhältnis Rechtsschutz gewähren will, zeigt deutlich die Orientierung dieser Lösung an dem Bedürfnis des Gewaltunterworfenen nach Rechtschutz. Es kann nicht bestritten werden, daß Ule damit den richtigen Ansatzpunkt trifft. Solange aber eine dogmatische Neubesinnung ausbleibt, die das Betriebsverhältnis bestimmter besonderer Gewaltverhältnisse total dem Rechtsschutz unterwirft, kann die Abwägung des Bedürfnisses nach Rechtsschutz nicht an Hand besonderer Gewaltverhältnisse blockweise erfolgen, sondern muß jede einzelne Maßnahme für sich ins Auge gefaßt werden[224]. Deshalb hat die Rechtsprechung die zu schematische Lösung, den Rechtschutz generell zu gewähren oder generell zu verweigern, nicht übernommen und Schulakte als Verwaltungsakte qualifiziert, die an sich einwandfrei dem „Betriebsverhältnis" angehören[225]. Selbst bei blockweiser Abwägung wäre schließlich die Offenheit des schulischen Anstaltsverhältnisses eher ein Indiz für die ungeschmälerte Rechtsstellung des Schülers (oder gar der Eltern), die die Ausschließung vom Rechtsschutz nicht rechtfertigen kann[226].

[218] So *Schuegraf*, NJW 1960, S. 1190 Fußn. 4.

[219] *Kellner*, DöV 1963, S. 420.

[220] VVDStRL 15, S. 155.

[221] VVDStRL 15, S. 155 und 164.

[222] VVDStRL 15, S. 160. — Eine andere Terminologie findet sich bei *Wolff*, Bd. II, § 98 II g.

[223] VVDStRL 15, S. 161.

[224] *Bachof*, VVDStRL 15, S. 203; *Krüger*, VVDStRL 15, S. 223; *Dürig*, MDH, Art. 19 Abs. 4 GG, Rdnr. 25; *Kellner*, DöV 1963, S. 424.

[225] Dazu oben II 2.

[226] Dazu oben § 8 II.

Ule will die gerichtliche Nachprüfbarkeit in diesem Bereich ausklammern, obwohl er einräumt, daß alle Maßnahmen im Betriebsverhältnis rechtswidrig sein können[227]. Sein Hinweis auf die Möglichkeit mittelbaren Rechtsschutzes, der sich aus der Überprüfung einer disziplinaren Bestrafung wegen Nichtbeachtung einer Anordnung ergebe, weil die förmliche Disziplinarstrafe immer in das Grundverhältnis übergreife[228], schätzt das Bedürfnis des Schülers und seiner Eltern nach gerichtlicher Kontrolle zu gering ein. Auch ist dem Schüler nicht damit gedient, nach einer Ungehorsamkeit zu erfahren, daß er im Unrecht gewesen sei. Auf diesem Wege hätte er immer das Risiko einer Bestrafung zu tragen. Ob damit der Rechtsschutzgarantie des Art. 19 Abs. 4 GG Genüge getan ist, muß ernstlich bezweifelt werden[229].

2. *Die Lösung Obermayers*

a) Die Abwägung an Hand des Bedürfnisses nach Rechtsschutz läßt sich nicht auf der Ebene des Verwaltungsakts vornehmen, weil der relativ fest umrissene Begriff des Verwaltungsakts nicht so viel Raum für detaillierte Wertungen läßt. Der geeignetste Anknüpfungspunkt für eine alle Umstände des Einzelfalles berücksichtigende Abwägung scheint die Sachurteilsvoraussetzung *Rechtsschutzbedürfnis* zu sein[230]. Deshalb will eine im Schrifttum verbreitete Ansicht zwar alle Maßnahmen im Betriebsverhältnis als Verwaltungsakte qualifizieren[231], die für unabdingbar gehaltene Einschränkung des Rechtsschutzes dann aber auf der Ebene des Rechtsschutzbedürfnisses nachholen[232]. Die Notwendigkeit einer Einschränkung überhaupt ergebe sich daraus, daß die Verfassung nicht nur den gerichtlichen Rechtsschutz gewährleiste, sondern auch das zur verfassungsmäßigen Ordnung gehörende Prinzip der Effizienz der

---

[227] VVDStRL 15, S. 161. Die Herausnahme bestimmter Schulmaßnahmen vom Rechtsschutz beruht offensichtlich auf ihrer Einschätzung als Bagatellangelegenheiten.

[228] VVDStRL 15, S. 160.

[229] *Kuhn*, S. 182 und 208 f.; *Zimmermann*, VerwArch. 62 (1971), S. 55 f.
62 (1971), S. 55 f.

[230] Dagegen erweist sich die Klagebefugnis des § 42 Abs. 2 VwGO mit ihrer Funktion, Popularklagen auszuschließen, als ungeeignet, weil der von einer Maßnahme im Schulverhältnis Betroffene regelmäßig ein ihm persönlich angesonnenes Verhalten angreift. *Kellner*, DöV 1963, S. 421.

[231] Ausführlich *Obermayer*, Verwaltungsakt, S. 164 f.; *Tilch*, S. 58 f. und 70; *Lerche*, DVBl. 1954, S. 626 ff.; *Kuhn*, S. 180. s. auch OVG Koblenz DöV 1960, 350. — Dem Begriff des Verwaltungsakts unterfallen danach nur solche Maßnahmen nicht, die Verwaltungsakte der Schule erst vorbereiten oder ankündigen, *Tilch*, S. 78. Die Qualität einer Maßnahme als bloße „Ankündigung" ist freilich davon abhängig, was unter einem „endgültigen" Verwaltungsakt verstanden wird.

[232] *Obermayer*, Verwaltungsakt, S. 169 ff.; *Tilch*, S. 82 ff.; *Holland*, DVBl. 1968, S. 247.

Verwaltung, weshalb in jedem Falle die Interessen des Staatsbürgers mit den Interessen der Verwaltung abzuwägen seien[233]. Entscheidendes Kriterium ist die „Schutzwürdigkeit des verfolgten prozessualen Ziels“[234].

Auch diese Meinung differenziert nach der unterschiedlichen Intensität schulischer Maßnahmen. Maßnahmen, die das Rechtsverhältnis zwischen Schule und Schüler in seinem Grundbestand betreffen, werden mit Maßnahmen von geringerer Intensität konfrontiert, die nur „die kleinen Alltagsdinge des laufenden Betriebes“ regeln[235]. Dementsprechend wird zwischen „Grundverwaltungsakten“ und „Betriebsverwaltungsakten“ unterschieden. Den Regelungen der Alltagsdinge soll das Rechtsschutzbedürfnis fehlen, um die Effizienz der Verwaltung zu gewährleisten und gleichzeitig eine Entlastung der Gerichte von „Bagatellsachen“ zu bewirken[236].

b) Es ist mißlich, ganze Gruppen von Klagen an dem Allerweltsbegriff Rechtsschutzbedürfnis scheitern zu lassen, dessen Funktion ohnehin nur darin besteht, Auffangbecken für ungelöste prozessuale Probleme zu spielen[237]. Da die Mehrzahl aller Klagen gegen Akte des schulischen Betriebsverhältnisses mangels Rechtsschutzbedürfnisses als unzulässig abzuweisen sind, unterscheidet sich diese Lösung im *Ergebnis* kaum von der h. M.: Die Hürde des Rechtsschutzbedürfnisses macht den erstrebten Fortschritt letztlich zunichte[238]. So ist es nicht verwunderlich, daß alle gegen die Qualifizierung schulischer Betriebsmaßnahmen als Verwaltungsakte vorgebrachten Argumente (Bagatellsachen, Verwaltungseffizienz etc.) hier wieder auftauchen. Auch hier kommt es deshalb zu einer unangebrachten Verlagerung materiell-rechtlicher Fragen in das Zulässigkeitsstadium[239].

Der Gesichtspunkt der „Bagatellsache“ kann das Rechtsschutzbedürfnis möglicherweise im Einzelfall, nicht aber generell bei Schulbetriebsmaßnahmen beseitigen, weil die Verwaltungsgerichte nicht dadurch

---

[233] *Kellner*, DöV 1963, S. 424; *Holland*, DVBl. 1968, S. 247; *Obermayer*, Verwaltungsakt, S. 170.

[234] *Tilch*, S. 83 f.

[235] *Ders.*, S. 82; *Hansen*, S. 314 f.

[236] *Obermayer*, Verwaltungsakt, S. 164. *Tilch*, S. 83 ff.: Eine schulische Anordnung im Betriebsverhältnis sei aber keine Bagatellsache, wenn sie „prima facie Unrecht“ enthalte.

[237] *Blomeyer*, Zivilprozeßrecht. Erkenntnisverfahren (1963), S. 149: „Als allgemeines Postulat gleich einleuchtend und für die unmittelbare Rechtsanwendung gleich unbrauchbar.“

[238] *Dürig*, MDH, Art. 19 Abs. 4 GG, Rdnr. 25; *Ule*, VVDStRL 15, S. 164 Fußn. 104; *Rupp*, Grundfragen, S. 79 Fußn. 164; *Lang*, S. 21 ff.

[239] *Menger*, VerwArch. 51 (1960), S. 375; 53 (1962), S. 180; *Kellner*, DöV 1963, S. 422. Auch die Abgrenzungsschwierigkeiten ergeben sich wieder. s. die Beispiele bei *Obermayer*, Verwaltungsakt, S. 170 ff.

entlastet werden dürfen, daß dem Schüler der Rechtsschutz abgeschnitten wird[240]. Bremsen gegen unangebrachte Inanspruchnahme der Gerichte kann nur der Gesetzgeber durch Rechtsmittelbeschränkungen u. ä. in die Prozeßordnungen einbauen[241]. Ohnehin ist die Arbeitsbelastung der Gerichte bei unzulässigen Klagen kaum geringer als bei unbegründeten[242]. Ob die Klage angebracht war oder nicht, mag der Kläger an den Kosten erfahren[243]. Eine Rechtsschutzverweigerung hingegen wäre eine zu schneidige Antwort.

Auch die Verwaltungseffizienz wird zu Unrecht bemüht, weil der Konflikt zwischen der Effektivität der Verwaltung und dem Rechtsschutzbegehren des Bürgers bereits durch Art. 19 Abs. 4 GG zugunsten des Bürgers entschieden worden ist[244]. Daß die „Verwaltungsorganisation tatsächlich in ihrem Grundgefüge erschüttert" würde, wollte man gegen jeden Verwaltungsakt die Anfechtungsklage zulassen[245], erscheint kaum glaubhaft, weil auch zulässige Klagen aus dem Schulbetriebsverhältnis wegen der weiten Ermessens- und Beurteilungsspielräume häufig unbegründet sein werden[246]. Sind die Klagen aber wegen eines Rechtsverstoßes begründet[247], kann allenfalls eine rechtswidrige „Verwaltungseffizienz" beeinträchtigt werden. Genau das ist aber der Sinn der Verwaltungsgerichtsbarkeit[248]! So bleibt nur die Belastung mit der Führung eines Prozesses, die die Verwaltung — ebenso wie der Bürger — auch bei Unzulässigkeit der Klage zu tragen hat.

---

240 *Perschel*, Meinungsfreiheit, S. 93; *Lang*, S. 22 f.; *Zimmermann*, VerwArch. 62 (1971), S. 57.

241 §§ 131, 132 VwGO. s. beispielsweise auch § 510 c ZPO.

242 *Rupp*, Grundfragen, S. 80.

243 § 154 VwGO.

244 *Abelein*, ZfP XIV (1967), S. 323 und 331.

245 So *Obermayer*, Verwaltungsakt, S. 170, obwohl er selbst darauf hinweist, daß auch im allgemeinen Gewaltverhältnis zahlreiche Bagatellmaßnahmen „als Verwaltungsakte beurteilt werden, ohne daß an dieser begrifflichen Zuordnung wegen einer möglicherweise unerträglichen Ausweitung des Rechtsschutzes Anstoß genommen wird" (ebd. S. 167).

246 *Dürig*, MDH, Art. 19 Abs. 4 GG, Rdnr. 25; *Rinsche*, NJW 1965, S. 1934. Die Effizienz der Verwaltung kann im wesentlichen nur durch das materielle Recht berührt werden (Begründetheit), s. *Zimmermann*, VerwArch. 62 (1971), S. 61.

247 Diese Möglichkeit räumt auch *Ule*, VVDStRL 15, S. 161 ein!

248 Vgl. BVerfGE 10, 264 (267): „Die Bedeutung des Art. 19 Abs. 4 GG liegt vornehmlich darin, daß er die ‚Selbstherrlichkeit' der vollziehenden Gewalt im Verhältnis zum Bürger beseitigt." — Demgegenüber warnt *Ossenbühl*, Verwaltungsvorschriften, S. 176 Fußn. 100 vor der Überbewertung des Art. 19 Abs. 4 GG. Das Niveau eines Rechtsstaates verhalte sich umgekehrt proportional zur Inanspruchnahme der Gerichte, denn mit der Verbreitung eines ausgebildeten Rechtsbewußtseins würden Kollisionen zwischen den Rechtsbeteiligten entfallen. — Dieses Rechtsbewußtsein kann sich nur bilden, wenn im Hintergrund die durch Art. 19 Abs. 4 GG garantierte Gerichtskontrolle steht!

3. Dogmatischer Neuansatz

a) Da bisher für die Einschränkung des Rechtsschutzes keine Rechtfertigung gefunden werden konnte, erscheint es zweifelhaft, ob die an sich griffige Differenzierung zwischen einem Grundverhältnis und einem Betriebsverhältnis im Schulverhältnis wirklich der Weisheit letzter Schluß ist.

Art. 19 Abs. 4 GG gewährleistet den Rechtsweg „gegen alle rechtsverletzenden Akte der vollziehenden Gewalt“[249]. Voraussetzung der Zulässigkeit einer Klage kann nur sein, ob eine potentielle Rechtsverletzung vorliegt[250]. Da das Schulverhältnis auch in seinem Betriebsverhältnis durch das Elternrecht und die Grundrechte des Schülers erfaßt wird[251], kann von einer grundrechtsfreien Sphäre keine Rede sein. Vielmehr können die Eltern und die Schüler immer behaupten, in *eigenen Rechten* verletzt zu sein[252]. Der Zweck des Schulverhältnisses mag dem Schüler gewisse Grundrechtsbeschränkungen auferlegen — ob aber im Einzelfall eine solche Einschränkung des Grundrechts vorliegt oder nicht, kann nur eine Frage der *Begründetheit*, nicht aber der Zulässigkeit der Klage sein.

Die Tatsache der Geltung der Grundrechte im Schulverhältnis ist bisher bei der Rechtsschutzproblematik wenig beachtet worden. Der Grund dürfte darin zu sehen sein, daß das Schulverhältnis primär vom Rechtsschutz her aufgerollt worden ist, obwohl doch die Rechtsschutzproblematik der Grundrechtsproblematik nachgeordnet sein sollte[253]. Die Erkenntnis der Grundrechtsgeltung auch im Schulbetriebsverhältnis muß deshalb auch für den Rechtsschutz in diesem Bereich fruchtbar gemacht werden.

Die Unterscheidung von Grund- und Betriebsverhältnis mag in anderen besonderen Gewaltverhältnissen, insbesondere in Dienstverhältnissen, ihren Sinn haben[254]. So existieren im Beamtenverhältnis eine persönliche und eine amtliche Sphäre nebeneinander[255]. Obwohl auch die

---

[249] BVerfGE 9, 194 (198).

[250] *Dürig*, MDH, Art. 19 IV, Rdnr. 25; *Abelein*, ZfP XIV (1967), S. 331.

[251] Dazu oben § 11.

[252] Dagegen *Ule*, Verwaltungsprozeßrecht, S. 140: Regelungen im Schulbetriebsverhältnis „treffen den Adressaten nicht als Person; seine individuelle Rechtsstellung wird durch sie nicht berührt.“ — Der Schüler ist Grundrechtsträger. *Jede* Anordnung berührt deshalb auch seine Rechtsstellung. Ob diese Anordnungen gerechtfertigt sind oder nicht, ist eine Frage der Begründetheit. Auch im Schul*betriebs*verhältnis kann der Schüler nicht in eine „Unperson“ verwandelt werden.

[253] *Tilch*, S. 112; *W. Schmidt*, S. 249.

[254] *Thieme*, JZ 1964, S. 82.

[255] *Wolff*, Bd. I, § 46 VII a. Dazu oben § 8 II.

amtliche Sphäre dem Recht nicht entzogen ist und ein Dienstbefehl deshalb eine Rechtspflicht des Beamten begründet[256], sind im „Organwalterverhältnis“ subjektive Rechte des „Organwalters“ *generell* ausgeschlossen, so daß eine auch nur potentielle Rechtsverletzung des Beamten ausscheiden muß[257]. Der Mangel *eigener* Rechte in der amtlichen Stellung bedingt die Einschränkung des Rechtsschutzes und damit die Trennung von Grund- und Betriebsverhältnis im Beamtenverhältnis.

Die im Beamtenverhältnis sinnvolle Unterscheidung von Grund- und Betriebsverhältnis muß im Schulverhältnis mangels Scheidung von amtlicher und persönlicher Sphäre als der sachlichen Rechtfertigung entbehrende Analogie erscheinen. Der weisungsgebundene Beamte kann Rechte selbstverständlich nur in seiner persönlichen Stellung (dem Dienstverhältnis) haben, dagegen wird der Schüler, der nie als „integriertes Verwaltungsglied“ Mittel zur Erfüllung von Staatszwecken ist, immer in seinen Grundrechten betroffen. Die Übertragung der am Beamtenverhältnis konzipierten *Ule*schen Lösung und deren Nachfolgerinnen auf das Schulverhältnis stellt einen weiteren Fall *unangemessener Verallgemeinerung* dar[258].

b) Kann im Schulverhältnis nicht länger von einer rechtsfreien Sphäre ausgegangen werden, so kann auch nicht weiter von Einzelfall zu Einzelfall schulischen Betriebsmaßnahmen die ihnen ohnehin wesensgemäße Eigenschaft eines Rechtsaktes „zugesprochen“ werden. Die bisherige Beschränkung des Rechtsschutzes auf schulische Entscheidungen von gewissem Gewicht bleibt auch dann *dogmatisch unhaltbar,* wenn die Rechtsprechung — einem offenbaren Bedürfnis der rechtsschutzsuchenden Eltern und Schüler folgend — einem immer weiteren Bereich der gerichtlichen Nachprüfung erschließt. Vielmehr ist es dogmatisch zwingend, wegen der nicht auszuschließenden Möglichkeit einer Rechtsverletzung die Rechtsschutzgarantie des Art. 19 Abs. 4 GG auf *alle* Entscheidungen im Schulverhältnis auszudehnen, unabhängig davon, ob sie konventionellerweise dem Grund- oder dem Betriebsverhältnis zugeordnet werden[259].

Deshalb kann der Rechtsweg zu den Verwaltungsgerichten eingeschlagen werden auch gegen Anordnungen zur Aufrechterhaltung der Schul-

---

[256] *Obermayer,* Verwaltungsakt, S. 163. — OVG Rhld.-Pf. DöV 1960, 350.

[257] *Rupp,* Grundfragen, S. 80.

[258] *W. Schmidt,* S. 185.

[259] *Dürig,* MDH, Art. 19 Abs. 4 GG, Rdnr. 25; *Rupp,* Grundfragen, S. 78; *Abelein,* ZfP XIV (1967), S. 331 f.; *Lang,* S. 36 f. und 47; *Tilch,* S. 58 ff. — Auch in anderen Anstaltsverhältnissen wird Rechtsschutz gegen Maßnahmen des Betriebsverhältnisses gewährt. Vgl. BVerfGE 21, 191 (194): „Die Verhängung einer Hausstrafe gegen einen Strafgefangenen durch den Anstaltsleiter stellt einen Akt der öffentlichen Gewalt dar, gegen den der Rechtsweg nach Art. 19 Abs. 4 GG offensteht.“

ordnung (z. B. Rauchverbot), zur Durchführung und Gestaltung des Unterrichts (z. B. Stellung von Aufgaben), zur Durchsetzung von Anordnungen (z. B. Nachsitzen) und gegen Beurteilungen von Einzelleistungen (z. B. Klassenarbeit). Alle diese Maßnahmen sind nicht bloß interne „Vorbereitungen" künftiger Verwaltungsakte, sondern bereits aktuell verbindliche Regelungen mit Rechtsaktqualität, d. h. öffentliche Gewalt im Sinne des Art. 19 Abs. 4 GG. Durch die Gewährung von Rechtsschutz im Schulbetriebsverhältnis findet die bisherige Praxis ihr Ende, den rechtsschutzsuchenden Bürger „gleichsam vor den Toren des Gerichts" abzufertigen[260].

c) Das Erfordernis totalen Rechtsschutzes schließt nicht aus, ihn in gewisser Beziehung zu modifizieren, weil einzelne Rechtsschutzmodalitäten die Verwaltungsaufgabe ernsthaft gefährden. Dabei handelt es sich um die aufschiebende Wirkung der Anfechtungsklage nach § 80 VwGO, die Rechtsmittelbelehrung nach § 58 VwGO und die Jahresfrist des § 59 VwGO. In der Tat ist es schwer vorstellbar, daß der Lehrer jede Aufforderung an einen Schüler, an der Tafel eine Geometrieaufgabe zu lösen, mit einer Rechtsmittelbelehrung versieht, und der aufgeforderte Schüler durch seinen Widerspruch den Suspensiveffekt herbeiführt. Statt aber wegen dieser Schwierigkeit im Detail den Rechtsschutz gleich generell abzuschneiden, sind die Belange der Schule voll gewahrt, wenn der Rechtsschutz insoweit modifiziert wird[261]. Rechtsstaat und Praktikabilität (Verwaltungseffizienz!) sind also durchaus miteinander zu versöhnen und *unangemessene Verallgemeinerungen* deshalb entbehrlich.

Die verfassungsrechtliche Rechtfertigung dieser Modifikation des Rechtsschutzes ist in Art. 7 Abs. 1 GG zu finden. So wie andere Grundrechte im Schulverhältnis eingeschränkt werden können, wenn der Zweck des in diesem Artikel institutionalisierten Verhältnisses es zwingend erfordert[262], kann auch das formale Grundrecht des Art. 19 Abs. 4

---

[260] *Kellner,* DöV 1963, S. 427. So schon *W. Jellinek* 1925, zitiert von *Ule,* VVDStRL 15, S. 133. s. auch *Dürig,* MDH, Art. 19 Abs. 4 GG, Rdnr. 25 Fußn. 3: Gleichzeitig verschwinden damit „jene kopflastigen Urteile, ... die durch seitenlange scharfsinnige und doch stets angreifbare Darlegungen zur Zulässigkeitsfrage charakterisiert sind, obgleich nach allen bisherigen Erfahrungen sich in der Mehrzahl der Fälle mit wenigen Sätzen darlegen ließe, daß die materiellen Voraussetzungen einer Aufhebung der angegriffenen Maßnahme (§ 113 Abs. 1 S. 1 VwGO) nicht vorliegen." — Ob diese Maßnahmen als Verwaltungsakte oder als schlichte Verwaltungsäußerungen zu qualifizieren sind — vgl. *Lang,* S. 36 f. einerseits, *Tilch,* S. 80 andererseits —, spielt für die prinzipielle Eröffnung des Rechtswegs keine Rolle und kann daher hier dahinstehen.

[261] *Tilch,* S. 168 ff.; *Kellner,* DöV 1963, S. 425; *Brohm,* DöV 1964, S. 250; *Lang,* S. 38 ff.; *Zimmermann,* VerwArch. 62 (1971), S. 59 f.; vgl. auch *Kuhn,* S. 182; *W. Schmidt,* S. 184 und 190 f.

[262] Dazu oben § 11 II und III.

GG eingeschränkt werden. Diese Modifikation ist zur Erreichung des Schulzweckes unabdingbar und deshalb gerechtfertigt.

Durch die hier vertretene Meinung wird eine Angleichung der Rechtsschutzproblematik an die Grundrechtsproblematik erreicht. Während bei Grundrechtseinschränkungen die Verwaltung gewissermaßen den Nachweis für die Erforderlichkeit der Einschränkung führen muß, hat nach h. M. der Bürger im Schulverhältnis sein „Rechtsschutzbedürfnis" nachzuweisen, wenn er Rechtsschutz begehrt. Dabei kann er sich bisher nur auf die „Beweisvermutung" der Zugehörigkeit zum Grundverhältnis stützen. Nach hier vertretener Auffassung ist wegen der das Schulverhältnis *total* umfassenden Rechtsweggarantie des Art. 19 Abs. 4 GG die Verwaltung auch bei der Rechtsschutzproblematik für die Erforderlichkeit der Einschränkung des formellen Grundrechts dieses Artikels „beweispflichtig". Diesen Nachweis vermag sie nur im Umfange der erwähnten Modifikationen zu erbringen.

d) *Exkurs: Pädagogisches Fachurteil*

Art. 19 Abs. 4 GG fordert die vollständige Überprüfung des Schulakts in rechtlicher und tatsächlicher Hinsicht[263]. Das schließt allerdings nicht aus, daß auf Art. 7 Abs. 1 GG gestützte sachliche Notwendigkeiten über die Modifizierung gewisser Rechtsschutzmodalitäten hinaus auch zu einer Einschränkung der Intensität der gerichtlichen Nachprüfung führen. Die Frage der Intensität des Rechtsschutzes kann aber nur die Begründetheit der Klage betreffen[264].

Gegenstand einer beschränkten gerichtlichen Kontrolle können nur pädagogische Fachurteile, insbesondere Prüfungsbewertungen, sein. Allerdings kann keine Rede davon sein, daß es sich bei diesen Entscheidungen um Ermessensakte handele[265]. Es gibt hier keine Wahl zwischen mehreren angemessenen Entscheidungen, vielmehr soll die einzige richtige und gerechte Bewertung gefunden werden[266]. Deshalb kann es sich nur um die Anwendung unbestimmter Rechtsbegriffe handeln. Da indessen die Bewertung des Schülers durch eine Prüfungskommission und nicht durch Richter erfolgen soll, sich die gesamte Prüfungssituation

---

[263] BVerfGE 15, 275 (282); 18, 203 (212); 21, 191 (194 f.).

[264] *Tilch*, S. 37.

[265] So aber BVerwGE 8, 272; OVG Berlin E 2, 120; OVG Lüneburg E 2, 222; OVG Münster E 6, 150. — *Thieme*, NJW 1954, S. 742; *Merk*, Verwaltungsrecht, Bd. II, S. 1875; *Krüger*, NJW 1953, S. 1371: „Prüfungsentscheidungen als Angelegenheiten des freiesten Ermessens."

[266] OVG Berlin E 3, 146 (159 f.); OVG Hamburg VerwRspr. 8 (1956), Nr. 131 (S. 547); OVG Koblenz DöV 1956, 630; VGH Bebenhausen JZ 1959, 67; OVG Lüneburg E 12, 327. — *Ule*, VVDStRL 15, S. 168 f.; *Becker*, ZBR 1960, S. 177; *Jesch*, AöR 82 (1957), S. 228; *Jecht*, S. 117; *Holland*, DVBl. 1968, S. 247.

mit all ihren unwägbaren subjektiven Elementen auch gar nicht wiederholen läßt, die Prüfungsleistung also unvertretbar ist, muß von einem „höchstpersönlichen Werturteil“[267] gesprochen werden, das innerhalb eines nur in Grenzen nachprüfbaren Beurteilungsspielraums ergeht[268].

Deshalb beschränkt sich der Rechtsschutz gegen Prüfungsentscheidungen auf die Kontrolle, ob der Prüfer von falschen Tatsachen ausgegangen ist, allgemein gültige Bewertungsgrundsätze nicht beachtet hat oder sich von sachfremden Erwägungen hat leiten lassen[269]. Dazu kommt die Prüfung der Einhaltung von Verfahrensvorschriften[270]. Durch diese Beschränkung der Nachprüfbarkeit wird verhindert, daß sich die Verwaltungsgerichte da, wo rechtliche Maßstäbe versagen, zu einem „Superprüfungssystem“ entwickeln[271].

So zeigt sich auch bei der gerichtlichen Nachprüfung von Prüfungsentscheidungen, daß sachliche Gesichtspunkte den Rechtsschutz zwar modifizieren, nicht aber ihn ausschließen können. Auch hier darf die das Schulverhältnis institutionalisierende Norm des Art. 7 Abs. 1 GG nicht einseitig zur Schranke von Grundrechten — hier des Art. 19 Abs. 4 GG — gemacht werden. Vielmehr ist das wegen der prinzipiellen Gleichrangigkeit dieser Normen bestehende Spannungsverhältnis dahingehend zu entschärfen, daß der Rechtsschutz gewährt wird — soweit nicht schutzwürdige Belange des Schulverhältnisses gewisse Modifizierungen erzwingen.

e) Damit ist trotz anhaltender Proteste von Pädagogen heute der Rechtsschutz auch im Schulverhältnis in vollem Umfange gewährlei-

---

[267] BVerwGE 23, 200; OVG Hamburg MDR 1960, 346. — *Ule*, VVDStRL 15, S. 168 ff. m. w. Nachw.; *Lang*, S. 45 ff. Kritisch: *Pöttgen*, RWS 1963, S. 88: „Konzession an die Praxis“. Grundsätzlich gegen deren Subjektivismus: *Harnischfeger/Heimann*, Rechtsfragen der Gesamtschule (1970), S. 44 ff.

[268] *Kellner*, Zum Beurteilungsspielraum, DöV 1962, S. 572; *ders.*, NJW 1966, S. 857; *Czermak*, Schul- und Prüfungsentscheidungen vor den Verwaltungsgerichten, DöV 1962, S. 923; *Mampe*, S. 72 ff. m. w. Nachw.

[269] Ständige Rechtsprechung: BVerwGE 1, 263 (266); 2, 22 (26); 5, 153 (162 f.); 8, 272 ff.; 12, 359; 16, 154; 14, 31; 19, 128 (132); 21, 129; 23, 200; OVG Münster NJW 1967, 949 (951); DVBl. 1970, 705; HessVGH DVBl. 1970, 702; VGH Mannheim DVBl. 1966, 37. *Tilch*, S. 144 ff.; *Heckel*, Schulrecht und Schulpolitik, S. 224 ff.; *Forsthoff*, Verwaltungsrecht, S. 428; *Wolff*, Bd. I, § 31 I c 4; *Hering*, Die Rechtsprechung des Bundesverwaltungsgerichts zum Schulrecht, DöV 1968, S. 96; *Becker*, Prüfungsordnungen und Rechtsstaatsgebot, DöV 1970, S. 733; *Hummel*, Gerichtsschutz gegen Prüfungsbewertungen (1969), S. 54 ff.

[270] Verfahrensfehler bewirken die Rechtswidrigkeit der Prüfungsentscheidungen nur dann, wenn es sich um einen wesentlichen Fehler handelt, der Einfluß auf das Prüfungsergebnis gewinnen kann. BVerwG NJW 1962, 122; OVG Münster E 25, 185 m. w. Nachw.; HessVGH DVBl. 1970, 702; VG Frankfurt a. M. DVBl. 1971, 287. — *Heckel/Seipp*, S. 449 f. — Dabei taucht das Problem der „Außenwirkung“ dieser Vorschriften auf. Dazu unten § 13.

[271] *Becker*, ZBR 1960, S. 177.

stet[272]. Diese befürchten, von unberufener Seite in ihrer erzieherischen Autonomie bevormundet zu werden, wobei die irrige Vorstellung mitspielen dürfte, die gerichtliche Nachprüfung erstrecke sich über die rechtliche Beurteilung hinaus auch auf die Zweckmäßigkeit schulischer Maßnahmen[273]. Davon kann natürlich keine Rede sein.

Überhaupt ist es grundverkehrt, die pädagogische und die rechtliche Würdigung eines Sachverhalts zu Gegensätzen zu stilisieren[274]. Es handelt sich dabei lediglich um verschiedene Betrachtungsweisen: Der Lehrer entscheidet nach *pädagogischen* Gesichtspunkten wie jede sonstige Verwaltungstätigkeit nach den ihr je spezifischen Gesichtspunkten erfolgt. Da diese Tätigkeit als öffentliche Gewalt zu Rechtseinbußen des Bürgers führen kann, ist derselbe Sachverhalt vom Richter unter *rechtlichem* Aspekt zu würdigen. Daß jede fachliche Betätigung der öffentlichen Gewalt nach ihr spezifischen Gesetzen abläuft, führt nicht zum Ausschluß der Kontrolle der gesamten öffentlichen Gewalt (Art. 19 Abs. 4 GG) an Hand rechtlicher Maßstäbe[275]. Da auch die Schule im Raume des Rechts lebt, hat sie bei ihrer fachlichen Betätigung die Regeln des Rechts zu beachten und muß sich nötigenfalls von Gerichten korrigieren lassen[276].

Damit wird nicht jede pädagogische Eigensphäre geleugnet[277]. Nur kann diese allein bei der Ausübung von Ermessen und der Ausfüllung von Beurteilungsspielräumen und damit ausschließlich auf der Ebene der Begründetheit zur Geltung gelangen[278]. Deshalb muß auch hier streng zwischen Zulässigkeit und Begründetheit einer Klage unterschieden werden[279], soll das Phänomen der *unangemessenen Verallgemeinerung* nicht erneut auftauchen. Ohnehin übersehen die Warner vor den Folgen des Rechtsschutzes für den praktischen Schulbetrieb, daß die Gefahr der Behinderung behördlicher Tätigkeit durch übermäßige Inanspruchnahme der Gerichte im Schulbereich nicht größer ist als in den anderen Zweigen der öffentlichen Verwaltung[280].

---

[272] *Ule*, VVDStRL 15, S. 180; *Tilch*, S. 34 ff.; *Holland*, DVBl. 1968, S. 245; *Oppermann*, S. 150 f.

[273] *Obermayer*, VVDStRL 23, S. 260; *Zimmermann*, VerwArch. 62 (1971), S. 69.

[274] So aber *Bettermann*, VVDStRL 15, S. 205; *Zimmermann*, VerwArch. 62, S. 66 f.

[275] *Tilch*, S. 67 f. und 187.

[276] *Heckel*, DöV 1968, S. 372; *Zimmermann*, VerwArch. 62, S. 69.

[277] Bei der damit angesprochenen „pädagogischen Freiheit" des Lehrers handelt es sich aber nicht um eine etwa aus Art. 5 Abs. 3 GG abzuleitende Grundrechtsposition. *Maunz*, MDH, Art. 7 Rdnr. 61 m. w. Nachw.

[278] *Dürig*, MDH, Art. 19 Abs. 4 Rdnr. 26; *Oppermann*, S. 150 f.

[279] Mißverständlich *Heckel/Seipp*, S. 451 f., die die Zulässigkeit anscheinend von der Begründetheit der Klage abhängig machen wollen. Auch eine

IV. Ergebnis

Die Entwicklung des Rechtsschutzes im Schulverhältnis erweist sich als kontinuierliche *Einschränkung unangemessener Verallgemeinerungen:* Die erste Phase, das Schulverhältnis ganz aus der Rechtsschutzgarantie des Art. 19 Abs. 4 GG herauszunehmen, entsprach zwar der überkommenen Lehre vom besonderen Gewaltverhältnis als ein dem Recht entzogenes Gebilde, wird aber seit 1949 von niemandem mehr vertreten. Die zweite Phase wird gekennzeichnet durch die Unterscheidung von „Innen“ und „Außen“ *(Bachof),* die fortlebt in der Unterscheidung von Grund- und Betriebsverhältnis *(Ule).* Die hier anzusiedelnde h. M. versteht diese Trennung aber zunehmend weniger *formal* i. S. von Begründung, Aufhebung und Änderung des Gewaltverhältnisses, sondern mehr *material* i. S. der Schwere der Rechtsbeeinträchtigung. Freilich vermag dieses Kriterium weder zuverlässig Bagatellsachen aus dem Rechtsschutz auszunehmen, noch gar einen Rechts- von einem Nichtrechtsbereich zu scheiden. Deshalb kann auch die Lehre, den Rechtsschutz im Schulverhältnis ausdrücklich vom Rechtsschutzbedürfnis abhängig zu machen *(Obermayer),* die Rechtsschutzgarantie des Art. 19 Abs. 4 GG nicht erfüllen. Es ist an der Zeit, die vierte Phase einzuläuten, die Rechtsschutz gegen alle Akte der Schule gewährt, soweit nicht zwingende Erfordernisse des Schulverhältnisses gewisse Modifizierungen des Rechtsschutzes unausweichlich machen. Dabei handelt es sich indessen nur um *Modalitäten* (Belehrung, Suspensiveffekt etc.) oder die *Intensität* des Rechtsschutzes (pädagogisches Fachurteil). Dem *Umfang* nach erzwingt Art. 19 Abs. 4 GG *totalen* Rechtsschutz im Schulverhältnis.

§ 13 Die Rechtsnatur der Allgemeinregelungen im Schulverhältnis

Der soeben erörterte Rechtsschutz im Schulverhältnis bezieht sich allein auf *Einzel*akte. Der nun darzustellende Rechtsschutz gegen *Allgemein*regelungen im Schulverhältnis setzt das Vorliegen eines Rechtssatzes voraus[281]. Die deshalb erforderliche Qualifizierung dieser Regelungen wirkt gleichzeitig auf den Rechtsschutz gegen Einzelakte zurück, weil damit geklärt wird, ob die Gerichte die Verwaltungsakte und sonstigen Maßnahmen der Schule an den generellen Regelungen im Schulverhältnis messen dürfen. Schließlich ist diese Qualifizierung auch deshalb von Bedeutung, weil in rechtssatzmäßigen Schulvorschriften eine Ermächtigung zum Erlaß von Einzelakten gefunden werden kann.

---

unbegründete Klage setzt zunächst ihre Zulässigkeit voraus. *Dürig,* MDH, Art. 19 Abs. 4 GG, Rdnr. 25 Fußn. 3.

[280] So schon BVerwGE 1, 263 (265).

[281] *Redeker/v. Oertzen,* Verwaltungsgerichtsordnung, § 47 Rdnr. 5 ff.

I. Die traditionelle Lehre

Nach traditioneller Lehre konnten Regelungen im Innenbereich des als geschlossenes Rechtssubjekt verstandenen Staates nicht dem Bereich des Rechts zugeordnet werden. Da alle Anstalten — auch die Schulen — als unselbständige Teile des Staates galten, mußten auch diese Regelungen dem rechtsfreien Innenbereich des Staates zugeschlagen werden[282]. Der Exekutive blieb insoweit ein Bereich eigener, rechtlich verbindlicher Normsetzungs- und Anordnungsgewalt überlassen[283]. Da die Wirkung dieser Regelungen auf die dem Innenbereich zugehörigen Beziehungen zwischen Anstaltsherrn und Anstaltsnutzer (Schüler) beschränkt war, konnten sie als Anordnungen ohne Rechtssatzcharakter, d. h. als Verwaltungsverordnungen ergehen[284]. Allerdings machte die Legislative in gewissen Bereichen — insbesondere im Beamtenrecht, zum Teil aber auch im Schulrecht — von ihrem Zugriffsrecht (Vorrang des Gesetzes) Gebrauch, Regelungen durch förmliches Gesetz zu treffen. Die traditionelle Lehre mußte diese Regelungen als Gesetze im nur formellen Sinne deuten.

Die paradoxe Situation, Normen gleichzeitig als rechtlich verbindlich und dennoch dem Bereich des Rechts entzogen zu qualifizieren, beruht auf der Identifizierung des historisch-konventionellen mit dem theoretisch-logischen Rechtssatzbegriff. Allgemeingültige „Rechtsformbegriffe" sind aber von „Rechtsinhaltsbegriffen", die erst durch die positive nationale Rechtsordnung Gestalt gewinnen, zu trennen[285]. Danach sind auch Anstaltsvorschriften im rechtsphilosophischen Sinn Rechtsnormen und nicht lediglich Gebote der Sitte oder Religion[286]. Deshalb sind Lehrplan, Prüfungsordnung etc. auch mit der Kraft des Rechts im logischen Sinne verbindlich. Indessen: *„Praktisch-verfassungsrechtlich* gilt ein anderer Rechtssatzbegriff[287]!" So bleibt zu untersuchen, ob Anstaltsvorschriften auch Rechtssätze in diesem Sinne sind.

II. Differenzierung der Verwaltungsvorschriften

Unter dem Oberbegriff „Verwaltungsvorschriften" verbergen sich heterogene Vorschriften-Typen. Hier soll auf die Qualifizierung aller denkbaren Arten von Verwaltungsvorschriften verzichtet werden. Allein

---

[282] Dazu oben § 7.

[283] *Thoma*, HDStR, Bd. II, S. 223 f.; *Böckenförde/Grawert*, AöR 95 (1970), S. 8.

[284] *Otto Mayer*, Bd. I, S. 85: „Von einer Verwaltungsrechtsquelle ist hier selbstverständlich nicht die Rede."

[285] *Felix Somlo*, Juristische Grundlehre (2. Auflage 1927), S. 26 ff. Dazu *Ossenbühl*, Verwaltungsvorschriften, S. 154 ff.

[286] *Thoma*, HDStR, Bd. II, S. 125; *Freudenberger*, S. 173.

[287] *Thoma*, Mayer-FS, S. 177.

die Anstaltsordnungen (Schulordnungen) werden im Auge behalten[288], weil die Funktion der Verwaltungsvorschriften im Zusammenhang mit öffentlichen Anstalten (Schulen) gänzlich verschieden ist von der der Verwaltungsvorschriften im sonstigen Verwaltungsbereich[289]. Anders als die gängigen Verwaltungsvorschriften sind die Anstaltsordnungen „von vornherein dominierend auf den Bürger allein hin angelegt“[290].

Zur Klarstellung sei betont, daß im Schulverhältnis zwei Klassen von Personen aufeinandertreffen, nämlich Lehrer und Schüler, und folglich sind auch zwei Arten von Rechtsverhältnissen zu unterscheiden. Die Verwaltungsvorschriften ergreifen auch die Beziehungen des Lehrers zum Staat — hier interessieren aber nur diejenigen, die das Schulverhältnis regeln, d. h. auf den Schüler abzielen.

Der Staat (Schule) als Leistungsträger bedient sich des Beamten (Lehrers) als Leistungserbringer gegenüber dem Anstaltsnutzer (Schüler) als Leistungsempfänger. Der Beamte steht in zwei verschiedenen rechtlichen Beziehungen zu seinem Dienstherrn, nämlich dem personenbezogenen Dienstverhältnis und dem amtsbezogenen Amtsverhältnis[291]. Nur im Dienstverhältnis stehen dem Beamten eigene Rechte zu, nicht aber im Amtsverhältnis, weil er in diesem Verhältnis nur als Mittel zur Erreichung der jeweiligen Leistungszwecke eingesetzt wird. Dagegen ist es sehr wohl möglich, daß Vorschriften, die das Verhalten des Beamten bei dieser Tätigkeit steuern, außenstehende — nämlich die Schüler als nicht im Beamtenverhältnis stehende — Dritte in ihren Rechten beeinträchtigen.

Hier zeigt sich die doppelte Steuerungsfunktion der Verwaltungsvorschriften im Beamtenverhältnis: Sie steuern das Verhalten der Vollzugsorgane und steuern damit gleichzeitig mittelbar den Ablauf im Schulverhältnis selbst[292]. So zeigt insbesondere die an Lehrer *und* Schüler gerichtete Schulordnung ein „Doppelgesicht“[293]. So kann eine Prüfungsordnung den Beamten nicht in eigenen Rechten treffen, wohl aber die Rechte des Schülers berühren. Stellt die Prüfungsordnung für den Lehrer eine typische die Ausübung der Staatsgewalt durch öffentliche

---

[288] Einen Überblick bietet *Ossenbühl*, Verwaltungsvorschriften, S. 250 ff. Bezeichnenderweise klammert er gerade die Anstaltsordnungen aus!

[289] So schon: *Thoma*, HDStR, Bd. II, S. 223 f.; *Jacobi*, HDStR, Bd. II, S. 259. — *Thieme*, DöV 1956, S. 526; *Forsthoff*, Verwaltungsrecht, S. 139; *Wolff*, Bd. I, § 25 VIII; *Dürig*, MDH, Art. 19 Abs. 4 Rdnr. 30; *Brohm*, DöV 1964, S. 238; *Böckenförde/Grawert*, AöR 95 (1970), S. 21; *Ossenbühl*, Verwaltungsvorschriften, S. 179.

[290] *Ossenbühl*, Verwaltungsvorschriften, S. 24.

[291] *Wolff*, Bd. I, § 46 VII a; *Zimmermann*, VerwArch. 62 (1971), S. 62. Ausführlich oben § 8 II.

[292] *W. Schmidt*, S. 204.

[293] *Freudenberger*, S. 196.

Bedienstete reglementierende Verwaltungsvorschrift dar, so handelt es sich für den Schüler um die Regelung seiner Rechtsstellung. Je nach dem *Rechtskreis* des Adressaten sind eigene Rechte betroffen oder nicht[294]. Deshalb sind die Verwaltungsvorschriften in ihrer Funktion als fachliche Weisungen im Beamtenverhältnis von den Anstaltsordnungen (Schulordnungen) klar zu unterscheiden[295].

Bei der Beurteilung von Verwaltungsvorschriften ist deshalb jeweils zu prüfen, ob sie sich ausschließlich an den Beamten als Organwalter wenden und so nur Amtspflichten begründen oder ob sie in die Rechtsstellung des Anstaltsnutzers eingreifen[296]. Schulverhältnis und Beamtenverhältnis sind für sich getrennte „Sonderordnungen"[297], in denen der Beamte für seine Behörde (Schule) und damit in Wahrnehmung *fremder* Rechte und Pflichten handelt, während der Schüler nur *eigene* Rechte wahrnimmt[298]. Der Beamte kann deshalb als „in" der Verwaltung stehend angesehen werden[299] — der Schüler begegnet ihr wie jeder andere Außenstehende[300].

Von der Vielzahl von Verwaltungsvorschriften, die das Schulverhältnis berühren, ohne es zu gestalten, scheiden hier alle diejenigen aus, die sich auf die persönliche oder amtliche Sphäre des Beamten (Lehrers) beschränken. Vielmehr geht es ausschließlich um die das Schulverhältnis und damit die Rechte des Schülers gestaltenden Schulordnungen, Versetzungsrichtlinien, Prüfungsbestimmungen etc., die sich an den Lehrer richten, aber auf den Schüler abzielen.

Nun wird allerdings selten der Fall gegeben sein, daß eine dieser Schulvorschriften nicht wenigstens in einer ihrer Bestimmungen in den Rechtskreis des Schülers übergreift oder aber umgekehrt als Rechtssätze intendierte Vorschriften auch bloße Richtlinien für den Beamten enthalten, so daß angesichts dieser regelmäßig komplexen Tatbestände[301] die Frage auftaucht, ob jede Norm isoliert oder das ganze Regelungswerk als Einheit zu qualifizieren ist. Beim Vorliegen eines solchen „Gemengelages" sollte die „vom Normgeber intendierte Einheit des

---

[294] Ebd., S. 168 und 179; *Brohm*, DöV 1964, S. 250; *Becker*, DöV 1970, S. 732; *Böckenförde*, Organisationsgewalt, S. 75; *Lang*, S. 68.

[295] *Hansen*, S. 299 f.

[296] *Becker*, DöV 1970, S. 732.

[297] *Brohm*, DöV 1964, S. 250.

[298] *Stein*, Die Grenzen des dienstlichen Weisungsrechts (1965), S. 19; *Lang*, S. 68; *Bachof*, Laforet-FS, S. 303.

[299] *Forsthoff*, Verwaltungsrecht, S. 133.

[300] *Bachof*, Laforet-FS, S. 301; *Rupp*, Grundfragen, S. 42; *Martens*, ZBR 1970, S. 198.

[301] *Ossenbühl*, Verwaltungsvorschriften, S. 122; *Lang*, S. 61 f.

Regelungsaktes" respektiert werden und deshalb einheitlich ausgelegt werden[302].

Da nun ein Rechtssatz schärferen rechtsstaatlichen Anforderungen unterliegt als ein reiner Verwaltungssatz, die Wirksamkeitsvoraussetzungen des Rechtssatzes aber nicht dadurch umgangen werden dürfen, daß er in ein Bündel von bloßen Verwaltungsvorschriften gesteckt wird, muß beim Vorliegen auch nur eines Rechtssatzes das ganze Regelungswerk als Rechtssatzordnung qualifiziert werden[303].

III. Die Qualifizierung als Rechtssätze

1. *Bezeichnung der Vorschriften*

Die Allgemeinregelungen im Schulverhältnis firmieren als Richtlinien, Ordnungen, Erlasse u. ä. Diese Bezeichnungen lassen erkennen, daß die Schulverwaltung sie als bloße Verwaltungsvorschriften erlassen will. Indessen kann weder die Bezeichnung noch der Wille der Verwaltung den Ausschlag geben, in welche Gruppe allgemeiner Regelungen solche Vorschriften einzuordnen sind. „Der Name ist Schall und Rauch, wenn er am Wesen der Dinge vorbeigeht[304]." Vielmehr ist die Bezeichnung vorab auf ihre Richtigkeit zu prüfen. Diese Prüfung der rechtlichen Natur einer Vorschrift kann sich nur am *Inhalt* als entscheidendem Kriterium orientieren[305].

2. *Abgrenzung der Vorschriften*

Rechtsverordnungen sind von der Exekutive auf Grund einer gesetzlichen Ermächtigung erlassene Rechtssätze, also abstrakte Vorschriften, die sich an Rechtssubjekte wenden und für diese Rechte oder Pflichten begründen, ändern oder aufheben[306]. Sie zeichnen sich also dadurch aus, daß sie die Rechtssphäre des Bürgers berühren[307]. Demgegenüber enthalten Verwaltungsvorschriften keine Rechtsquellen, „weil sie in

---

302 *Böckenförde/Grawert*, AöR 95 (1970), S. 5.

303 *Forsthoff*, Verwaltungsrecht, S. 141; *Böckenförde/Grawert*, AöR 95, S. 5.

304 *Obermayer*, Verwaltungsakt, S. 173.

305 BVerwGE 19, 48 (53); HessStGH DöV 1971, 201 (202) und DVBl. 1970, 217; HessVGH DVBl. 1968, 259 (260); DöV 1966, 871; BayVerfGH E II 20, 1 (4); 21, 92 (98); 22, 93 (101); VerwRspr. 18 (1967), Nr. 222 (S. 904); VGH Mannheim DVBl. 1968, 117 (119); OVG Münster NJW 1967, 949 (951). — *Krüger*, Smend-FS, S. 220 und 239; *Forsthoff*, Verwaltungsrecht, S. 428 f.; *Maunz*, MDH, Art. 80 Rdnr. 1 (Fußn. 1); *Bachof*, VVDStRL 12, S. 67; *Ossenbühl*, Verwaltungsvorschriften, S. 177.

306 BayVerfGH VerwRspr. 18 (1967), Nr. 222 (S. 904).

307 BVerfGE 8, 71 (75); VGH Mannheim DVBl. 1968, 117 (119); OVG Münster E 5, 29 (34); BayVerfGH E II 11, 203 (207); BayVGH E 5, 19 (21).

der Innensphäre der Verwaltungsorganisation verbleiben und unmittelbar Pflichten oder Rechte eigenzuständiger Personen oder eigenberechtigter Organe nicht begründen"[308]. Die Verwaltungsverordnungen wenden sich instruktionell an Behörden und Beamte, die dabei nicht als Person, sondern als Organwalter erfaßt werden[309].

Wenn sich als Ergebnis der weiteren Untersuchung die Feststellung treffen läßt, daß Schulordnungen echte Rechtssätze enthalten, so bietet sich bei der herkömmlichen Alternative Rechtsverordnung — Verwaltungsverordnung ihre Qualifikation als Rechtsverordnung an. Nun ist aber die Schulordnung in gleich charakteristischer Weise von den üblichen Verwaltungsvorschriften abzuheben wie vom Normaltyp einer Rechtsverordnung, da diese nicht an ein Anstaltsverhältnis gebunden ist. Deshalb ist es angebracht, unter Ergänzung der Alternative Rechtsverordnung — Verwaltungsverordnung eine dritte Kategorie einzuführen, die sich von beiden anderen Typen unterscheidet. Für diese Kategorie ist der Begriff *Sonderverordnung* vorgeschlagen worden[310].

Freilich sind die damit verbundenen Folgen noch durchaus im Streit. *Wolff* unterscheidet zwar Gemein- und Sonderverordnung, sieht aber beide als Rechtsverordnung an[311], woran sich bestimmte Wirksamkeitsvoraussetzungen knüpfen, insbesondere das Erfordernis einer Ermächtigung[312]. Auch die Rechtsprechung verlangt, wenn sie die Rechtssatzqualität schulischer Allgemeinregelungen anerkennt, ihren Erlaß als Rechtsverordnung[313]. Gerade deshalb und wegen weiterer Konsequenzen (Verkündung!) fällt der Rechtsprechung der Sprung zur Annahme von Rechtssätzen im Schulverhältnis so schwer[314].

Demgegenüber vertreten *Böckenförde / Grawert* für die Sonderverordnung im besonderen wie *Ossenbühl* für die Verwaltungsvorschriften im allgemeinen, daß mit ihrer Qualifizierung zu Rechtssätzen noch nicht über die Möglichkeit des Rechtsschutzes oder das Erfordernis einer Ermächtigung entschieden sei. Vielmehr müsse jeweils im einzelnen untersucht werden, ob sie wie eine Rechtsverordnung zu behandeln seien oder

[308] *Wolff*, Bd. I, § 24 II 2.

[309] Ebd.; *Maunz*, MDH, Art. 80 Rdnr. 1 m. w. Nachw. — HessStGH DVBl. 1970, 217; DöV 1971, 201 (202). — BVerfGE 1, 82 (83): „... Verwaltungsanordnungen sind nicht für den einzelnen Staatsbürger verbindlich; vielmehr richten sie sich nur an die nachgeordneten Verwaltungsbehörden ..."

[310] *Wolff*, Bd. I, § 25 VIII; *Böckenförde/Grawert*, AöR 95 (1970), S. 1 ff.

[311] Bd. I, § 25 VII a 1.

[312] Bd. I, § 25 VIII b; Bd. II, § 99 IV a: „Maßnahmen im besonderen Gewaltverhältnis unterliegen dem Vorbehalt des Gesetzes in demselben Maße wie Anordnungen im allgemeinen Gewaltverhältnis." Ebenso *Brohm*, DöV 1964, S. 248.

[313] Beispielsweise BayVGH BayVBl. 1961, 186.

[314] Dazu die folgenden Ausführungen.

eine abweichende Behandlung erforderten[315]. Der Titel des Rechtssatzes sei für sich nichtssagend.

In der Tat ist eine Qualifikation als Rechtssatz nutzlos, wenn nicht ausgesprochen wird, welche Konsequenzen damit einhergehen. Deshalb soll hier klargestellt werden, daß bei der folgenden Untersuchung der Rechtsnatur schulischer Allgemeinregelungen mit einem Rechtssatz die Vorstellung verbunden ist, daß er der Normenkontrolle nach § 47 VwGO unterliegt und als Grundlage schulischer Einzelakte dienen kann. Dagegen soll bei der Qualifizierung als Rechtssatz hier noch offen bleiben, ob die Verwaltung bei seinem Erlaß bestimmte Wirksamkeitsvoraussetzungen zu beachten hat, insbesondere ob sie einer Ermächtigung bedarf[316].

Unabhängig von dem noch zu erarbeitenden Ergebnis soll aber die Bezeichnung als *Sonderverordnung* für die schulischen Allgemeinregelungen übernommen werden, um zum Ausdruck zu bringen, daß sie sich im Gegensatz zu Gemeinverordnungen auf ein als besonderes Gewaltverhältnis verstandenes Sozialgebilde beziehen und sich auch von den gängigen instruktionellen Weisungen im Verwaltungsorganismus abheben.

3. Qualifizierung der Vorschriften

a) So wie bei schulischen Einzelakten wird auch bei den entsprechenden Allgemeinregelungen der Versuch einer Scheidung von Rechts- und Nichtrechtsbereich unternommen. *Bachof*[317] stellt auf die Unterscheidung von Außen- und Binnenfunktionen der Verwaltung ab. Schon *Krüger* kritisiert diese „verräumlichende Betrachtungsweise"[318], weil es eine wirkliche Trennung von Innen und Außen nicht geben könne, da von Innen sehr wohl Wirkungen nach Außen ausgingen[319]. Ermöglichen aber diese Kriterien ohnehin keine bloße Subsumtion[320], sei es besser, unmittelbar wertende Unterscheidungsmerkmale zu setzen[321].

In Anknüpfung an *Smend*[322] unterscheidet Krüger zur Bestimmung des Wesens von Rechts- und Verwaltungsverordnung zwischen dem „Rechtswert" und dem „Verwaltungswert": „Rechtssatz ist eine Norm, die dem Frieden zu dienen bestimmt und nach dem Maßstab der Gerechtigkeit

---

[315] *Böckenförde/Grawert*, AöR 95 (1970), S. 16 ff.; *Ossenbühl*, Verwaltungsvorschriften, S. 160 ff.

[316] Dazu unten 5. Kapitel.

[317] Laforet-FS, S. 285 ff.

[318] Smend-FS, S. 219; ähnlich S. 228.

[319] Ebd., S. 217.

[320] VVDStRL 15, S. 127.

[321] Smend-FS, S. 228.

[322] Verfassung und Verfassungsrecht (1928), S. 82 ff.

gebildet ist. Verwaltungssatz ist eine Norm, die die Wohlfahrt fördern soll und nach dem Maßstab der Zweckmäßigkeit gestaltet wurde[323]." Er räumt aber selbst ein, daß die Regelungswerke in aller Regel „komplexe Tatbestände"[324] aufweisen. Gerade im Sozialstaat werden immer Gerechtigkeits- und Zweckmäßigkeitsgesichtspunkte in kaum trennbarer Mischung in eine Regelung des Soziallebens einfließen[325].

Forsthoff kombiniert beide Lehren, indem er dem Kriterium des Außen und Innen ein materielles im Krügerschen Sinne zur Seite stellt und ergänzt: „Normen (sind) im Zweifel so zu qualifizieren..., daß ein Höchstmaß von Rechtsschutz erreicht wird[326]." Da auch Bachof und Krüger Rechtsschutzgesichtspunkte in ihre Kriterien bei wertender Betrachtungsweise aufnehmen, laufen alle diese Lehren letztlich darauf hinaus, die Rechtssatzqualität von dem Vorliegen eines Rechtsschutzbedürfnisses abhängig zu machen[327]. Die Intensität des Eingriffs in die Rechtssphäre des Bürgers oder dessen Schutzwürdigkeit vermögen indessen kein Kriterium dafür abzugeben, einen Rechts- und einen Nichtrechtsbereich voneinander zu scheiden[328].

Diese Lehren differenzieren nicht zwischen den einzelnen Erscheinungsformen des besonderen Gewaltverhältnisses[329]. Sie berücksichtigen insbesondere nicht, daß es zwar im Beamtenverhältnis neben der dienstlichen eine persönliche Sphäre gibt, nicht aber im Schulverhältnis, wo der Schüler immer in eigenen Rechten betroffen ist[330]. Auch hier erweist sich das besondere Gewaltverhältnis als gordischer Knoten, den es zur Vermeidung unangemessener Verallgemeinerungen zu zerschlagen gilt.

b) Die generellen Regelungen im Schulverhältnis richten sich nicht nur schulintern an nachgeordnete Organe (Schule, Lehrer), sondern in erster Linie gestalten sie die Rechtssphäre des Schülers. Dieser verliert

---

323 Smend-FS, S. 229 f.; ähnlich NJW 1953, S. 1371.

324 Smend-FS, S. 230 und 235.

325 *Bachof*, Laforet-FS, S. 290 ff.; *Ossenbühl*, Verwaltungsvorschriften, S. 123 ff.; *Küchenhoff*, Wirksamkeit und Wirkung von Versetzungsrichtlinien, RWS 1964, S. 203.

326 Verwaltungsrecht, S. 134; ähnlich *Obermayer*, Verwaltungsakt, S. 173 f.; *Rehmert*, Die gerichtliche Nachprüfung der Handhabung schulischer Verwaltungsverordnungen, NJW 1957, S. 575.

327 *Lang*, S. 60.

328 *Brohm*, DöV 1964, S. 245 und 247; *Ossenbühl*, Verwaltungsvorschriften, S. 128.

329 So schließt *Krüger*, Smend-FS, S. 231 aus der Trennung von persönlicher und amtlicher Sphäre im Beamtenverhältnis, auch in anderen besonderen Gewaltverhältnissen müsse es dem Recht entzogene Normen geben. Diese Übertragung verallgemeinert unangemessen.

330 Obwohl sie diesen Unterschied selbst sehen, so *Bachof*, Laforet-FS, S. 301 ff. Hier kann es nur *Außen*funktionen der Verwaltung geben!

trotz aller „Eingliederung" in den Schulbetrieb nie seine Stellung als Träger eigener Rechte[331]. Beanspruchen aber die Grundrechte auch im Schulverhältnis Geltung und wird deshalb auch in vollem Umfang Rechtsschutz gewährt, so ist es nur konsequent, den Rechtsschutz auch gegen generelle Regelungen nach § 47 VwGO zuzulassen und schulische Einzelakte an diesen Regelungen zu messen, d. h. Sonderverordnungen im Schulverhältnis als Rechtssätze anzuerkennen[332].

Werden Einzelakte im Schulverhältnis als Rechtsakte anerkannt, so folgt daraus zwangsläufig die Qualifikation genereller Anordnungen in diesem Bereich als Rechtssätze, denn die Schulordnung und ähnliche Allgemeinregelungen legen das generell fest, was die als rechtserheblich anerkannten Einzelakte im konkreten Fall tun[333]. Da sich die Rechtswidrigkeit eines Verwaltungsakts aus der Abweichung von einem Rechtssatz ergibt[334], kann nur durch Anerkennung der Schulvorschriften als Rechtssätze die „Lücke des Rechtsstaats"[335] geschlossen werden, die besteht, solange ein Verwaltungsakt trotz Verstoßes gegen diese Vorschriften nicht aufgehoben wird, weil die Schulvorschriften als bloße Verwaltungsvorschriften verstanden werden[336].

Inzwischen sind Schulordnungen[337], Lehrpläne[338], Reifeprüfungsordnungen[339] und Versetzungsrichtlinien[340] als Rechtssätze gewertet worden.

---

[331] *Ossenbühl*, Verwaltungsvorschriften, S. 24; *Martens*, ZBR 1970, S. 198.

[332] Zum Teil nur im *Ergebnis* wie hier und nicht immer *alle* Schulvorschriften erfassend: BayVerfGH VerwRspr. 18 (1967), Nr. 222 (S. 904). — *Dürig*, MDH, Art. 1 Abs. 3 Rdnr. 112 und Art. 19 Abs. 4 Rdnr. 30 und 33; *Maunz*, MDH, Art. 7 Rdnr. 26; *Fuß*, VVDStRL 23, S. 218; *Brohm*, DöV 1964, S. 247; *Wolff*, Bd. I, § 25 VIII a 1 und Bd. III, § 165 II b 1; *Böckenförde/Grawert*, AöR 95 (1970), S. 22; *Dame*, S. 100; *Lang*, S. 68; *Obermayer*, VVDStRL 23, S. 259; *Leggewie/Pöttgen*, Die Reifeprüfung (1966), S. 29; *Martens*, ZBR 1970, S. 199; *Rupp*, DVBl. 1971, S. 671. — A. A. *Krüger*, Smend-FS, S. 238; *Bachof*, Laforet-FS, S. 295 ff. und 302 f.; *ders.*, VVDStRL 12, S. 59; *Reuter*, BayVBl. 1956, S. 262 ff. und 1961, S. 187; *Rehmert*, NJW 1957, S. 575 f. und 1958, S. 232 f.; *Forsthoff*, Verwaltungsrecht, S. 140 f. und 428; *Ule*, Verwaltungsgerichtsbarkeit, § 47 Erl. II 1; *Ossenbühl*, Verwaltungsvorschriften, S. 554. — Dahingestellt: OVG Rhld.-Pf. DöV 1971, 784 (785).

[333] *Böckenförde/Grawert*, AöR 95 (1970), S. 13 f. m. w. Nachw. — Das Auseinanderfallen der Qualifikation von Einzel- und Allgemeinanordnung bemängeln schon *Bachof*, Laforet-FS, S. 288 und 300 ff.; *ders.*, VVDStRL 12, S. 59; *Krüger*, Smend-FS, S. 221 und 224.

[334] *Rehmert*, NJW 1957, S. 575.

[335] *Forsthoff*, Verwaltungsrecht, S. 130.

[336] BVerwGE 2, 163 (166). — *Forsthoff*, Verwaltungsrecht, S. 140 f.; *Dürig*, MDH, Art. 19 Abs. 4 Rdnr. 29.

[337] BayVerfGH VerwRspr. 18 (1967), Nr. 222 (S. 907). — *Wolff*, Bd. I, § 25 VIII a 1; *Maunz*, MDH, Art. 7 Rdnr. 26; *Dürig*, Art. 19 Abs. 4 GG, Rdnr. 30; *Reuter*, BayVBl. 1956, S. 262 ff.

[338] VGH Mannheim DVBl. 1961, 523 (524). — *Wolff*, Bd. II, § 101 V b 1; *Oppermann*, S. 178.

[339] VGH Mannheim VerwRspr. 15 (1963), Nr. 7 (S. 20); DVBl. 1966, 37;

Bisweilen geschieht das stillschweigend, indem beispielsweise eine „Dienstvorschrift" über den Ausschluß von allen Schulen des Landes der Nachprüfung des auf Grund dieser Vorschrift ausgesprochenen Ausschlusses eines Schülers zugrundegelegt wird[341]. Bisweilen wird die Rechtsnatur aber auch ausdrücklich ausgesprochen. So hat der VGH Mannheim[342] einen Lehrplan als eine im Range unter dem Gesetz stehende Rechtsvorschrift i. S. des § 47 VwGO qualifiziert, weil er inhaltlich bestimmte Fächer vorschreibe und sich so an alle richte, die es angehe; deshalb stelle er eine abstrakt-generelle Regelung dar, die die Rechtssphäre der Anstaltsbenutzer berühre.

Auch diejenigen, die diesen Sprung zum Rechtssatz nicht wagen, kommen nicht umhin, den Regelungen im Schulverhältnis zumindest „rechtssatzähnliche Wirkung" zuzusprechen[343], was nichts anderes heißt als echte Rechtssatzqualität, die in Ermangelung einer Ermächtigung oder wegen der Nichtbeachtung anderer Wirksamkeitsvoraussetzungen (Verkündung!) kaschiert werden soll. Daß sie in der Praxis unter den Rechtsquellen des Schulrechts nicht übergangen werden können, zeigt auch die Sammlung „Deutsches Schulrecht"[344], die zahlreiche „Richtlinien", „Erlasse" etc. enthalten muß.

Erneut sei klargestellt, daß diese Richtlinien nicht bloße Interpretationsvorschriften zur Anleitung für die Ermessensausübung der Beamten darstellen. Voraussetzung dafür wäre ein Gesetz, das bereits eine Regelung enthält und durch Einzelentscheidungen vollzogen werden kann[345]. Art. 7 Abs. 1 GG und die Landesgesetze zum Schulverhältnis sind zu solchem Einzelvollzug gerade nicht geeignet.

IV. Unterscheidung von Rechtsnatur und Wirksamkeit

Indessen fehlt es bei der Qualifizierung schulischer Allgemeinregelungen als Rechtssätze nicht an Gegenstimmen[346]. Obwohl dabei betont wird, der Unterschied zwischen Verwaltungsvorschriften und Rechts-

---

Maunz, MDH, Art. 7 Rdnr. 26; *Leggewie/Pöttgen*, Reifeprüfung, S. 59 m. w. Nachw.

340 *Oppermann*, S. 178.

341 VGH Mannheim JZ 1964, 627.

342 DVBl. 1961, 523 (524).

343 *Oppermann*, S. 179.

344 *v. Campenhausen/Lerche* (1970).

345 *Starck*, Gesetzesbegriff, S. 307 ff.

346 BVerwGE 1, 260 ff.; 9, 306 (307); 21, 298; BayVGH BayVBl. 1961, 186; OVG Münster E 12, 133 (138 f.) und NJW 1967, 949 (951); LVG Hamburg NJW 1952, 1351; LVG Düsseldorf DöV 1954, 696. — BVerwG NJW 1959, 1843 f.: „Die Rechtsordnung gewährt einen umfassenden Ermessensspielraum, den die Schulverwaltung durch Verwaltungsverordnungen erläutert." Weitere Nachweise bei

sätzen dürfe nicht verwischt werden[347], wird mitunter offen gelassen, ob Versetzungsrichtlinien „Rechtsnormen" oder „Verwaltungsnormen" seien[348]. Auch steht dieses Argument der Formenstrenge in striktem Gegensatz zu dem Formenmißbrauch, mittels dessen die Verwaltung Rechtssätze erläßt und sich dabei an allen Wirksamkeitsvoraussetzungen vorbeimogelt[349].

Der eigentliche Grund der Ablehnung der Rechtssatzeigenschaft ist gerade darin zu finden, daß die Wirksamkeitsvoraussetzungen von Rechtssätzen nicht eingehalten werden. Insbesondere die — nur selten vorhandene — positivrechtliche Ermächtigung zur Rechtsetzung wird vermißt. So ist beispielsweise eine Entscheidung des Bundesverwaltungsgerichts, die Versetzungsrichtlinien als Verwaltungsvorschriften und nicht als Rechtssätze qualifiziert, weil sie weder in der Form eines Gesetzes erlassen noch als Rechtsverordnung verkündet seien[350], offensichtlich von dem Verlangen getragen, die Rechtswirksamkeit solcher Allgemeinregelungen zu retten.

Es muß jedoch unterschieden werden zwischen der Rechts*natur* dieser Regelungen und ihrer Rechts*wirksamkeit*[351]. Erst wenn die Rechtssatzqualität festgestellt wird, kann nach den Rechtmäßigkeitsvoraussetzungen dieser Regelungen geforscht werden. Da es nicht länger zweifelhaft sein sollte, diese Regelungen als Sätze des Rechts anzuerkennen, kann die einzige Frage in diesem Bereich nur die sein, ob diese Rechtsakte den von der Verfassung vorgeschriebenen Erzeugungsregeln entsprechen und damit gültig sind oder nicht[352]. Die Auffassung insbesondere des Bundesverwaltungsgerichts kann als Indiz dafür angesehen werden, daß die Allgemeinregelungen im Schulverhältnis als Rechtssätze *keine* Wirksamkeit besitzen.

Tilch, S. 131 f. und *Ossenbühl*, Verwaltungsvorschriften, S. 453 ff. — *Merk*, Verwaltungsrecht, Bd. I, S. 315; *ders.*, VVDStRL 12, S. 103 f.; *Forsthoff*, Verwaltungsrecht, S. 140. *Tilch*, S. 136 ff. verneint den Rechtssatzcharakter unter Hinweis auf die mögliche Abweichung im Einzelfall. Auch ein Rechtssatz kann sich Subsidiarität zuordnen. BVerfGE 8, 155 ff.

347 BVerwGE 16, 150 ff.; BVerwG NJW 1959, 1843 f. und 1962, 122 f. Zustimmend: *Menger*, VerwArch. 51 (1960), S. 71 f. und *Obermayer*, JZ 1962, S. 64.

348 So BVerwG DöV 1963, 474 f. Dazu kritisch *Böckenförde/Grawert*, AöR 95 (1970), S. 15; *Ossenbühl*, Verwaltungsvorschriften, S. 514 ff.; *Vogel*, VVDStRL 24, S. 162; *Selmer*, Rechtsverordnung und Verwaltungsvorschrift, VerwArch. 59 (1968), S. 120 und 122 f.

349 *Bachof*, VVDStRL 12, S. 66; *Krüger*, Smend-FS, S. 239.

350 BVerwGE 1, 260 (262). s. auch BVerwG DöV 1971, 748: „Als Rechtsnorm wäre der Erlaß ... mangels vorschriftsmäßiger Veröffentlichung nicht gültig." Ähnlich LVG Düsseldorf DöV 1956, 633.

351 OVG Münster NJW 1967, 949 (951). — *Bachof*, VVDStRL 12, S. 67; *ders.*, Laforet-FS, S. 311; *Brohm*, DöV 1964, S. 245; *Obermayer*, Verwaltungsakt, S. 161.

352 *Rupp*, Grundfragen, S. 79.

V. Außenwirkung durch Selbstbindung

Inkonsequent ist die Rechtsprechung auch deshalb, weil sie im Ergebnis den Verwaltungsvorschriften die Wirkung von Rechtsverordnungen beilegt, dabei aber deren Wirksamkeitsvoraussetzungen unterschlägt[353]. Abgesehen von der Rechtsprechung zu § 839 BGB, die den Verwaltungsvorschriften schon seit langem stillschweigend Außenwirkung zuspricht[354], geschieht das durch die Hilfskonstruktion der mittelbaren Außenwirkung von Verwaltungsvorschriften über Art. 3 GG (Theorie der Selbstbindung)[355]. So betont die Rechtsprechung oft in derselben Entscheidung, die die Rechtssatzqualität beispielsweise einer Reifeprüfungsordnung verwirft, deren mittelbare Bindungswirkung unter dem Gesichtspunkt des Art. 3 GG[356].

Immer wieder hervorgehobener Ausgangspunkt der Lehre von der Selbstbindung der Verwaltung ist die tatsächlich geübte Verwaltungs*praxis*, die wegen Art. 3 GG nicht ohne Vorliegen eines sachlichen Grundes geändert werden darf[357]. Da diese Praxis aber gesteuert wird von Verwaltungsvorschriften[358], kommt diesen über die Praxis mittelbare Außenwirkung zu. Dementsprechend verflüchtigen sich die von der Rechtsprechung an das Vorliegen einer Praxis gestellten Anforderungen dahin, daß bereits die Verwaltungs*vorschrift* selbst als Indiz für das Bestehen einer Verwaltungs*übung* zugrundegelegt wird[359]. Dann kann eine

---

[353] *Böckenförde/Grawert*, AöR 95 (1970), S. 15.

[354] Beispielsweise RGZ 105, 100; 145, 215; 148, 256; BGHZ 10, 390; 26, 234; 27, 282. Neuerdings aber BGH NJW 1971, 1699 ff. — Dazu *Forsthoff*, Verwaltungsrecht, S. 135; *Rupp*, Grundfragen, S. 35 ff.; *Ossenbühl*, Verwaltungsvorschriften, S. 487 ff. m. w. Nachw.

[355] Ständige Rechtsprechung: BVerwGE 1, 321; 2 ,163; 5, 81; 7, 187; 8, 10; 10, 14; 11, 59; 34, 278 (280); BVerwG NJW 1962, 122; DöV 1965, 638; DVBl. 1964, 320. — Aber keine Selbstbindung bei *rechtsauslegenden* Verwaltungsvorschriften. BVerwGE 34, 278 (280); 36, 313 (315); BGH NJW 1971, 1699 ff.

[356] BVerwG VerwRspr. 15 (1963), Nr. 169 (S. 535); NJW 1959, 1843; DöV 1961, 789; VGH Kassel DVBl. 1963, 443 (445); OVG Bremen DVBl. 1966, 40; OVG Münster RdJB 1966, 128; NJW 1967, 949 (951). HessVGH VerwRspr. 23 (1972), Nr. 4 (S. 21): „Denn wären die Aufnahmebestimmungen als Rechtsverordnung etwa mangels ordnungsgemäßer Verkündung unwirksam, so würden sie doch wenigstens als Verwaltungsvorschriften für die Schule bindend sein und auch nach außen hin . . . von Bedeutung bleiben."

[357] BVerwG NJW 1959, 1843 (1844); RWS 1960, 88 (90) und 1961, 152; VerwRspr. 15 (1963), Nr. 169 (S. 535); VG Düsseldorf RdJB 1965, 45 (47). — Weitere Nachw. bei *Ossenbühl*, Verwaltungsvorschriften, S. 518. — *Wallerath*, Die Selbstbindung der Verwaltung (1968), S. 93 ff. und 105 ff.; *Tilch*, S. 140 ff.; *Küchenhoff*, RWS 1964, S. 204.

[358] VG Frankfurt a. M. JZ 1962, 504.

[359] Besonders deutlich BVerwG DöV 1971, 748: „Durch diesen Erlaß . . . selbst gebunden . . .; er ist gewissermaßen eine — der Verwaltung und den Bewerbern im voraus bekanntgegebene — antizipierte Verwaltungspraxis . . ." Ähnlich OVG Münster NJW 1967, 949 (951). Zustimmend *Menger*, VerwArch. 51 (1960),

schulische Entscheidung, die von den Verwaltungsvorschriften abweicht, wegen Verstoßes gegen Art. 3 GG als rechtswidrig aufgehoben werden[360], obwohl der Verstoß gegen das Gleichbehandlungsgebot an sich erst durch die Abweichung von anderen tatsächlich vorliegenden Fällen nachgewiesen werden kann.

Am Endpunkt dieser Entwicklung verzichten die Gerichte ganz auf eine Qualifizierung der Allgemeinregelungen im Schulverhältnis, weil jedenfalls eine mittelbare Außenwirkung immer vorläge[361]. Das ist ein merkwürdiges Ergebnis, wenn man sich die ständigen Appelle der Rechtsprechung in Erinnerung ruft, Verwaltungsvorschriften im Schulverhältnis könnten deshalb keine Rechtssätze sein, weil das zu einer Verwischung des Unterschiedes zwischen Rechts- und Verwaltungsvorschriften führen müsse[362]. Diesen Ausganspunkt hat die Rechtsprechung längst verlassen: In dem Maße, in dem sich die Lehre von der Selbstbindung der Verwaltung vom Gleichheitssatz als ihrer dogmatischen Legitimation löst, kommt es zu einer „effektive(n) Egalisierung von Gesetz und Verwaltungsvorschrift“[363].

Obwohl der Selbstbindungsgedanke mithelfen kann, das bis heute vom Gesetzgeber weitgehend ignorierte Feld des Schulverhältnisses rechtsstaatlich zu kultivieren, weil er auf Umwegen „rechtsstaatliche Effekte“[364] erzielt, so kann doch nicht übersehen werden, daß damit im Ergebnis der Verwaltung eine mittelbare Rechtsetzungsbefugnis in die Hand gespielt wird[365], die durch keinerlei Wirksamkeitsvoraussetzungen gebremst wird. Deshalb sollte da eine Grenze gezogen werden, wo einerseits nachgeordnete Organe verpflichtet, andererseits aber Bürger — und sei es als Schüler im Schulverhältnis — in ihren Rechten betroffen werden.

VI. Ergebnis

Im Schulverhältnis kann es nicht länger eine dem Recht entzogene Sphäre geben, weil immer Grundrechte des Schülers oder seiner Eltern

---

S. 71 f. Kritisch: *Brohm*, DöV 1964, S. 243 Fußn. 68; *Ossenbühl*, Verwaltungsvorschriften, S. 518 f.; *Wallerath*, Selbstbindung, S. 104 ff.

[360] BVerwG NJW 1959, 1843 (1844); OVG Münster RdJB 1966, 128; VG Kassel DöV 1956, 636 (637); VG Frankfurt a. M. JZ 1962, 504; VG Würzburg RdJB 1966, 157 (158).

[361] BVerwG DöV 1963, 474 f.; VG Kassel DöV 1956, 636 (637). — s. auch BVerwGE 19, 48 (55) hinsichtlich Beihilfevorschriften.

[362] So BVerwG DöV 1959, 632.

[363] *Ossenbühl*, Verwaltungsvorschriften, S. 521, ausführlich S. 514 ff.; *ders.*, Die Verwaltungsvorschriften in der verwaltungsgerichtlichen Praxis, AöR 92 (1967), S. 17 f.; *Perschel*, RdJB 1969, S. 36.

[364] *Ossenbühl*, Verwaltungsvorschriften, S. 517. s. auch S. 532.

[365] *Rupp*, Grundfragen, S. 120.

im Spiele sind. Deshalb gebietet eine dogmatisch saubere Lösung die Annahme von Rechtssätzen im Schulverhältnis[366]. Der Sache nach hat das die Rechtsprechung bereits durch ihre Konstruktion von der Selbstbindung der Verwaltung anerkannt, wobei sie allerdings alle Wirksamkeitsvoraussetzungen umgeht. Es ist an der Zeit, die Rechtssatzqualität offen auszusprechen. Damit beginnt erst das eigentliche Problem: die Überprüfung ihrer Wirksamkeit. Das hängt in erster Linie vom Erfordernis einer Ermächtigung ab.

§ 14 Zwischenergebnis

Die Impermeabilitätstheorie als Grundlage der Lehre vom besonderen Gewaltverhältnis diente dazu, der Machtverteilung in der konstitutionellen Monarchie gerecht zu werden[367]. Indem auch heute noch überall da, wo Freiheitseinschränkungen für erforderlich gehalten werden, ohne daß eine positivrechtliche Legitimation zur Verfügung steht, auf die Lehre vom besonderen Gewaltverhältnis zurückgegriffen wird, wird damit eine inzwischen der Vergangenheit angehörende politische Situation begrifflich verabsolutiert und konserviert[368].

Die Beschwörung des hohen Wertes der Persönlichkeit des einzelnen Bürgers, dessen Beziehungen zum Staat deshalb rechtlicher Natur seien[369], müßte sich als hohles Pathos erweisen, wenn an der fiktiven Schranke des besonderen Gewaltverhältnisses plötzlich Rechtsstaat und andere das allgemeine Gewaltverhältnis auszeichnende Leitbilder abgewiesen werden sollten. Vielmehr beanspruchen die Grundrechte auch im Schulverhältnis Geltung, gibt es einen das Schulverhältnis total umfassenden Rechtsschutz und lassen sich die das Schulverhältnis steuernden Verwaltungsvorschriften als Rechtssätze qualifizieren.

Kann das Schulverhältnis nicht länger als rechtsfreier Raum gedeutet werden, ist das Verständnis der Einzelakte im schulischen Betriebsverhältnis und der Verwaltungsvorschriften im Schulverhältnis als Maßnahmen nur interner Natur dogmatisch unhaltbar, weil damit die einen Rechtsbereich von einem Nichtrechtsbereich trennende und deshalb obsolete Impermeabilitätstheorie aufrechterhalten würde. Vielmehr ist das Schulverhältnis heute in jeder Beziehung ein *Rechtsverhältnis*[370].

---

366 Nachweise oben Fußn. 332.

367 *Thoma*, HDStR, Bd. II, S. 228; *Rupp*, Grundfragen, S. 77 f.

368 *Forsthoff*, Verwaltungsrecht, S. 130; *Bach*, NJW 1963, S. 1764.

369 Beispielsweise BVerwGE 1, 159 (161).

370 Diese Erkenntnis ist nicht neu, nur wird das Schulverhältnis häufig nur in dieser oder jener Beziehung, nicht aber in *jeder* Beziehung als Rechtsverhältnis behandelt. Deshalb überzeugt es nicht, wenn *Ule*, VVDStRL 15, S. 144 Fußn. 45 meint, in der Theorie des besonderen Gewaltverhältnisses sei nie ein

Läßt sich für die Lehre vom besonderen Gewaltverhältnis im Schulverhältnis keine dogmatische Rechtfertigung erbringen, kann auch der Vorbehaltsgrundsatz im Schulverhältnis nicht länger wegen dieser Konstruktion verneint werden. Vielmehr streitet für die Zuständigkeit zur Gesetzgebung eine Vermutung zugunsten des förmlichen Gesetzgebers, die der Verwaltung nur eine Ausnahmekompetenz überläßt[371]. Diese Ausnahmekompetenz der Verwaltung bedarf dann jedoch einer *sachlichen*, erst noch zu erbringenden Rechtfertigung[372].

Zweifel daran gelassen worden, daß es sich dabei um ein Rechtsverhältnis handele. Ein auch nur teilweise dem Recht entzogenes Rechtsverhältnis ist ein Unding. — *Kellner*, DöV 1963, S. 419; *Pöttgen*, RWS 1963, S. 88; *Weber*, VVDStRL 15, S. 190; *Kuhn*, S. 160; *Brohm*, DöV 1964, S. 248; *Perschel*, Meinungsfreiheit, S. 7; *Holland*, DVBl. 1968, S. 245; *Heckel/Seipp*, S. 341; *Henke*, VVDStRL 28 (1970), S. 157 und 160; *Oppermann*, S. 190; *Martens*, ZBR 1970, S. 199; *Rupp*, DVBl. 1971, S. 671; *Hansen*, S. 50. — Dagegen bezeichnen *Bachof*, VVDStRL 12, S. 58 f.; *Krüger*, VVDStRL 15, S. 109; *Ule*, VVDStRL 15, S. 144 und *Merk*, VVDStRL 15, S. 196 das Schulverhältnis zwar als Rechtsverhältnis, ohne in der Sache die Lehre vom besonderen Gewaltverhältnis zu verlassen.

[371] *Zacher*, VVDStRL 24, S. 236.

[372] *Ossenbühl*, Verwaltungsvorschriften, S. 166 ff.

Viertes Kapitel

Ermächtigungsgrundlagen für Sonderverordnungen im Schulverhältnis

Bevor die Reichweite des Vorbehaltsgrundsatzes bestimmt wird — ob also zu den Wirksamkeitsvoraussetzungen schulischer Sonderverordnungen auch eine gesetzliche Grundlage zu zählen ist —, soll nicht unversucht bleiben, das ganze Problem durch den Nachweis bereits vorhandener globaler Ermächtigungen zur Regelung des Schulverhältnisses zu entschärfen. Als solche Ermächtigungen bzw. Ermächtigungssurrogate werden die *Unterwerfung* unter die Anstaltsgewalt der Schule (§ 15), die *Schulaufsicht* nach Art. 7 GG (§ 16) und das *Gewohnheitsrecht* (§ 17) angeboten.

§ 15 Die Unterwerfung als Legitimationsgrundlage

I. Die Lehre von der Unterwerfung unter die Schul-Anstaltsgewalt

In echt zivilistischer Manier wird beim Fehlen gesetzlicher Grundlagen zur Rechtfertigung der Einschränkbarkeit von Grundrechten[1] und der Beschneidung des Rechtsschutzes[2] auf die freiwillige Unterwerfung des Bürgers zurückgegriffen. In gleicher Weise wird bei der Suche nach einer Ermächtigungsgrundlage für schulische Sonderverordnungen bei der Einwilligung des Bürgers Zuflucht gesucht: Wer die Schule besuche, unterwerfe sich damit freiwillig der Ordnungsgewalt dieser Anstalt, die deshalb die Benutzungsbedingungen und die innere Ordnung durch Anstalts- und Benutzungsordnungen normieren dürfe — volenti non fit iniuria[3].

---

[1] s. oben § 11 II 1.

[2] s. oben § 12 I 1.

[3] *Otto Mayer*, Bd. I, S. 98, 108, 254; *G. Jellinek*, System, S. 209 ff.; *Fleiner*, S. 165 ff.; *Freudenberger*, S. 175 ff.; *Merk*, VVDStRL 15, S. 195 f.; *Peters*, Lehrbuch, S. 77; *Forsthoff*, Verwaltungsrecht, S. 128, 494, 503; *Sellschopp*, DöV 1971, S. 414. — BVerwGE 1, 260; BayVGH DVBl. 1950, 305 (306); OVG Koblenz DVBl. 1954, 579 (581) und DöV 1956, 631; OVG Münster DöV 1958, 468; OVG Lüneburg E 9, 430 (436). — Ohne Zustimmung geblieben ist die Ansicht *Otto Mayers*, der Grund der Anstaltsgewalt sei „überall gleichmäßig nichts anderes als die *Tatsache* des Eintrittes des Gegenstandes anstaltlicher Behandlung in den Bannkreis der Anstalt“ (Bd. II, S. 285; ähnlich Bd. I, S. 102). Das stellt keine Rechtfertigung dar. *Forsthoff*, Verwaltungsrecht, S. 129.

II. Kritische Würdigung

Dieser Satz ist natürlich nur auf solche besondere Gewaltverhältnisse abgestellt, in die man freiwillig eintreten und aus denen man jederzeit wieder austreten kann[4]. Er paßt daher allenfalls für das Schulverhältnis an höheren Schulen, nicht aber für die Zeit der Erfüllung der Schulpflicht[5]. Freilich ist dieser Satz gerade zur Ergänzung als lückenhaft empfundener gesetzlicher Regelungen konzipiert, die für die Schulpflicht in allen Bundesländern vorhanden sind[6]. Indessen regeln die Schulpflichtgesetze kaum mehr als Begründung und Beendigung des Schulverhältnisses, den eigentlichen Inhalt des Schulverhältnisses sparen sie aus. Da der Zweck dieses Verhältnisses ungeeignet ist zur Kreation hoheitlicher Befugnisse der Schule[7], tauchen auch im Pflichtschulverhältnis die Probleme auf, die die Suche nach einer Legitimationsgrundlage für schulische Sonderverordnungen mit sich bringt. Dessenungeachtet soll der Unterwerfungsgedanke auf seine Tragfähigkeit hin untersucht werden.

1. *Freiwilligkeit*

Erste Voraussetzung der Anwendbarkeit dieses Satzes ist die wirkliche Freiwilligkeit der Unterwerfung[8]. Davon mag in mehr oder weniger zahlreichen Ausnahmefällen gesprochen werden, regelmäßig unterstellt werden darf sie nicht. Ganz im Gegenteil ist der Eintritt in ein besonderes Gewaltverhältnis in aller Regel nur scheinbar freiwillig, weil er durch eine Zwangslage geboten wird, die dem Eintretenden keine Wahl läßt[9].

---

[4] *Krüger*, DVBl. 1950, S. 628; *v. Mangoldt/Klein*, Vorb. B XVI 5; *Fr. Vogel*, Das Verhältnis der Grundrechte zu den besonderen Gewaltverhältnissen (1954), S. 71; *Pittermann*, Verwaltungsgerichtlicher Rechtsschutz gegen Maßnahmen der Schul- und Prüfungsgewalt (1960), S. 118; *Perschel*, Meinungsfreiheit, S. 22 f.

[5] *Quaritsch*, Schulvertrag, S. 50 f.; *Perschel*, Meinungsfreiheit, S. 22 f.

[6] Dazu oben § 5 II.

[7] *Wimmer*, DVBl. 1966, S. 852 f. Ausführlich oben § 9. — Deshalb läuft auch die „Immanenzlehre", die *Maunz*, MDH, Art. 7 Rdnr. 26 vertritt, wonach mit der gesetzlichen Ermächtigung zur Errichtung einer Schule oder der gesetzlichen Verpflichtung zum Besuch der Schule in der Regel die Ermächtigung verbunden sei, den Schulbetrieb nach pädagogischen Grundsätzen zu gestalten, letztlich auf die Unterwerfung des Schülers unter die Schulgewalt hinaus, weil die „pädagogischen Grundsätze" kein Entscheidungsprogramm liefern können.

[8] *Bachof*, Laforet-FS, S. 301 f.; *Thieme*, DöV 1956, S. 524; *Jesch*, Gesetz, S. 210; *Ule*, VVDStRL 15, S. 160; a. A. *Freudenberger*, S. 176 f. — Die Freiwilligkeit dürfte zu bejahen sein bei schlichten Anstaltsverhältnissen (Bad, Museum, Bibliothek). *Weber*. VVDStRL 15, S. 186; *Ipsen*, VVDStRL 15, S. 200; *Thieme*, JZ 1964, S. 84.

[9] *Bachof*, Laforet-FS, S. 301; *Heckel*, Die Grenzen der Schulgewalt, RdJ 1954, S. 5; *Köhl*, Die besonderen Gewaltverhältnisse im öffentlichen Recht (1955), S. 41 Fußn. 39; *Thieme*, Hochschulrecht, S. 305; *Ule*, VVDStRL 15, S. 160;

Von einer Freiwilligkeit der Unterwerfung kann aber nur beim Fehlen eines „jeden wie immer gearteten sozialen Druckes"[10] die Rede sein.

Der auf einen gewissen sozialen Standard angewiesene Bürger begegnet der leistenden Verwaltung in der Rechtsform der Anstalt[11]. Die differenzierte Verwaltung der modernen Industriegesellschaft hat den Anwendungsbereich der Anstalt vervielfacht. Da das Leistungsverhältnis dieser Anstalten noch immer als besonderes Gewaltverhältnis konstruiert wird, der Bürger aber auf die für ihn lebenswichtigen Leistungen nicht verzichten kann, kann er dem besonderen Gewaltverhältnis nicht ausweichen[12].

Zu diesen vitalen Bedürfnissen gehören nicht nur die infolge der städtischen Lebensweise existenznotwendigen Leistungen wie Gas, Strom, Wasser und Verkehrsmittel[13]. Vielmehr haben die Bildungserfordernisse der modernen Industriegesellschaft dazu geführt, die Eigenschaft des Schulwesens als eines der wesentlichsten Stücke daseinsvorsorgender Leistungsverwaltung zu begreifen[14].

Für das Schulverhältnis ergibt sich diese faktische Zwangslage aus dem modernen Berechtigungswesen, weil bestimmte Berufe das erfolgreiche Durchlaufen des Schulverhältnisses voraussetzen[15]. Vermittelt die Schule nicht nur Kenntnisse und Fertigkeiten, sondern erteilt sie formalisierte Berechtigungen, ist sie zur „Zuteilungsapparatur von Lebens- und Sozialchancen"[16] geworden, die als „soziale Siebtrommel"[17] über die spätere Stellung des Schülers in der Gesellschaft, sein Ansehen, sein Einkommen und seinen Anteil am Konsum entscheidet[18].

Angerer, Die verfassungsrechtliche Stellung des Jugendlichen (1959), S. 213 und 221; *Leisner*, DVBl. 1960, S. 619; *Perschel*, Meinungsfreiheit, S. 23; *Kuhn*, S. 164; *Dame*, S. 18; *Küchenhoff*, Verfassungsrechtliche Grenzen des Ausschlusses eines Schülers von weiterführenden Schulen, RWS 1963, S. 353; *Cramer*, Zensur, S. 22 und 25; *v. Münch*, Meinungsfreiheit, S. 27 ff.

[10] *Bachof*, VVDStRL 12, S. 59. Ähnlich *Thieme*, JZ 1964, S. 85; *Abelein*, ZfP XIV (1967), S. 325. — Vgl. demgegenüber OVG Lüneburg E 9, 430 (436): „Aber auch diese faktische Zwangslage ändert nichts daran, daß ein Gesetzesvorbehalt . . . nicht besteht."

[11] *Jecht*, S. 104.

[12] *Forsthoff*, Verwaltungsrecht, S. 129 f.; *Jecht*, S. 107.

[13] *Forsthoff*, Verwaltungsrecht, S. 130, aber S. 427, der zwar andere Möglichkeiten offen läßt, das Schulverhältnis indessen ausnimmt: Das Schulverhältnis wird „von der Unterwerfung unter die Anstaltsgewalt beherrscht".

[14] *Oppermann*, S. 181 Fußn. 138 und S. 194; *Abelein*, ZfP XIV (1967), S. 319; *Klein*, Recht auf Bildung, S. 21. — VGH Mannheim DVBl. 1961, 523 (524).

[15] *Bachof*, Laforet-FS, S. 295; *Perschel*, Meinungsfreiheit, S. 23; *Oppermann*, S. 194; *Lang*, S. 52; *H. Becker*, Quantität und Qualität, S. 149.

[16] *Helmut Schelsky*, Auf der Suche nach Wirklichkeit (1965), S. 137.

[17] *H. H. Plickat*, Die Schule als Instrument sozialen Aufstiegs (1959), S. 79.

[18] *Evers*, VVDStRL 23, S. 160 f.; *Abelein*, ZfP XIV (1967), S. 319. — Die Sozialchance darf dabei nicht nur materiell gesehen werden. Zwar mag es sein, daß

Wer von seinem in einzelnen Landesverfassungen verbürgten Recht auf Bildung[19] ohne erhebliche eigene Aufwendungen Gebrauch machen will, ist gezwungen, die nächstgelegene staatliche Schule der gewünschten Gattung zu besuchen[20], zumal auch die Privatschulen der Schulaufsicht des Staates unterliegen. Es besteht also keine praktische Alternative zu den staatlichen Schulen. Deshalb übt der Staat mit seinen Bildungsanstalten ein tatsächliches Monopol aus[21]. Die Freiwilligkeit der Wahl der Schule und des damit verbundenen Eintritts in das Schulverhältnis erweisen sich so als reine Fiktion[22].

Auch die Möglichkeit, das Schulverhältnis durch Austritt zu beenden, ist fiktiv, weil sich der Schüler damit schweren Schaden zufügen würde[23]. Die „freiwillige Unterwerfung" unter die Vorschriften einer Reifeprüfungsordnung als Legitimationsakt in Anspruch zu nehmen[24], unterstellt die Möglichkeit, auf die Reifeprüfung zu verzichten. Solche eleganten Abgänge kann sich heute niemand mehr erlauben. Für weite Bevölkerungskreise ohne tragfähige Vermögensgrundlage stellt ihre Arbeitskraft, ihr Beruf und ihr Können die einzige Existenzgrundlage dar[25]. Diese Er-

---

ein tüchtiger Fliesenleger in jungen Jahren im Akkord oder gar ein selbständiger Handwerker das Gehalt eines Akademikers erreicht — dessen sozialen Status können sie nicht wettmachen. — Die eminent wichtige Bedeutung schulischer Berechtigungen dürfte der Hauptgrund dafür sein, die Tätigkeit auch der *Privat*schule als öffentliche Gewalt zu qualifizieren. s. dazu BVerwGE 17, 41; OVG Münster RWS 1963, 214 (216); a. A. BGH DöV 1961, 787 mit zustimmender Anmerkung von *Heckel*, S. 788. Ausführlich *Oppermann*, S. 243 f. und 400 m. w. Nachw.

[19] Art. 11 Abs. 1 bad.-württ. Verf.; Art. 128 Abs. 1 bay. Verf.; Art. 27 brem. Verf.; Art. 27 hbg. Verf.; Art. 8 Satz 1 nordrh.-westf. Verf.; Art. 28 rhld.-pf. Verf.; Art. 26 saarl. Verf. — Diese Garantie und die Unterwerfungstheorie sind unvereinbar. *Thieme*, DöV 1956, S. 524; *Fuß*, VVDStRL 23, S. 199; *Abelein*, DöV 1967, S. 375.

[20] VGH Mannheim DVBl. 1961, 523 (524) und VerwRspr. 15 (1963), Nr. 7 (S. 20). — *Perschel*, Meinungsfreiheit, S. 23.

[21] *Bachof*, Laforet-FS, S. 295; *ders.*, VVDStRL 12, S. 59; *Perschel*, Meinungsfreiheit, S. 25; *Fuß*, VVDStRL 23, S. 202; *Oppermann*, S. 179; *Dame*, S. 18; *Lang*, S. 52. — Auch BVerfGE 6, 309 (339) spricht vom staatlichen Schulmonopol. BVerwG DöV 1968, 128 bestreitet das. *Rechtlich* besteht kein staatliches Schulmonopol, wohl aber *faktisch*.

[22] *Oppermann*, S. 194 und 181 Fußn. 138: „Utopie". *Heckel/Seipp*, S. 366 f. *Forsthoff*, Verwaltungsrecht (9. Auflage 1966), S. 460: „. . . unter vielfach gewagter Überdehnung des Satzes volenti non fit iniuria . . .", ohne allerdings für das Schulverhältnis Konsequenzen zu ziehen. — VGH Mannheim DVBl. 1961, 523 (524); OVG Lüneburg E 9, 430 (436): „faktische Zwangslage"; a. A. *Quaritsch*, Schulvertrag, S. 61 Anm. 19.

[23] *Leisner*, DVBl. 1960, S. 619. Ohnehin unterläge der Schüler bei vorzeitigem Abgang von der Schule der Berufsschulpflicht und würde damit nur in ein anderes besonderes Gewaltverhältnis überwechseln. *Perschel*, Meinungsfreiheit, S. 23.

[24] So aber OVG Koblenz DöV 1956, 631.

[25] *Suhr*, Rechtsstaatlichkeit und Sozialstaatlichkeit, Der Staat 9 (1970), S. 78 ff.

kenntnis muß auch in das den Berufen vorgeschaltete Ausbildungsverhältnis, das Schulverhältnis, hineinwirken.

Der fiktive Charakter der Unterwerfungskonstruktion zeigt sich auch daran, daß nicht etwa an einen verwaltungsrechtlichen Vertrag mit vereinbarten konkreten Einzelpflichten gedacht wird[26], sondern an eine generelle Unterwerfung unter alles, was die Schulpersonen zur Erreichung des Zwecks des Schulverhältnisses für notwendig erachten[27]. Der Bürger weiß also beim Eintritt in das Schulverhältnis nicht, was ihn alles erwartet. Jedenfalls erklärt er sich „nicht von vornherein auf Jahre hinaus allgemein mit jeder Arreststrafe einverstanden, die gegen ihn, aus welchen Gründen auch immer, verhängt wird“[28].

2. *Verfügungsbefugnis*

Die Anstaltsgewalt der Schule durch Übernahme des dem Zivilrecht entstammenden Instituts der Einwilligung legitimieren zu wollen, hat zur doppelten Voraussetzung die Abhängigkeit des Staates von der Einwilligung des Bürgers und die Rechtsmacht des Bürgers zur Abgabe dieser kompetenzschaffenden Erklärung.

Der moderne Staat erhält seine Machtmittel durch Gesetz, nicht aber durch spezielle Einwilligung des einzelnen Bürgers. Seine Eigenart besteht gerade in der Unabhängigkeit vom Willen Dritter — er zeichnet sich aus durch Einseitigkeit der Staatsgewalt[29]. Eine Erweiterung seiner Befugnisse durch Einwilligung des Bürgers ist damit nicht zu vereinbaren[30].

---

[26] Dazu *Quaritsch*, Schulvertrag, S. 39 ff. Voraussetzung ist eine den Vertrag gestattende gesetzliche Ermächtigung.

[27] *Thieme*, JZ 1964, 85 begnügt sich damit, daß der Bürger die Tatsache der Existenz der Anstaltsordnung kenne, ihren Inhalt brauche er nicht zu kennen. Das entspricht der Rechtsprechung zu den Allgemeinen Geschäftsbedingungen. Indessen vermag die Ansicht, auch im privaten Vertragsrecht kämen solche Fälle nur fiktiver Freiwilligkeit vor, ohne die Bindung deshalb zu beeinträchtigen (so *Kuhn*, S. 164), nicht zu überzeugen, weil der private Vertragspartner — auch bei Überlegenheit — sich auf seine Grundrechte (Vertragsfreiheit) berufen kann, nicht aber der hoheitlich handelnde Staat. Hier dient die Einwilligung des Schulbenutzers dazu, die Verfassungsordnung zu ergänzen oder zu unterlaufen.

[28] BayVerfGH VerwRspr. 18 (1967), Nr. 222 (S. 906). — Ähnlich *v. Münch*, Meinungsäußerung, S. 29; *Perschel*, Meinungsfreiheit, S. 23; *Kuhn*, S. 164.

[29] *Krüger*, Allgemeine Staatslehre (2. Auflage 1966), S. 879 ff.; *Quaritsch*, Staat und Souveränität (1970), S. 270 ff.; *ders.*, Referat DJT, S. 0.45. s. auch 0.51: „Der Staat jedoch darf Handlungsfähigkeit und Entscheidungsfreiheit rechtlich nicht von dem guten Willen und der Konsensbereitschaft der Adressaten seiner Akte ... abhängig machen ...“

[30] *Krüger*, VVDStRL 15, S. 122; *Leisner*, DVBl. 1960, S. 619; *Dume*, S. 19; *Menger*, VerwArch. 52 (1961), S. 197; *Kuhn*, S. 165; *Thieme*, JZ 1964, S. 84; *Lang*, S. 53.

Könnte der Bürger in diesem Sinne verfügen, würde er nicht nur eine Rechtseinbuße erleiden, sondern sein einverständliches oder besser fingiertes Paktieren mit dem Staat würde die Schutzfunktion der rechtsstaatlichen Komponente des Vorbehaltsgrundsatzes unterlaufen und damit ein wesentliches Stück der Verfassung aushöhlen. Gerade weil diese Funktion der Freiheitssicherung vor der überlegenen Staatsgewalt dient, kann der Grundsatz vom Vorbehalt des Gesetzes nicht zur Disposition des Bürgers stehen[31].

§ 16 Die Schulaufsicht des Art. 7 Abs. 1 GG als Legitimationsgrundlage

Nichts liegt näher, als die Ermächtigung zum Erlaß schulischer Sonderverordnungen im einzigen Artikel des Grundgesetzes zu sehen, der sich mit dem Schulwesen befaßt — Art. 7[32]. Dem steht nicht entgegen, daß Art. 7 GG keine in sich geschlossene Regelung enthält[33], denn keine Verfassung kann eine erschöpfende Regelung des staatlichen Lebens bieten[34]. Deshalb könnte sich aus der Institutionalisierung des Schulverhältnisses in diesem Artikel — über die Grundrechtseinschränkbarkeit hinaus[35] — eine Generalermächtigung der Verwaltung zur Regelung dieses Verhältnisses ergeben[36].

---

[31] BVerwG DVBl. 1962, 524 (525): Der Bürger darf sich seiner Rechte gegenüber der Staatsgewalt deshalb nicht begeben, weil sie ihm auch im öffentlichen Interesse verliehen sind. — *Bettermann*, Der Schutz der Grundrechte in der ordentlichen Gerichtsbarkeit, BNS, Bd. III 2. Hbd. (1955), S. 795 und 812 f.; *Bellstedt*, Bedürfen Subventionen gesetzlicher Grundlage? DöV 1961, S. 169; *Forsthoff*, DVBl. 1957, S. 724; *Kuhn*, S. 164 f.; *Obermayer*, Verwaltungsakt, S. 121; *Evers*, VVDStRL 23, S. 159 Fußn. 41; *Starck*, ZRP 1969, S. 148. Vgl. schon *Freudenberger*, S. 175, 193, 201. — Dagegen vertreten *v. Mangoldt/Klein*, Vorb. B XVI 5 die Ansicht, die Einwilligung des freiwillig Eintretenden mache die Gesetzesform entbehrlich. Das mag bei schlichten Anstaltsnutzungsverhältnissen angehen, weil bei der Abgabe des Regenschirms im Museum oder dem Rauchverbot im Theater die besonderen Verfahrensgarantien des Gesetzes keinen Freiheitsraum schützen können. *Starck*, ZRP 1969, S. 148; *Thieme*, JZ 1964, S. 85.

[32] Von Art. 141 GG (Bremer Klausel) abgesehen. Die konfessionelle Komponente des Schulverhältnisses bleibt unberücksichtigt. Dazu BVerfGE 6, 309 ff. (Konkordats-Urteil).

[33] BVerfGE 26, 228 (238).

[34] *Merk*, VVDStRL 15, S. 193.

[35] Dazu oben § 11 II 4 b.

[36] BayVerfGH VerwRspr. 18 (1967), Nr. 222 (S. 910): „Die Schulen müssen — das ist für ihre ersprießliche Arbeit unerläßlich — über die Mittel verfügen, um die Schüler zur Mitarbeit und zu einem angemessenen Betragen anzuhalten. Den Schulen kann es demnach nicht versagt sein, Erziehungsmaßnahmen zu treffen, und, wenn nötig, Schulstrafen zu verhängen." — BVerwGE 6, 104; 18, 290; 21, 39; OVG Lüneburg DVBl. 1954, 256 f. — *v. Mangoldt/Klein*, Art. 7 Erl. III 3; *Bettermann*, VVDStRL 23, S. 271; *Brinkmann*, Kommentar zum Grundgesetz für die Bundesrepublik Deutschland (1968), Art. 7 Abs. 1 Erl. 1 b.

Eine solche Ermächtigung läßt sich dem schlichten Satz „Das gesamte Schulwesen steht unter der Aufsicht des Staates“ nur unter der doppelten Voraussetzung entnehmen, daß der Begriff „Staat“ im Wege *restriktiver* Auslegung mit „Verwaltung“ identifiziert wird und der Begriff „Aufsicht“ im Wege *extensiver* Auslegung Rechtsetzungsbefugnisse ergreift. Das soll an Hand beider Begriffe geprüft werden.

I. Der Begriff „Aufsicht“ in Art. 7 Abs. 1 GG

Nach allgemeinem Sprachgebrauch wie auch in der Rechtssprache enthält der Begriff der Aufsicht das Merkmal der Kontrolle, während der Maßstab dieser Kontrolle von der Aufsicht vorausgesetzt wird[37]. Danach kann die Befugnis zur generellen Ordnung nicht Bestandteil der Aufsicht sein, weil „die Schaffung des Richtmaßes und seine Anwendung wesensmäßig nicht dasselbe sein können[38]“.

Demgegenüber interpretiert die h. M. den Aufsichtsbegriff des Art. 7 Abs. 1 GG in einem umfassenden Sinne, der auch die Setzung schulischer Allgemeinregelungen umfasse. Das Grundgesetz habe an die Überlieferung der Weimarer Zeit anknüpfen wollen, weshalb der Begriff „Aufsicht“ historisch ausgelegt werden müsse. Dieser historische Begriff der Schulaufsicht beinhalte nicht nur die Aufsicht im engeren Sinne, sondern darunter sei der Inbegriff der staatlichen Herrschaftsrechte über die Schule zu verstehen, nämlich die Gesamtheit der staatlichen Befugnisse zur Organisation, Planung, Leitung und Beaufsichtigung des Schulwesens[39]. Dazu zählen im einzelnen Lehrpläne, Prüfungsordnungen, Schulbüchergenehmigungen, Unterrichtsdauer und -umfang, Ferienbeginn, Schuljahresbeginn, Bestimmung von Schultypen und Ausbildungsgängen[40].

---

[37] *Fuß*, VVDStRL 23, S. 207; *Wimmer*, DVBl. 1966, S. 851; *Oppermann*, S. 255; *Lang*, S. 49; *Heckel/Seipp*, S. 119; *Peters*, HNS, Bd. IV, 1. Hbd., S. 410 f.; *H. Becker*, Quantität und Qualität, S. 165 f.; *Harnischfeger/Heimann*, S. 13.

[38] *Fuß*, VVDStRL 23, S. 207. So unterschied § 18 Abs. 5 der Instruktion zur Geschäftsführung der Regierungen in den Königlich-Preußischen Staaten vom 23. Oktober 1817 (PrGS S. 261) zwischen der „Aufsicht“ und der „Schulordnung“. Auch § 3 Abs. 1 Satz 2 bln. AZG verwendet den Schulaufsichtsbegriff im *engen* Sinne.

[39] Ständige Rechtsprechung: BVerwGE 6, 101 (104); 18, 40 (41) und 38 (39); 21, 289 (290); OVG Lüneburg DVBl. 1954, 255 (256); E 9, 430 (436); VGH Mannheim DVBl. 1968, 117 (118); OVG Hamburg DöV 1956, 627 (628); OVG Münster DVBl. 1964, 829 (830); BGH NJW 1963, 1830. s. auch BVerfGE 26, 228 (238). — *Bettermann*, VVDStRL 23, S. 271 f.; *Schmidt-Bleibtreu/Klein*, Art. 7 Rdnr. 11; *Wernicke*, BK, Art. 7, S. 2; *Heckel/Seipp*, S. 122; *Sellschopp*, DöV 1971, S. 415; *Plümer*, DVBl. 1971, S. 543.

[40] *Oppermann*, S. 255 f.; *Heckel/Seipp*, S. 12; *v. Campenhausen*, Erziehungsauftrag, S. 23 f.

Dieser weite Begriff hat somit mit dem sonst im Recht üblichen Aufsichtsbegriff nicht viel mehr als den Namen gemeinsam[41]. Die Begründung dieser extensiven Auslegung ist indessen bedenklich. Hier wird ein einzelner Begriff isoliert interpretiert, obwohl er heute in einem ganz anderen Zusammenhang steht als in der Weimarer Verfassung[42]. Art. 7 Abs. 1 GG steht in einem Spannungsverhältnis zu Art. 6 Abs. 2 GG (Elternrecht) und den Grundrechten des Schülers, zu Art. 7 Abs. 4 GG (Privatschule) und Art. 28 Abs. 2 GG (Gemeindeautonomie)[43]. Diese Zusammenhänge dürfen bei einer Interpretation nicht unberücksichtigt bleiben[44].

Das Grundgesetz knüpft zwar auch an die verfassungsrechtliche Tradition vor 1933 an[45] — mit gleicher Entschiedenheit spricht es sich aber auch gegen die Verfassungstradition aus. Dürfen alte Kategorien nicht unbesehen übernommen werden[46], darf auch der Interpretation des Art. 7 Abs. 1 GG nicht ohne weitere Prüfung die Auslegung des Art. 144 der Weimarer Reichsverfassung zugrundegelegt werden[47]. Ist die Bedeutung des Aufsichtsbegriffs abhängig von der gesamten Verfassungsstruktur, dann darf nicht außer acht gelassen werden, daß in der Weimarer Zeit die Lehre vom besonderen Gewaltverhältnis gang und gebe war, während sie sich heute — jedenfalls beim Schulverhältnis — auf dem Rückzug befindet. Deshalb ist der Begriff „Aufsicht“ in Art. 7 Abs. 1 GG nicht konservierend zu übernehmen, sondern erst sachlich zu bestimmen.

Gegen den weiten Aufsichtsbegriff hat sich in letzter Zeit insbesondere *Fuß*[48] ausgesprochen. Er will durch eine Bedeutungskorrektur der Schulaufsicht diese auf die administrativen Aufsichtsbefugnisse im engeren Sinne des Wortes beschränken und den Erlaß allgemeiner Schul- und Prüfungsordnungen aus dem Begriff der staatlichen Schulaufsicht entfernen. Die Ausgliederung dieser Materie aus der Schulaufsicht soll sie

---

[41] *Peters*, DVBl. 1956, S. 533; *Tilch*, S. 34; *Maunz*, MDH, Art. 7 Rdnr. 17.

[42] BVerfGE 6, 309 (355), allerdings hinsichtlich der bekenntnismäßigen Ausgestaltung des Schulwesens.

[43] *Evers*, VVDStRL 23, S. 153.

[44] *Oppermann*, S. 254; *Harnischfeger/Heimann*, S. 13 ff.

[45] *Ossenbühl*, Verwaltungsvorschriften, S. 236 f.; *Leisner*, Betrachtungen zur Verfassungsauslegung, DöV 1961, S. 650. — BVerfGE 25, 352 (358).

[46] *Böckenförde*, Organisationsgewalt, S. 86; *Friauf*, Bemerkungen zur verfassungsrechtlichen Problematik des Subventionswesens, DVBl. 1966, S. 730; *Ossenbühl*, Verwaltungsvorschriften, S. 177.

[47] *Perschel*, Staatliche Schulaufsicht und kommunale Selbstverwaltung nach der Privatschulen auf staatliche Anerkennung, DVBl. 1971, S. 539; *ders.*, Zur dem Grundgesetz, RWS 1962, S. 101 ff.; *Wimmer*, DVBl. 1966, S. 851; *Lang*, S. 50; *Harnischfeger/Heimann*, S. 13; *Link*, JZ 1971, S. 552; *Säcker*, Anspruch gesetzlichen Regelung von Schulversuchen, DVBl. 1972, S. 315.

[48] VVDStRL 23 (1966), S. 199 ff., 206 f., 215 f. Ähnlich *Becker*, Quantität und Qualität, S. 165 f.

nicht der Aufsicht des Staates entziehen, sondern der Regelungsbefugnis der Verwaltung. „Aufsicht" sei nach herkömmlicher Vorstellung eine typische Aufgabe von Regierung und Verwaltung.

Fuß übernimmt damit die Gleichsetzung von „Staat" und „Verwaltung" in Art. 7 Abs. 1 GG durch die h. M. Diese Auslegung ist bei seinem *restriktiven* Aufsichtsbegriff konsequent, denn die Aufsicht als lediglich kontrollierende Funktion ist in der Tat Angelegenheit der Exekutive.

II. Der Begriff „Staat" in Art. 7 Abs. 1 GG

Die h. M. enthält einen methodischen Bruch, weil sie die Schulaufsicht extensiv auslegt und damit Normierungsbefugnisse erfaßt, den Begriff „Staat" hingegen unbesehen auf „Verwaltung" einengt und damit dieser Normierungsbefugnisse verschafft. Diese Gleichsetzung von Staat und Verwaltung bei der Auslegung des Art. 7 Abs. 1 GG ist historisch bedingt. Früher standen der Verwaltung im Bereich des Schulverhältnisses in der Tat auch normierende Befugnisse zu[49]. Dieser Schluß von Staat auf Verwaltung wird jedoch heute in keiner Weise von Art. 7 Abs. 1 GG gedeckt.

1. *Historische Auslegung*

Das zeigt bereits ein Blick auf die von der h. M. viel beschworene historische Auslegung. Der Umfang der Schulaufsicht deckt sich mit den „inneren" Angelegenheiten des Schulwesens[50]. Die Unterscheidung zwischen inneren und äußeren Schulangelegenheiten geht zurück auf § 179 b der revidierten *Stein*schen Städteordnung vom 17. März 1831[51]. Während die äußeren Angelegenheiten dem Schulträger oblagen, behielt sich der Staat die inneren Schulangelegenheiten vor. Bei der Schulaufsicht ging es also um die Abgrenzung staatlicher und gemeindlicher Befugnisse[52]. Dagegen brauchte die Schulaufsicht keine Entscheidung darüber zu treffen, welches Organ des Staates auf welchem Wege tätig zu werden hatte. Daß es die Verwaltung auch bei Allgemeinregelungen war, ergab sich aus der damaligen Verfassungsstruktur, nicht aber aus der Schulaufsicht[53].

2. *Teleologische Auslegung*

Art. 7 Abs. 1 GG stellt eine Abgrenzung des Staates von anderen Erziehungsträgern dar[54]. Das betrifft in erster Linie die Kirche, die auf

---

[49] Dazu oben § 7.

[50] OVG Münster DVBl. 1964, 829 (830); VGH Mannheim DVBl. 1968, 117 (118).

[51] PrGS S. 10. — Zur Kritik an dieser Einteilung s. oben § 3 I.

[52] Ausführlich *Peters*, Die Höhere Schule als Gemeindeeinrichtung, Der Städtetag 5 (1952), S. 99 ff.

[53] *Lang*, S. 50.

[54] *Wernicke*, BK, Art. 7, S. 2.

Grund der geschichtlichen Entwicklung einen starken Einfluß auf das Schulwesen nehmen konnte. Art. 7 Abs. 1 GG ist daher zunächst eine „Absage an die geistliche Schulaufsicht[55]". Die Grenzziehung zwischen Staat und Kirche besagt indessen nichts über Regelungsbefugnisse der Verwaltung, weil sich die Zuständigkeit innerhalb des Staates nach den sonstigen staatlichen Grundsätzen richtet[56]. Danach steht die Rechtssatzschöpfung aber jedenfalls im Grundsatz der Gesetzgebung zu, wie insbesondere Art. 80 GG sehr drastisch erkennen läßt.

3. Systematische Auslegung

Diese Auslegung des Art. 7 Abs. 1 GG wird verstärkt durch seine systematische Einordnung in den Grundrechtskatalog. Dieser Artikel stellt hier durchaus keinen „Fremdkörper"[57] dar, sondern erhält so erst seinen Sinn[58]: „Art. 7 GG enthält Einrichtungsgarantien, Grundrechtsnormen und Auslegungsregeln für den Bereich des Schulrechts. Seine Bedeutung geht also über die eines Grundrechts hinaus[59]." So stellt der Absatz 4 dieses Artikels mit der Privatschulgarantie ein Grundrecht dar. Auch Abs. 1 läßt sich als grundrechtsrelevante Norm begreifen und zwar als Grundrechtsschranke des Elternrechts[60]. Dafür spricht schon der unmittelbare Anschluß an Art. 6 GG. Deshalb besteht in der Tat ein „Spannungsverhältnis" zwischen diesen beiden Normen[61]. Ein Anhaltspunkt für Normsetzungsbefugnisse der Verwaltung ergibt aber auch diese Auslegung nicht.

III. Schulhoheit des Staates

Wird die staatliche Schulaufsicht als Beschränkung gemeindlicher, kirchlicher und elterlicher Befugnisse verstanden, so muß sie gleichzeitig in extensiver Weise interpretiert werden, die auch die normierende Gestaltung des Schulverhältnisses erfaßt, weil nur so der staatliche Erziehungsanspruch durchgesetzt werden kann[62].

---

[55] *Bettermann*, VVDStRL 23, S. 271. Sachlich übereinstimmend: *Fuß*, VVDStRL 23, S. 212 Fußn. 45; *Maunz*, MDH, Art. 7 Rdnr. 14. — OVG Lüneburg DVBl. 1954, 255 (256).

[56] *Fuß*, VVDStRL 23, S. 213.

[57] So aber *Peters*, BNS, Bd. IV, 1. Hbd., S. 402, anders jedoch S. 371! s. auch *Mampe*, S. 2 f.

[58] *Heckel*, Schulrecht und Schulpolitik, S. 62.

[59] BVerfGE 6, 309 (355).

[60] *Maunz*, MDH, Art. 7 Rdnr. 41; *Hamann/Lenz*, Art. 6 Erl. B 6; *W. Schmidt*, S. 245.

[61] Dazu oben § 11.

[62] In diesem weiten Sinne wird die Schulaufsicht auch in den Schulgesetzen der Länder verstanden: § 16 bad.-württ. SchVOG; § 49 hess. SchVG; § 29 hbg. SchVG; § 14 nordrh.-westf. SchVG; Art. 29 bay. EUG; § 70 saarl. SchOG; § 35 schl.-holst. SchVG. s. auch *Heckel/Seipp*, S. 121 Fußn. 3.

Aufgabe der Schulaufsicht ist die Gewährleistung einer gewissen Einheitlichkeit des Erziehungswesens[63]. Dieser „Integrationsfunktion“ kommt heute wegen Art. 11 GG besondere Bedeutung zu, weil Voraussetzung der Mobilität ein einheitlicher Bildungsstand ist. Daneben dient die Schulaufsicht der Schaffung inhaltlicher Maßstäbe, um die Schüler mit den für das Sozialleben unerläßlichen Werten vertraut zu machen[64]. Diese Gesichtspunkte bedingen eine weite Auslegung des Schulaufsichtsbegriffs, weil die sozialgestaltenden Einwirkungsbefugnisse des Staates im Schulverhältnis notwendig sind[65]. Deshalb wäre es weniger verwirrend, statt von Schulaufsicht von *Schulhoheit* zu sprechen.

Diese Gesichtspunkte rechtfertigen die Schulhoheit des *Staates*, können aber nicht die Begrenzung der Ausübungsbefugnis auf die *Verwaltung* begründen. Es ist auffallend, daß die Rechtsprechung zur Rechtfertigung der weiten Auslegung der Schulaufsicht sich stets auf die notwendige Bestimmungsmacht des Staates beruft — die gar nicht bezweifelt wird —, um dann unvermittelt und ohne jede weitere Begründung diese staatlichen Befugnisse der Verwaltung zuzusprechen[66]. Auf diese Weise werden historische Zufälligkeiten fortgeschleppt.

Gerade weil der Staat über die Schulaufsicht in besonders intensiver Weise in die gesellschaftliche Sphäre einwirkt[67], spricht alles dafür, die Normierung dem Gesetzgeber vorzubehalten. Jedenfalls darf Staat i. S. des Art. 7 GG nicht unter der Hand zu Verwaltung verengt werden.

---

[63] *Wernicke*, BK, Art. 7, S. 3.

[64] *Oppermann*, S. 256 f.

[65] *Heckel*, Schulrecht und Schulpolitik, S. 56. — Dagegen stellt *Stein*, Selbstentfaltung, S. 42 ff. die Befugnis des Staates zur Beeinflussung des Schulverhältnisses in Abrede. Er beruft sich auf Art. 2 Abs. 1 GG zum Schutz gegen die Beeinflussung der Persönlichkeit der Schüler durch die öffentliche Gewalt. Der heteronome Unterricht der Gegenwart, der von außen Bildungsziele an das Kind herantrage, sei verfassungswidrig. Er schlägt zur Neutralisierung die entsprechende Anwendung der Grundsätze des Fernsehurteils vor, weil das Schulverhältnis weder von einer gesellschaftlichen Gruppe noch vom Staat beherrscht werden dürfe. — Ob das pädagogische Ideal einer autonomen Erziehung durchführbar ist, braucht und kann hier nicht entschieden werden. Verfassungsrechtlich vorgeschrieben ist diese Erziehungsmethode jedenfalls nicht. Das staatliche Bestimmungsrecht der Lehrinhalte und -methoden findet allerdings eine Schranke an den Grundrechten der Eltern und Schüler. BVerfGE 26, 228 (240); 27, 195 (201). *Fuß*, VVDStRL 23, S. 213. Innerhalb dieser Grenzen verbleibt dem Staat aber sein eigener Erziehungsauftrag. *Maunz*, MDH, Art. 7 Rdnr. 40; *Heckel*, Schulrecht und Schulpolitik, S. 190 ff. — BVerwGE 5, 153 (156).

[66] OVG Lüneburg DVBl. 1954, 255 (256). — Kritisch: *Wimmer*, DVBl. 1966, S. 851; *Heckel*, DöV 1968, S. 371.

[67] *Oppermann*, S. 257; besonders *Stein*, Selbstentfaltung, S. 42 ff. Seine Bedenken richten sich pauschal gegen *jede* staatliche Einflußnahme im Schulbereich. Seine Bedenken wögen weniger schwer, wenn statt der Verwaltung im Erlaßwege der Gesetzgeber unter Einhaltung der Verfahrensgarantien des Gesetzgebungsprozesses tätig würde.

Träger der Schulhoheit kann nur der gewaltengeteilte Staat sein. „Staat" des Art. 7 Abs. 1 GG ist deshalb der „Gesetzgeber und Träger der vollziehenden Gewalt[68]". Nur wenn daran festgehalten wird, daß die Schulaufsicht noch nicht die innerstaatliche Funktionenordnung präjudiziert, ist die — sachlich gerechtfertigte — weite Auslegung durch die h. M. vertretbar. Dagegen geht es nicht an, einen weiten Aufsichtsbegriff mit einer stillschweigenden Repräsentanz des Staates durch die Schulverwaltung als vollziehende Gewalt zu kombinieren[69].

Deshalb kann sich aus der *staatlichen* Schulaufsicht keine Befugnis der *Verwaltung* zum Erlaß schulischer Sonderverordnungen ergeben[70]. Wer zur Setzung von Schulordnungen, Prüfungs- und Versetzungsrichtlinien, Lehr- und Bildungsplänen befugt ist, kann sich nicht aus dem Institut der Schulaufsicht ergeben, sondern bedarf der Ableitung aus der sonstigen Verfassungsordnung und ihrer Kompetenzverteilung[71].

§ 17 Das Gewohnheitsrecht als Legitimationsgrundlage

I. Die Lehre von der gewohnheitsrechtlichen Ermächtigung

Kann im positiven Recht keine Ermächtigungsgrundlage gefunden werden, bietet es sich geradezu an, ins Gewohnheitsrecht auszuweichen[72].

---

[68] *Heckel*, Schulrecht und Schulpolitik, S. 54; *ders.*, DöV 1968, S. 371; *W. Schmidt*, S. 245 f.; *Wimmer*, DVBl. 1966, S. 851. — *Wimmer* wendet sich auch aus bundesstaatlichen Gründen gegen die Gleichsetzung von Staat und Exekutive. Da das Schulwesen Ländersache sei, könne die Zuständigkeitsverteilung in den Ländern nicht durch Art. 7 Abs. 1 GG, sondern nur durch die Länder selbst erfolgen. — Wegen der stärkeren föderativen Komponente des Grundgesetzes kann auch hier die Weimarer Verfassungstradition nicht unreflektiert übernommen werden.

[69] *Heckel*, DöV 1968, S. 371. — Richtig BayVerfGH VerwRspr. 18 (1967), Nr. 222 (S. 910): „Wenn sie (die Verfassung) ... allen Bewohnern Bayerns eine angemessene Schulbildung zubilligt, ... wenn sie schließlich die Aufsicht über das gesamte Schulwesen dem Staat überträgt und so ... die Grundlage für das besondere Gewaltverhältnis zwischen Schule und Schüler schafft, so gesteht sie damit dem *Gesetzgeber* (Hervorhebung im Original) auch das Recht zu, die Erfüllung der den Schulen gestellten Aufgabe zu sichern." — s. auch BVerfGE 26, 228 (238). BVerwGE 35, 111 (112): „Nach Art. 7 Abs. 1 GG ist es Sache des Landes*gesetzgebers* (Hervorhebung nicht im Original), das Schulwesen zu regeln."

[70] Außer den bereits Genannten auch *Lang*, S. 50 f.; *Harnischfeger/Heimann*, S. 54. — Dagegen *Sellschopp*, DöV 1971, S. 415, der in Art. 7 GG die Generalklausel der Schule sieht. — s. auch *Kloepfer*, Staatliche Schulaufsicht und gemeindliche Schulhoheit, DöV 1972, S. 840 f., der ebenfalls den Begriff „Staat" in Art. 7 Abs. 1 GG in einem weiten Sinne versteht.

[71] *Maunz*, MDH, Art. 7 Rdnr. 26; *Fuß*, VVDStRL 23, S. 213.

[72] So ganz deutlich *Peters*, VVDStRL 23, S. 252: „Das Meiste, dessen Rechtmäßigkeit unter den Normen des Schulrechts ... bestritten wird, ist zumindest Gewohnheitsrecht, wenn nicht eine andere Rechtsquelle legitim besteht." — Hier wird nicht einmal versuchsweise die Klärung unternommen, *welche* Norm

Die Möglichkeit der Existenz von Gewohnheitsrecht auch im Bereich des öffentlichen Rechts kann nicht geleugnet werden[73]. Dennoch sollte *Otto Mayers* Warnung vor dem Gewohnheitsrecht nicht vergessen werden: „Man hat sehr viel juristische Mystik damit getrieben[74]."

Gleichwohl wird in Rechtsprechung[75] und Lehre[76] zur Rechtfertigung der Befugnis der Verwaltung, besondere Gewaltverhältnisse durch allgemeine Anordnungen zu regeln, oft auf das Gewohnheitsrecht zurückgegriffen. Da freilich ein solcher Rückgriff „im Zeichen einer geschriebenen Verfassung immer mißlich"[77] ist, muß es Mißtrauen erwecken, wenn der tatsächlichen Praxis, das Schulverhältnis durch Verwaltungsvorschriften zu reglementieren, gleich der Mantel des Gewohnheitsrechts umgehängt wird[78].

II. Kritische Würdigung

Die Entstehung von Gewohnheitsrecht setzt die Verdichtung einer langandauernden von einer *Rechtsüberzeugung* getragenen *Übung* zu einer *Norm* voraus[79].

1. Die Norm

Gewohnheitsrechtlich erstarken kann nur eine Norm bestimmten Inhalts[80]. Deshalb muß die pauschale Argumentation mit der Behauptung einer alle Arten von besonderen Gewaltverhältnissen umfassenden ge-

---

Gewohnheitsrecht darstellen könnte, sondern pauschal die Rechtmäßigkeit unterstellt — Devise: Das war schon immer so! — und subsidiär auf das Gewohnheitsrecht als Allheilmittel zurückgegriffen.

[73] BVerwGE 8, 317 (321). — *Forsthoff*, Verwaltungsrecht, S. 144 f.; *Höhn*, Gewohnheitsrecht im Verwaltungsrecht (1960), S. 34 ff.; *Ossenbühl*, Verwaltungsvorschriften, S. 247 m. w. Nachw. — A. A. *Otto Mayer*, Bd. I, S. 87 ff., ohne indessen seine Ansicht konsequent durchzuhalten. Dazu *Forsthoff*, Verwaltungsrecht, S. 145. — Gewohnheitsrecht gibt es selbst im Steuer- und im Strafrecht, nur vermag es weder die Besteuerung noch die Bestrafung zu begründen oder zu verschärfen. *Kruse*, *Steuerrecht*, Bd. I (3. Auflage 1973), § 7 X; *Mezger/Blei*, Strafrecht, Bd. I (15. Auflage 1973), § 8 I 3. So auch BVerfGE 26, 41 (42).

[74] Bd. I, S. 87.

[75] BayVGH E 9, 11 (13); OVG Lüneburg DVBl. 1954, 255; VGH Mannheim DVBl. 1961, 523 (524).

[76] *Wolff*, Bd. I, § 25 VIII *b*; *Bachof*, VVDStRL 12, S. 60; *Obermayer*, Verwaltungsakt, S. 122; *Kuhn*, S. 163; *Rehmert*, DöV 1958, S. 441; *Quaritsch*, JuS 1968, S. 472; *ders.*, Schulvertrag, S. 42 f.; *Leuschner*, S. 56; *Maunz*, MDH, Art. 7 Rdnr. 26.

[77] *Krüger*, VVDStRL 15, S. 121 f.

[78] *Ossenbühl*, Verwaltungsvorschriften, S. 248.

[79] Ausführlich *Höhn*, S. 43 ff.; *Forsthoff*, Verwaltungsrecht, S. 146 f.; *Merk*, Bd. I, S. 332 f.; *Peters*, Lehrbuch, S. 80. — BVerfGE 22, 114 (121) m. w. Nachw.

[80] BVerwGE 8, 317 (321). — *Wolff*, Bd. I, § 25 III a; *Peters*, Lehrbuch, S. 79.

wohnheitsrechtlichen Globalermächtigung Bedenken hervorrufen. Eine inhaltlich bestimmte Norm könnte sich nur für ein spezielles Gewaltverhältnis bilden, weshalb die gewohnheitsrechtliche Ermächtigung auch für jedes dieser Verhältnisse gesondert nachgewiesen werden müßte[81]. Eine Ermächtigung zum Erlaß genereller Regelungen im Schulverhältnis ist bisher immer nur unter Hinweis auf das Bestehen eines alle besonderen Gewaltverhältnisse umschließenden Gewohnheitsrechts behauptet worden.

Die pauschale Argumentation mit der gewohnheitsrechtlichen Ermächtigung unterläßt es, Inhalt, Umfang und Rang dieses Rechts zu bestimmen[82]. Kann aber nicht mit Sicherheit festgestellt werden, wozu es ermächtigt, kann auch nicht von einer Norm gesprochen werden[83]. Mag der Umfang begrenzt werden durch den Zweck des Schulverhältnisses[84], sein Inhalt selbst kann nicht durch diesen Zweck determiniert werden[85]. Letztlich wird auf einen Rechtssatz bestimmten Inhalts ganz verzichtet, man „deduziert ... kurzerhand aus dem gegebenen Zweck die ... Mittel“[86].

Die Oberflächlichkeit der Diskussion zeigt sich besonders hinsichtlich des Ranges dieses vermeintlichen Gewohnheitsrechts. Das Bundesverwaltungsgericht spricht in diesem Zusammenhang von „Bundesgewohnheitsrecht“[87]. Gewohnheitsrecht kann sich auf Bundes- oder auf Landesebene bilden[88], es kann auf der Stufe der Verfassung oder des Gesetzes stehen[89]. Die gewohnheitsrechtliche Ermächtigung könnte nur dann Bundesgewohnheitsrecht sein, wenn sie der Gesetzgebungskompetenz des Bundes entspricht[90]. Indessen ist das Schulwesen vom Grundgesetz ausschließlich dem Hoheitsbereich der Länder zugewiesen worden[91]. Es kann sich daher nur um eine landesrechtliche Ermächtigung handeln, während bei bundesweiter Übung nur „gemeindeutsches Schulgewohnheitsrecht“, nicht aber Bundesrecht in Betracht kommt[92].

---

81 *Thieme*, DöV 1956, S. 527; *Jesch*, Gesetz, S. 211; *Oppermann*, S. 163.

82 *Oppermann*, S. 163.

83 *Tilch*, S. 135.

84 So *Bachof*, VVDStRL 12, S. 60; *Wolff*, Bd. I, § 25 VIII b; *Jesch*, Gesetz, S. 236.

85 Dazu oben § 9. — Dagegen *Kuhn*, S. 163; *Obermayer*, Verwaltungsakt, S. 122; *Quaritsch*, Schulvertrag, S. 40.

86 *Krüger*, VVDStRL 15, S. 118.

87 E 18, 341 ff.

88 *Oppermann*, S. 163; *Forsthoff*, Verwaltungsrecht, S. 148.

89 *Peters*, Lehrbuch, S. 94; *ders.*, VVDStRL 23, S. 252.

90 *Forsthoff*, Verwaltungsrecht, S. 148.

91 BVerfGE 6, 309 (354); BVerwGE 6, 101 (104); 12, 349 (350). Das gilt indessen primär nur für die hier allein interessierenden allgemeinbildenden Schulen. s. *Bettermann*, VVDStRL 23, S. 272. Dazu oben § 4 II.

92 *Oppermann*, S. 163 und 176; *Forsthoff*, Verwaltungsrecht, S. 148.

Bei dieser Diskussion drängt sich der Verdacht auf, daß es primär gilt, die Konstruktion durch ein postuliertes Gewohnheitsrecht zu retten, während die präzise Qualifizierung des Inhalts und des Rangs dieses Gewohnheitsrechts als durchaus sekundäres Problem abgetan wird. Die Bildung einer gewohnheitsrechtlichen Ermächtigungsnorm braucht zwar nicht zugleich die zukünftige Qualifikation durch die Rechtswissenschaft zu umfassen — wohl aber sollte sie von der Lehre, die sie postuliert, mitgeliefert werden.

2. Die Übung

Natürlich hat die Verwaltung jahrzehntelang Verwaltungsvorschriften zur Reglementierung besonderer Gewaltverhältnisse — auch des Schulverhältnisses — erlassen. Nach traditioneller Lehre bezogen sich diese aber auf einen dem Staat ein- und damit dem Recht ausgegliederten Bereich. Die diese Übung tragende Überzeugung könnte daher nur zum Inhalt gehabt haben, bestimmte Bereiche der Staatstätigkeit seien dem Recht nicht zugehörig. Das kann aber schwerlich als Rechtsüberzeugung angesehen werden. Jedenfalls ist mittlerweile eine fundamentale Änderung dadurch eingetreten, daß die Verwaltungsvorschriften im Schulverhältnis nach heutiger Auffassung als Rechtssätze anzusehen sind[93]. Selbst ein ehedem bestehendes Gewohnheitsrecht wäre heute auf etwas ganz anderes gerichtet, nämlich auf den Erlaß von Rechtssätzen. Daran hat in früheren Zeiten niemand gedacht. Da das Gewohnheitsrecht nicht als Blankettbegriff mißbraucht werden darf, dem man einen wechselnden Inhalt unterlegt, kann die traditionelle Macht der Exekutive zum Erlaß von Verwaltungsvorschriften deshalb nicht in eine Befugnis zur Rechtssatzschöpfung umgedeutet werden[94].

Bedenklich muß die Behauptung einer gewohnheitsrechtlichen Ermächtigung auch deshalb sein, weil eine gewohnheitsrechtlich erwachsene Befugnis, *neues* Recht zu setzen, ein Unding ist. Überkommenes Recht kann nicht die Befugnis decken, bisher unbekannte Lehrmethoden und -inhalte, Bewertungssysteme oder gar Schulversuche einzuführen. Das Gewohnheitsrecht kann vielmehr nur eine *aktuelle* Norm erzeugen, nicht aber die Macht zu kontinuierlicher Neuschöpfung[95].

3. Die Rechtsüberzeugung

Neben dem objektiven Merkmal der langandauernden Übung ist als subjektives Element der Bildung von Gewohnheitsrecht die Überzeugung

[93] Dazu oben § 13.

[94] *Mörtel*, BayVBl. 1958, S. 263 ff.; *Tilch*, S. 135; *Evers*, VVDStRL 23, S. 285; *Fuß*, VVDStRL 23, S. 215 Fußn. 57; a. A. *Bachof*, VVDStRL 12, S. 60; VGH Mannheim DVBl. 1961, 523 (524); dahingestellt: BayVGH E 9, 11 (13).

[95] *Mayer*, Das verfassungsrechtliche Gebot der gesetzlichen Ermächtigung, in: Festschrift für Nottarp (1961), S. 190.

von ihrer rechtlichen Verbindlichkeit erforderlich[96]. Diese Überzeugung darf nicht von der Verwaltung allein getragen werden, weil sonst jede Verwaltungsübung objektives Recht darstellen würde[97]. Die Verbindlichkeit als Recht ergibt sich erst daraus, daß auch die betroffenen Adressaten Träger der Rechtmäßigkeitsüberzeugung sein müssen[98].

Was die Schüler und ihre Eltern anbetrifft, mag von einer ohnmächtigen Duldung der Richtlinienpraxis im Schulverhältnis gesprochen werden. Sowenig darin eine freiwillige Unterwerfung unter die Anordnungsgewalt der Verwaltung liegt, sowenig läßt sich darin eine auf Rechtsetzungsbefugnisse der Verwaltung gerichtete Rechtsüberzeugung erblikken[99].

Es läßt sich deshalb nicht davon sprechen, daß die tatsächlich von der Verwaltung geübte Anordnungstätigkeit von den beteiligten Rechtsgenossen als verbindliche Rechtsnorm anerkannt werde. Auch die „Krücken des Gewohnheitsrechts“[100] vermögen daher keine Rechtsetzungsbefugnisse der Schulverwaltung zu stützen[101].

§ 18 Zwischenergebnis

Die Verwaltung kann den Erlaß schulischer Sonderverordnungen mit keiner der drei untersuchten Legitimationsgrundlagen rechtfertigen[102]: Die freiwillige Unterwerfung unter die Anstaltsgewalt der Schule erweist sich als bloße Fiktion, die gewohnheitsrechtliche Begründung stellt eine Hilfskonstruktion ohne nachweisbare Grundlage dar, die Schulauf-

---

[96] *Höhn*, S. 43 ff.

[97] BVerfGE 5, 25 (33); BVerwGE 8, 317 (321). — *Höhn*, S. 51; *Merk*, Verwaltungsrecht, Bd. I, S. 388; *Peters*, Lehrbuch, S. 80; a. A. *Quaritsch*, Schulvertrag, S. 43, der auf den Willen der Schulverwaltung *allein* abstellt.

[98] *Höhn*, S. 51 f. — BVerfGE 22, 114 (121) definiert Gewohnheitsrecht als Recht, das nicht durch förmliche Setzung, sondern durch längere tatsächliche Übung entstanden sei, die eine dauernde und ständige, gleichmäßige und allgemeine sein müsse und *von den beteiligten Rechtsgenossen* als verbindliche Rechtsnorm anerkannt werde. Dagegen überdehnt *Lang*, S. 53 f. die Anforderungen an die Bildung von Gewohnheitsrecht, wenn er „die Überzeugung sämtlicher Rechtsgenossen ... die fast einhellige Billigung und Meinung der Wissenschaft“ zusätzlich zur richterlich gebilligten Verwaltungsübung und -überzeugung verlangt. Unter diesen Voraussetzungen dürfte es kaum ein Allgemeines Verwaltungsrecht geben!

[99] *Thieme*, DöV 1956, S. 527; *Oppermann*, S. 180.

[100] *Ossenbühl*, Verwaltungsvorschriften, S. 248.

[101] *Heckel/Seipp*, S. 13; *Lang*, S. 54; *Hansen*, S. 49, der ein solches Gewohnheitsrecht an der gegenüber der Weimarer Verfassung im Grundgesetz verstärkt durchgeführten Rechtsstaatlichkeit scheitern läßt. s. dazu unten § 23.

[102] *Jesch*, Gesetz, S. 208 ff.; *Lang*, S. 48 ff. — *Mayer*, Nottarp-FS, S. 194 spricht von „Eselsbrücken“ zur Erhaltung des status quo. Auch *W. Schmidt*, S. 46 betont die Lückenbüßerfunktion dieser Konstruktionen.

sicht in ihrer Kombination aus extensiver und restriktiver Auslegung ist ein mitgeschlepptes Überbleibsel vergangener Verfassungsepochen.

Steht der Verwaltung zum Erlaß schulischer Allgemeinregelungen keine Ermächtigung zur Verfügung, kann die Rechtsbeständigkeit dieser Regelungswerke nur gerettet werden, wenn der Vorbehalt des Gesetzes das Schulverhältnis nicht erfaßt. Seine Reichweite wird daher für das Schulverhältnis auch praktisch relevant.

Fünftes Kapitel

Die Reichweite des Vorbehaltsgrundsatzes

§ 19 Der Lösungsgang zur Bestimmung der Reichweite

I. Erweiterung des Vorbehaltsbereichs

Die Reichweite des Vorbehaltsgrundsatzes kann auf unterschiedlichen methodischen Wegen auf das Schulverhältnis erstreckt werden: Entweder wird ein die gesamte Verwaltungstätigkeit umfassender *Totalvorbehalt* postuliert[1], der konsequenterweise auch das Schulverhältnis erfassen muß — oder es wird eine von vornherein auf das Schulverhältnis beschränkte *Erweiterung des Vorbehalts* des Gesetzes vorgenommen. Der Weg über die „radikale Patentlösung"[2] des Totalvorbehaltes hätte eine Vielzahl sachlicher Einwände auszuräumen[3]. Auch methodisch wäre dieser Weg nicht empfehlenswert, weil er einen Überhang an Begründung aufweisen würde und dadurch zahlreiche Gestaltungsmöglichkeiten präjudizieren müßte, die im Rahmen einer Untersuchung zum Schulverhältnis überhaupt nicht erörtert werden können. Deshalb bietet sich als einzig gangbarer Weg der bescheidene Versuch an, den Vorbehaltsbereich an einer Stelle behutsam zu erweitern.

Dieses Vorgehen hat den Vorteil, daß der mühsam errungene klassische Eingriffsvorbehalt erhalten bleibt und nicht zugunsten eines zwar umfassenderen, aber dafür umstrittenen neuen Prinzips preisgegeben wird[4]. So kann gewissermaßen auf festem Boden weiterbauend durch eine Erweiterung seines Umfangs der Sinn des Vorbehaltsgrundsatzes in

---

[1] Insbesondere *Jesch*, Gesetz, S. 175 ff. und 211 f.; *Rupp*, Grundfragen, S. 113 ff.; *Menger*, VerwArch. 52 (1961), S. 196 ff.; *Mallmann*, VVDStRL 19 (1961), S. 174 ff.; *F. Mayer*, Nottarp-FS, S. 187 ff.; *Stern*, Rechtsfragen der öffentlichen Subventionierung Privater, JZ 1960, S. 521 ff.; *Spanner*, Empfiehlt es sich, den allgemeinen Teil des Verwaltungsrechts zu kodifizieren? Gutachten zum 43. DJT, Verhandlungen Bd. I, 2A, S. 12 ff.; *Abelein*, ZfP XIV (1967), S. 324 ff.; *Schaumann*, VVDStRL 24, S. 215 f.

[2] *Bullinger*, Vertrag und Verwaltungsakt (1962), S. 95.

[3] Insbesondere *Ossenbühl*, Verwaltungsvorschriften, S. 207 und 211 ff. m. w. Nachw. Fußn. 121; *Peters*, Verwaltung ohne gesetzliche Ermächtigung? in: Festschrift für Huber (1961), S. 206 ff.; *ders.*, Die Verwaltung als eigenständige Staatsgewalt (1965); *Bullinger*, Vertrag, S. 93 ff.; *Böckenförde*, Organisationsgewalt, S. 79 ff.; *Hesse*, Rechtsstaat, S. 75.

[4] *Rupp*, Grundfragen, S. 136 ff.

einer veränderten Verfassung gewährleistet werden. Eine solche Anpassung an die gewandelte Verfassungssituation wird in Rechtsprechung und Lehre für zulässig, wenn nicht für notwendig gehalten[5]. Sie sei hier für das Schulverhältnis gewagt.

Für die h. M., die die Leistungsverwaltung[6] und die besonderen Gewaltverhältnisse[7] aus dem Einzugsgebiet des Vorbehaltsgrundsatzes ausklammert, unterliegt das Schulverhältnis nicht dem Vorbehalt des Gesetzes[8]. Stattdessen spricht sie der Verwaltung eine eigenständige Befugnis zum Erlaß genereller Regelungen im Schulverhältnis zu[9].

Sie berücksichtigt nicht, daß das Schulverhältnis zu einem Rechtsverhältnis umgebildet worden ist mit Grundrechtsgeltung, totalem Rechtsschutz und Rechtssatzcharakter der Allgemeinregelungen, so daß jedenfalls für das Schulverhältnis die Lehre vom besonderen Gewaltverhältnis in ihren Grundfesten erschüttert ist und keine Geltung mehr beanspruchen kann[10]. Die globale Herausnahme der besonderen Gewaltverhältnisse aus dem Vorbehaltsgrundsatz ist hinsichtlich des Schulverhältnisses obsolet und muß als obrigkeitsstaatlicher Restbestand endgültig fallen.

Das bedeutet zunächst, daß alle *Eingriffe* in Rechte des Schülers oder seiner Eltern, die das Schulverhältnis mit sich bringt, in gleicher Weise dem Vorbehalt des Gesetzes unterliegen wie Eingriffe außerhalb des Schulverhältnisses im allgemeinen Gewaltverhältnis[11]. Damit bleibt noch zu klären, welchen Einfluß die Herausnahme der *Leistungs*verwaltung aus dem Vorbehaltsgrundsatz auf seine Geltung im Schulverhältnis hat.

---

[5] BVerfGE 8, 155 (167); VGH Kassel DVBl. 1963, 443 (449). — *Böckenförde*, Organisationsgewalt, S. 92; *Bullinger*, Vertrag, S. 95; *Ossenbühl*, Verwaltungsvorschriften, S. 239.

[6] *Ossenbühl*, Verwaltungsvorschriften, S. 220 f. m. w. Nachw. — Wenn für diese Meinung die Entscheidung BVerfGE 8, 155 ff. in Anspruch genommen wird, darf indessen nicht übersehen werden, daß sie sich nur auf die *Zuständigkeit* und das *Verfahren* der leistungsgewährenden Verwaltung bezieht (S. 167), nicht auf die Leistungsverwaltung schlechthin.

[7] *Jesch*, Gesetz, S. 206 ff. m. w. Nachw.

[8] OVG Lüneburg E 9, 430 (436). — *Peters*, Lehrbuch, S. 77; *ders.*, VVDStRL 23, S. 251 f.; *Becker*, ZBR 1960, S. 178; *Bettermann*, VVDStRL 23, S. 269; *Ehmke*, VVDStRL 23, S. 258; *Merk*, Verwaltungsrecht, Bd. II, S. 1482; *Böckenförde/Grawert*, AöR 95 (1970), S. 26.

[9] *Böckenförde/Grawert*, AöR 95, S. 30 f.

[10] Dazu oben 3. Kapitel.

[11] HessStGH DöV 1971, 201 (203). — *Reuter*, BayVBl. 1956, S. 227 ff. und 262 ff.; *Kuhn*, S. 165; *Obermayer*, Verwaltungsakt, S. 121; *ders.*, VVDStRL 23, S. 259; *Evers*, VVDStRL 23, S. 157 ff.; *Fuß*, VVDStRL 23, S. 214 ff.; *Wimmer*, DVBl. 1966, S. 850; *Heckel/Seipp*, S. 365; *Hamann/Lenz*, Art. 7 Erl. A 1; *Böckenförde*, Organisationsgewalt, S. 92; *Jesch*, Gesetz, S. 211 f.; *v. d. Groeben/Knack*, Kommentar (1968), § 72 Rdnr. 3.5.

II. Leistungsverwaltung

Bachof[12] hat darauf hingewiesen, daß sich die Tätigkeitsbereiche von besonderen Gewaltverhältnissen und der Leistungsverwaltung weithin überschneiden, wodurch sich die rechtsstaatshemmenden Komponenten summierten. Kann die Ausklammerung des Schulverhältnisses aus dem Vorbehaltsgrundsatz nicht länger mit der Kategorie des besonderen Gewaltverhältnisses gerechtfertigt werden, so könnte die Zugehörigkeit zur Leistungsverwaltung einen gegenteiligen Schluß zulassen.

Es bedarf keiner weiteren Darlegung, daß das Schulwesen „eines der wesentlichsten Stücke daseinsvorsorgender Leistungsverwaltung" ist[13]. Damit wird zunächst nur ausgesprochen, daß der Schüler auf die im Schulverhältnis erbrachte Leistung angewiesen ist[14]. Sollen sich aus dieser Zugehörigkeit Schlüsse für die Reichweite des Vorbehaltsgrundsatzes ziehen lassen, so ist zu berücksichtigen, daß Eingriffs- und Leistungsverwaltung verschiedenen Ebenen zugehören: Eingriffsverwaltung ist eine Handlungs*form*, Leistungsverwaltung ein Handlungs*bereich*[15]. Deshalb sollte von Ordnungs- und Leistungsverwaltung einerseits und von Belastung und Begünstigung andererseits die Rede sein[16]. Dann ergibt sich, daß innerhalb des der Leistungsverwaltung zugehörigen Schulverhältnisses sowohl Belastungen als auch Begünstigungen möglich sind. So zeigt bereits ein Blick auf die Schulpflichtgesetze, daß der Staat hier zwangsweise Leistungen erbringt.

Damit scheint der Begriff des Eingriffs (= der Belastung) zum Angelpunkt der weiteren Erörterung zu werden. Dann müßte innerhalb des Schulverhältnisses streng zwischen Belastungen und Begünstigungen unterschieden werden, wobei einer Vielzahl schulischer Akte der Eingriffscharakter nicht abgesprochen werden könnte[17]. Dabei fragt es sich nur, ob die Leistungen — also die Vermittlung von Wissen und Bildung — im Vordergrund stehen[18] oder nur Anhängsel der Eingriffe sind[19].

Im Schulverhältnis sind jedoch Begünstigung und Belastung untrennbar miteinander verschlungen. So erzwingt die vom Schüler erstrebte Leistung — der in der schulischen Berechtigung formalisierte Nachweis

---

[12] VVDStRL 12, S. 56.

[13] BVerwGE 21, 293 (298); OVG Münster DVBl. 1959, 72 (73). — *Jecht*, S. 100; *Stein*, Selbstentfaltung, S. 37; *Wolff*, Bd. III, § 137 III a, b 1; *Oppermann*, S. 194.

[14] Dazu oben §§ 8 II 2 und 9 III.

[15] *Wolff*, Bd. III, § 137 II b; *Jesch*, Gesetz, S. 182 f.; *Rupp*, Grundfragen, S. 267 f.; *Achterberg*, Probleme der Funktionenlehre (1970), S. 48 Fußn. 196 und S. 54 Fußn. 221; *Mallmann*, VVDStRL 19 (1961), S. 167 f.

[16] *Wolff*, Bd. III, § 137 II b; *Jesch*, Gesetz, S. 182 f.

[17] *Heckel/Seipp*, S. 374; *Wimmer*, DVBl. 1966, S. 850.

[18] So OVG Münster DVBl. 1959, 72 (73). *Stein*, Selbstentfaltung, S. 37.

[19] So *Lang*, S. 86 f. A. A. BVerwGE 21, 293 (298).

seiner Ausbildung — häufig genug die Einschränkung seiner Grundrechte zur Erreichung des Schulzwecks[20]. Deshalb fordert schon diese Interdependenz von Belastung und Begünstigung eine gesetzliche Ermächtigung[21].

Letzten Endes erweist sich der „Scheingegensatz von Eingriff und Gewährung"[22] zur rechtlichen Bewältigung der Natur und Wirkung schulischer Maßnahmen als gänzlich inadäquat. Solange das Schulverhältnis als besonderes Gewaltverhältnis in Abkapselung von der Außenwelt besteht, verbleiben belastende Maßnahmen wie beispielsweise Schulstrafen als unselbständige Auflagen im Innenraum, aus dem als Resultante lediglich die die Belastungen aufzehrenden Leistungen hervortreten. Sobald aber „die Kapsel des besonderen Gewaltverhältnisses durchschlagen"[23] wird, weil es im Schulverhältnis keinen Innenraum mehr geben kann, ist diese globale Sicht nicht länger zulässig. Vielmehr muß auf jeden Schulakt selbständig abgestellt werden.

Dabei zeigt sich, daß die bisherige Scheidung von Belastung und Begünstigung zu formal gehandhabt wird. Mit der Verschiebung der Relation von Eingriff und Begünstigung vom primär eingreifenden bürgerlich-liberalen Rechtsstaat zum primär gewährenden egalitären Sozialstaat[24] hat sich auch die Reizschwelle der rechtlichen Betroffenheit des Schülers gesenkt. Wird Freiheit lediglich als physische Freiheit vor Zwang verstanden, erfährt der Schüler im Schulverhältnis reine Gunsterweisungen der Verwaltung. Ist man dagegen bereit anzuerkennen, daß der Schüler auf sein Recht auf Bildung existentiell angewiesen ist, erbringt die Verwaltung nicht länger Sonderleistungen, sondern garantiert einen sozialen Mindeststandard, den sie nicht nach Belieben — d. h. ohne normative Ermächtigung — gewähren oder verweigern darf[25]. Dann kann aber beispielsweise das Nichtbestehen der Reifeprüfung nicht länger als Ablehnung einer Leistung begriffen werden, die anderen Schülern am Ende ihrer Schulzeit „geschenkt" wird, sondern die Schüler haben sich diese Berechtigung als wichtigen Teil ihrer Sozialausstattung in

---

[20] Dazu oben § 11. — s. aber BVerwGE 21, 293 (298): „... meist keine Eingriffe in die Rechte des Bürgers ..."

[21] *Jesch*, Gesetz, S. 175; *Bellstedt*, DöV 1961, S. 164 f.; *Hamann*, Zur Problematik des Subventionsrechts, DVBl. 1963, S. 489; *Mallmann*, VVDStRL 19, S. 191; *Kuhn*, S. 161; *Wolff*, Bd. III, § 138 III c; *Schaumann*, VVDStRL 24, S. 215. — Dabei handelt es sich nicht um eine Erweiterung des Vorbehaltsbereichs, sondern um einen Anwendungsfall des Eingriffsvorbehalts. *Ossenbühl*, Verwaltungsvorschriften, S. 230.

[22] *Quaritsch*, Parlamentsgesetz, S. 9. Ähnlich *Ehmke*, VVDStRL 23, S. 258.

[23] *Ossenbühl*, Verwaltungsvorschriften, S. 24.

[24] *Bachof*, VVDStRL 12, S. 63; *Höhn*, S. 21; *Mayer*, Nottarp-FS, S. 196; *Rupp*, Grundfragen, S. 140 ff.

[25] *Evers*, VVDStRL 23, S. 158 f.; *Säcker*, DVBl. 1972, S. 315.

allen Schuljahren erarbeitet, die ihnen im formellen Prüfungsverfahren bei Versagen *eingriffsweise* genommen wird.

Die Zugehörigkeit des Schulverhältnisses zur Leistungsverwaltung kann daher die Geltung des Vorbehaltsgrundsatzes in diesem Bereich nicht ausschließen, sondern ganz im Gegenteil zu seiner Erstreckung beitragen.

III. Abhängigkeit der Reichweite von der Verfassungsstruktur

Anders als Art. 18 Abs. 3 der Österreichischen Bundesverfassung, der für die gesamte Verwaltungstätigkeit eine gesetzliche Grundlage verlangt[26], schweigt sich Art. 20 Abs. 3 GG über den Umfang des Vorbehaltsbereichs aus[27]. Es ist daher der Verfassungsinterpretation aufgegeben, die Reichweite des Vorbehaltsgrundsatzes zu ermitteln[28].

Da dieser Grundsatz nicht isoliert von der konkreten Verfassung umschrieben werden kann, darf er nicht unbesehen aus anderen Verfassungsstrukturen in das Grundgesetz übertragen werden[29]. Deshalb ist weder aus rechtsvergleichender[30] noch aus rechtsgeschichtlicher[31] Sicht ein Ansatzpunkt zur Lösung zu gewinnen.

Trotz Diskontinuität der Verfassungsstrukturen mag es durchaus eine Kontinuität der Begriffe geben[32]. Es ist durchaus denkbar, daß überkommene Institute in einer neuen Verfassung Platz haben oder nur einen geringen Wandel erleben[33]. So stellt Art. 33 Abs. 5 GG einen offenen Verweis auf „hergebrachte Grundsätze“ dar. Dagegen ist es durchaus zweifelhaft, ob der Vorbehalt des Gesetzes zur Verfassungsstruktur akzessorisch ist oder nicht[34].

---

[26] Er lautet: „Die gesamte staatliche Verwaltung darf nur auf Grund der Gesetze ausgeübt werden.“ Dazu *Pfeiffer* und *Ermacora*, VVDStRL 15, S. 212 f. bzw. 217. *Böckenförde*, Organisationsgewalt, S. 59 Fußn. 15.

[27] Dazu oben § 2 III.

[28] *Jesch*, Gesetz, S. 5.

[29] Ebd., S. 4 f.

[30] Deshalb muß auch die Diskussion aus Österreich und der Schweiz unberücksichtigt bleiben. *Ossenbühl*, Verwaltungsvorschriften, S. 26 und 154; *Böckenförde*, Organisationsgewalt, S. 61 Fußn. 17; a. A. *Jesch*, Gesetz, S. 5 Fußn. 7, der als Vertreter des Totalvorbehalts dieser Versuchung nicht widerstehen kann.

[31] So aber *Peters*, Huber-FS, S. 210 ff. Der Vorbehaltsbereich muß indessen für jede Verfassungsordnung neu abgesteckt werden. *Ossenbühl*, Verwaltungsvorschriften, S. 172; *Vogel*, VVDStRL 24, S. 145; *Forsthoff*, Verwaltungsrecht, S. 3; *Achterberg*, Funktionenlehre, S. 67.

[32] *Jesch*, Gesetz, S. 5.

[33] *Vogel*, VVDStRL 24, S. 148; *Starck*, Gesetzesbegriff, S. 283.

[34] Für Akzessorietät: *Jesch*, Gesetz, S. 66. Dagegen: *Vogel*, VVDStRL 24, S. 148; *Starck*, Gesetzesbegriff, S. 283.

An dieser Stelle muß an die begrenzte Fragestellung der vorliegenden Untersuchung erinnert werden, die allein das Schulverhältnis zum Gegenstand hat. Bei der Klärung der Reichweite des Vorbehaltsgrundsatzes im Schulverhältnis muß berücksichtigt werden, daß es sich eine grundlegende Neubestimmung hat gefallen lassen müssen. Seine gegenüber dem allgemeinen Gewaltverhältnis unterschiedliche Behandlung beruht weitgehend auf überholtem Verfassungsverständnis. Heute aber erfassen Art. 1 Abs. 3 und 19 Abs. 4 GG auch das Schulverhältnis in seiner ganzen Breite[35]. Angesichts des engen Zusammenhangs von Grundrechtsgeltung, Rechtsschutz und Vorbehaltsgrundsatz läßt sich schwerlich behaupten, der Umfang des Vorbehalts des Gesetzes werde von dieser Umwälzung nicht berührt. Diese Tendenz muß nicht zu einer endgültigen Bestimmung der Reichweite führen, weil noch andere Gesichtspunkte darauf Einfluß nehmen können, nur muß anerkannt werden, daß der historische Nachweis, daß das besondere Gewaltverhältnis vorkonstitutionell nicht dem Vorbehalt des Gesetzes unterlag — worauf die Rechtsprechung bisweilen hinweist[36] —, keine Rechtfertigung für eine entsprechende Auslegung des Grundgesetzes bilden kann[37].

IV. Kriterien zur Bestimmung des Vorbehaltsbereichs

Als naheliegendster Weg zur Bestimmung der Reichweite des Vorbehaltsgrundsatzes bietet sich die Interpretation der „Grundentscheidungen des Grundgesetzes“[38] für Demokratie und Rechtsstaat, Gewaltenteilung und Sozialstaat an, weil sie in erster Linie die Verfassungsstruktur und damit auch den Umfang des Vorbehaltsbereichs bestimmen.

Im Schrifttum gibt es freilich Stimmen, die diesen Weg verwerfen, weil sich alle Argumente aus diesen Grundsätzen als ambivalent erwiesen[39]. Wer sich auf diese „Begriffshülsen, Leerformeln“[40] berufe, verlasse die Grundlage jeder rechtsdogmatischen Arbeit und sein irrationaler Beitrag als Deuter werde übermächtig[41], der verfassungspolitische Meinungen als geltendes Verfassungsrecht ausgebe[42]. Als Ergebnis solcher „Auslegung“ zeige sich statt der dem Grundgesetz zu entnehmenden norma-

---

[35] Dazu oben 3. Kapitel.

[36] So OVG Münster E 12, 133 (138 f.): „Gerade das Schulrecht war in Preußen in erheblichem Umfange durch Erlasse des Kultusministers geregelt.“ — In Preußen galt nicht das Grundgesetz!

[37] HessStGH DöV 1971, 201 (203) zur Hessischen Verfassung.

[38] BVerfGE 6, 32 (41) zur Rechtsstaatlichkeit und zum Sozialstaatsprinzip. BVerfGE 10, 354 (363): „allgemeine Rechtsgrundsätze.“

[39] Insbesondere *Starck*, Gesetzesbegriff, S. 282.

[40] *Jesch*, Gesetz, S. 66 zu Rechtsstaat und Gewaltenteilung.

[41] *Starck*, Gesetzesbegriff, S. 282.

[42] *Böckenförde*, Organisationsgewalt, S. 91.

tiven Aussage unverhohlen die Parlamentsfreundlichkeit oder die Verwaltungsfreundlichkeit des Interpreten[43].

Nun kann beispielsweise dem Demokratieprinzip in der Tat eine gewisse Ambivalenz nicht abgesprochen werden. So wird der Änderung der Verfassungsstruktur der konstitutionellen Monarchie zur parlamentarischen Demokratie eine Erweiterung des Vorbehaltsbereichs entnommen, andererseits wegen der jetzigen demokratischen Legitimation auch der Verwaltung deren Eigenständigkeit und damit deren Unabhängigkeit von gesetzlichen Ermächtigungen im besonderen Gewaltverhältnis behauptet[44]. Obwohl es kaum einen anderen verfassungsrechtlichen Begriff gibt, dem so unterschiedliche Deutungen gegeben werden, wie dem der Demokratie[45], kann ihm dennoch nicht seine normative Substanz abgesprochen werden, soll er nicht nur der Erbauung im staatsbürgerlichen Unterricht dienen.

Die Reichweite des Vorbehaltsgrundsatzes kann allerdings nicht durch bloße Subsumtion unter diese Prinzipien geklärt werden, denn sie enthalten „keine in allen Einzelheiten bestimmten Gebote oder Verbote"[46]. Das darf aber nicht schon das Ende aller Auslegungsversuche sein. Da die Grundentscheidungen des Grundgesetzes sich auch im Schulverhältnis auswirken, ist ihre Konkretisierung erst zu erarbeiten, die wandelbar und nicht frei von Fehlversuchen ist[47]. So gewinnt beispielsweise das Rechtsstaatsprinzip feste Konturen, wenn mit seinen Konkretisierungen gearbeitet wird, die es in den Grundrechten und dem Rechtsschutz gefunden hat. Bei dieser Auslegung mag sich das eine oder andere Prinzip als unergiebig für das Problem der Bestimmung der Reichweite des Vorbehaltsgrundsatzes erweisen — von vornherein darf nicht darauf verzichtet werden, diesen Fundamentalnormen normativen Gehalt abzugewinnen[48].

Lehre und Rechtsprechung haben anerkannt, daß die verfassungsgestaltenden Grundentscheidungen zur Interpretation aller anderen Verfassungsvorschriften herangezogen werden können[49] — auch für die Ab-

---

[43] *Starck*, Gesetzesbegriff, S. 282.

[44] Dazu unten § 22.

[45] *Hesse*, Verfassungsrecht, S. 52; *Maunz*, MDH, Art. 20 Rdnr. 57 m. w. Nachw. Fußn. 1. Einen Überblick über die verschiedenen Deutungen des Demokratieprinzips gibt *Kriele*, VVDStRL 29 (1971), S. 48.

[46] BVerfGE 7, 89 (92) zum Rechtsstaatsprinzip.

[47] BVerfGE 1, 97 (105); 7, 89 (92); 8, 274 (329). — *Ossenbühl*, Verwaltungsvorschriften, S. 223.

[48] Allgemein zur Auswirkung der rechtsstaatlichen, demokratischen und sozialstaatlichen Komponenten des Grundgesetzes im Schulverhältnis: *Oppermann*, S. 150 ff.

[49] BVerfGE 1, 14 (32); 7, 198 (205); 19, 206 (220); BVerwGE 37, 265 (267 f.). — *Achterberg*, S. 224 f. m. w. Nachw.

grenzung von Legislative und Exekutive[50]. Wenn demgegenüber *Starck* ausführt, die Kompetenz der Staatsorgane, auch des Parlaments, sei durchaus nicht im einzelnen mit dem demokratisch-konstitutionellen Aufbau des Staates gegeben, sondern bedürfe verfassungsrechtlicher Spezialnormen[51], so ist das nur grundsätzlich richtig. Wo solche Spezialnormen fehlen — und weder Art. 20 Abs. 3 noch Art. 7 GG treffen eine Entscheidung über die Zuständigkeit von Parlament oder Regierung zur Rechtsetzung im Schulverhältnis[52] —, führt der Weg zu einer Lösung nur über die Auslegung nicht spezieller, nämlich grundlegender Verfassungsnormen[53].

Diese Methode stellt einen Sonderfall systematischer Auslegung dar. Sie ist anwendbar, weil dem Grundgesetz der Grundsatz von der *Einheit der Verfassung* entnommen werden kann[54]. Die Verfassung stellt einen sinnvollen, wenn auch nicht spannungslosen Ordnungszusammenhang dar und konstituiert ein einheitliches politisches Gemeinwesen — die freiheitlich-demokratische Grundordnung (Art. 21 Abs. 2 GG)[55].

Das Verständnis von der Verfassung als Einheit ermöglicht gerade im Schulverhältnis Lösungen, weil nur so das Spannungsverhältnis zwischen dem Elternrecht des Art. 6 Abs. 2 GG, den Grundrechten des Schülers und dem Rechtsschutzanspruch beider einerseits und der staatlichen Schulhoheit des Art. 7 Abs. 1 GG andererseits entschärft werden kann[56]. Die Garantie der Grundrechte (einschließlich Art. 19 Abs. 4 GG) und die Institutionalisierung des Schulverhältnisses können in ihren widerstreitenden Inhalten nur auf der Grundlage der Einheit der Verfassung optimal zugeordnet werden. Sie verspricht auch für die Bestimmung der Reichweite des Vorbehaltsgrundsatzes Erfolg.

In diesem Zusammenhang kommen vier Prinzipien in Betracht: *Gewaltenteilung* (§ 20), *Sozialstaat* (§ 21), *Demokratie* (§ 22) und *Rechtsstaat* (§ 23). Demokratie- und Rechtsstaatsprinzip sind schon deshalb einschlä-

---

[50] *Bachof*, VVDStRL 12, S. 63; *Achterberg*, S. 224 f.

[51] Gesetzesbegriff, S. 179.

[52] Dazu oben §§ 2 III und 16.

[53] *Harnischfeger/Heimann*, S. 58 ff. — So auch VGH Kassel DVBl. 1963, 443 (446 f.), obwohl diese Entscheidung zuvor die Ambivalenz dieser Prinzipien hervorhebt.

[54] BVerfGE 1, 14 (32): „Eine einzelne Verfassungsbestimmung kann nicht isoliert betrachtet und allein aus sich heraus ausgelegt werden. Sie steht in einem Sinnzusammenhang mit den übrigen Vorschriften der Verfassung, die eine innere Einheit darstellt." BVerfGE 30, 1 (19): „Alle Verfassungsbestimmungen müssen vielmehr so ausgelegt werden, daß sie mit den elementaren Grundsätzen des Grundgesetzes und seiner Wertordnung vereinbar sind." So auch BVerfGE 19, 206 (220). — *Jesch*, Gesetz, S. 72.

[55] Dazu *Ehmke*, Prinzipien der Verfassungsinterpretation, VVDStRL 20 (1963), S. 77. Kritisch: *v. Pestalozza*, Der Staat 2 (1963), S. 438.

[56] Dazu oben 3. Kapitel.

gig, weil in ihnen der Vorbehaltsgrundsatz seine Wurzeln hat[57]. In der Diskussion beruft man sich deshalb selten auf ein Prinzip allein, sondern teils alternativ, teils kumulativ auf zwei, drei oder gar alle vier dieser Fundamentalnormen[58]. So bieten sich insgesamt 15 Lösungs- und Kombinationsmöglichkeiten.

Obwohl sich die Vorbehaltsfrage nicht als Interpretationsproblem einzelner Verfassungsartikel lokalisieren läßt, sondern nur aus der Gesamtverfassung zu begreifen ist[59], kann doch der größeren Argumentationsklarheit wegen nicht auf die Untersuchung der Einzelprinzipien verzichtet werden, um Bausteine zur Festlegung des Umfangs des Vorbehaltsgrundsatzes zu gewinnen[60]. Der Vorwurf der Ambivalenz dieser Prinzipien müßte gegenüber der Argumentation aus der Verfassungsstruktur noch potenziert erhoben werden.

§ 20 Das Gewaltenteilungsprinzip

I. Die Eigenständigkeit der Verwaltung

Ansatzpunkt der Lehre von der Eigenständigkeit der Verwaltung ist Art. 20 Abs. 2 GG, der die Verwaltung als eigenständige Funktion voraussetze. Der ihr obliegende allgemeine Verwaltungsauftrag könne nur dann erfüllt werden, wenn sie nicht zum stumpfen Befehlsempfänger der Legislative degradiert werde[61]. Die Verwaltungstätigkeit erschöpfe sich daher nicht in der Vollziehung der Gesetze[62], vielmehr sei Sinn und Aufgabe der Verwaltung die Konkretisierung der Staatszwecke und

---

[57] *Jesch,* Gesetz, S. 24 ff.; *Badura,* VVDStRL 24, S. 213; *Hansen,* S. 60. — HessStGH DöV 1971, 201 (203).

[58] VGH Kassel DVBl. 1963, 443 (446): „Das Rechtsstaatsprinzip mit dem Gewaltenteilungsgrundsatz und das demokratische Prinzip verbinden sich hier miteinander, hinzu tritt noch das sozialstaatliche Prinzip." — *Ossenbühl,* Verwaltungsvorschriften, S. 210: „Deshalb ist der Gesetzesvorbehalt sozusagen der Knotenpunkt, in dem die grundlegenden Verfassungsstrukturprinzipien ineinander verschlungen sind."

[59] *Ossenbühl,* Verwaltungsvorschriften, S. 227; *Jesch,* Gesetz, S. 66; *Thieme,* JZ 1964, S. 82.

[60] VGH Kassel DVBl. 1963, 443 ff. — *Hansen,* S. 64; *Bullinger,* Vertrag, S. 93 ff.

[61] *Böckenförde,* Organisationsgewalt, S. 59; *Bullinger,* Vertrag, S. 94. — VGH Kassel DVBl. 1963, 443 (447).

[62] *Peters,* Huber-FS, S. 206 ff.; *Bachof,* VVDStRL 12, S. 55; *Wolff,* Bd. I, § 2 II 3; *Forsthoff,* Verwaltungsrecht, S. 14; *Ossenbühl,* Verwaltungsvorschriften, S. 189 und 219; *Maunz,* MDH, Art. 20 Rdnr. 141; *Henke,* VVDStRL 28 (1970), S. 161. — Auch die Schulverwaltung ist nicht auf den bloßen Gesetzesvollzug beschränkt, denn „Erziehung ist immer mehr und anderes als die Durchführung von Lehrplänen". *Oppermann,* S. 257. Ebenso: *Heckel/Seipp,* S. 123; *Heckel,* Schulrecht und Schulpolitik, S. 59; *Ehmke,* VVDStRL 23, S. 257; *Wimmer,* DVBl. 1966, S. 850. Das ergibt sich bereits aus den weiten Ermessens- und Beurteilungsspielräumen im Schulverhältnis. *Evers,* VVDStRL 23, S. 159.

Staatsziele[63]. Das Gewaltenteilungsprinzip stelle drei prinzipiell voneinander unabhängige Gewalten nebeneinander. Deshalb sei die Verwaltung eine selbständige Staatsfunktion, die — soweit der Vorrang des Gesetzes nicht entgegenstehe — alles tun dürfe, was sie zur Erfüllung der Staatszwecke für notwendig oder nützlich halte, sofern dabei nicht unmittelbar belastend in Freiheit und Vermögen anderer Rechtssubjekte eingegriffen werde. Mit einer Bindung jeglicher Verwaltungsinitiative an eine formalgesetzliche Ermächtigung wären Selbständigkeit und Unabhängigkeit der Exekutive beseitigt. Damit würde eindeutig gegen das Gewaltenteilungsprinzip verstoßen[64]. Die Eigenständigkeit der Verwaltung führe vielmehr dazu, ihr eine „ursprüngliche *eigene* Regelungsgewalt" zuzusprechen, die insbesondere die besonderen Gewaltverhältnisse erfasse[65].

Dieser Lehre von der Eigenständigkeit der Verwaltung bedient sich auch die Rechtsprechung, wenn sie aus dem Verwaltungsauftrag der Schule schließt, diese dürfe ohne besondere Rechtsgrundlage die zur Erfüllung ihrer Aufgabe erforderlichen Normen selbst setzen[66], freilich ohne sie als Rechtssätze zu qualifizieren. Darüber hinausgehend spricht sich *Oppermann*[67] für die Fähigkeit der Verwaltung aus, im Bereich des Schulverhältnisses eigenständig Regelungen mit Rechtssatzqualität erlassen zu können, was er auf einen sachlich gerechtfertigten Eigenspielraum der Schulverwaltung stützt, an die Maßstäbe des Gesetzmäßigkeitsprinzips nur mit einer gewissen Elastizität anzulegen seien.

Die Eigenständigkeit der Verwaltung als Staatsfunktion kann nicht geleugnet werden[68]. Indessen ergibt sich daraus keine Befugnis zur Regelung des Schulverhältnisses, weil die Verwaltung auch dann eine eigenständige Funktion bleibt, wenn sie nicht rechtsetzend tätig wird, da ihr auch ohne Normsetzungsrecht ein eigenes Tätigkeitsfeld verbleibt[69]. Aus der Eigenständigkeit der Verwaltung kann kein unabgeleitetes Normsetzungsrecht folgen, weil die Eigenständigkeit zwar ein gewisses Maß

---

[63] *Bachof*, VVDStRL 12, S. 55; *Peters*, Staatsgewalt, S. 7; *ders.*, Huber-FS, S. 209.

[64] *Peters*, Staatsgewalt, S. 15; *ders.*, Huber-FS, S. 214.

[65] *Vogel*, VVDStRL 24, S. 165 f. Zustimmend *Kaufmann*, VVDStRL 24, S. 220.

[66] BVerwG DöV 1961, 789; 1965, 638: „Verwaltungsauftrag der Schule". VGH Kassel DVBl. 1963, 443 (447): „allgemeiner Verwaltungsauftrag."

[67] S. 180 f. Er verwirft wie *Vogel*, VVDStRL 24, S. 165 f. Hilfskonstruktionen im Stile gewohnheitsrechtlicher Ermächtigungen etc., die doch nicht nachweisbar sind. Dazu oben 4. Kapitel. Insoweit stellen diese Vorschläge eine dogmatische Bereinigung dar. *Bachof*, VVDStRL 24, S. 227.

[68] BVerfGE 9, 268 ff.

[69] *Schaumann*, Gleichheit und Gesetzmäßigkeitsprinzip, JZ 1966, S. 727. Für den Bereich der Eingriffsverwaltung ist die Verwaltung ohnehin auf Gesetzesausführung beschränkt. BVerfGE 20, 150 (157 f.).

an Aufgabenstellung gebietet, nichts aber über deren Umfang oder Inhalt sagt.

Die Rechtsetzungsbefugnis der Verwaltung ließe sich nur dann aus ihrer Eigenständigkeit ableiten, wenn das Gewaltenteilungsprinzip bestimmte Materien bestimmten Organen vorbehielte. Die Inhalte der drei Staatsfunktionen sind indessen noch weitgehend umstritten[70]. Insbesondere der Bereich der Verwaltung ist nicht endgültig geklärt, welhalb er rein negativ — im Wege der Subtraktionsmethode — zu umschrieben werden pflegt[71]. Bevor der Gewaltenteilungsgrundsatz bemüht werden kann, der Verwaltung eine Rechtsetzungsbefugnis zuzusprechen, ist die Ermittlung des Inhalts der Verwaltungsfunktion aber unerläßlich[72]. Die Vertreter der Lehre von der Eigenständigkeit der Verwaltung verstehen in aller Regel die Verwaltung als festumrissene Funktion im traditionellen Umfang, der unter dem Schlagwort der Eigenständigkeit dieser Staatsfunktion gewahrt bleiben soll[73]. Die Verwaltung kann aber nur da eigenständig sein, wo sie ihre eigenen Aufgaben erfüllt — nur innerhalb ihres Funktionsbereichs ist sie autonom[74]. Die hier zu entscheidende Frage, ob die Rechtsetzung zu ihren Aufgaben zu zählen ist, kann jedoch gerade nicht aus dem Gewaltenteilungsgrundsatz beantwortet werden[75].

Ohnehin ist das Gewaltenteilungsprinzip erst dann verletzt, wenn zugunsten des Parlaments ein Einbruch in den Kernbereich der Exekutive erfolgt[76]. Die Rechtsetzung gehört mit Sicherheit nicht zum *Kernbereich* der Verwaltung, vielmehr nimmt die Verwaltung damit eine an sich dem Parlament obliegende Aufgabe wahr[77], so daß diese Funktionsverschränkung überhaupt erst der verfassungsrechtlichen Legitimation bedarf[78].

---

[70] *Achterberg*, S. 104, 202, 231.

[71] *Thoma*, HDStR, Bd. II, S. 109: „Verwaltung ist alle Ausübung von Staatsgewalt, die sich nicht als Gesetzgebung oder als Rechtsprechung darstellt." — Weitere Nachweise bei *Ossenbühl*, Verwaltungsvorschriften, S. 187 ff.

[72] *Ehmke*, VVDStRL 24, S. 231; *Achterberg*, S. 231.

[73] Besonders deutlich *Peters*, Staatsgewalt, S. 15.

[74] *Ossenbühl*, Verwaltungsvorschriften, S. 167 und 172; *v. d. Heydte*, VVDStRL 24, S. 224.

[75] Die Annahme einer eigenen, ursprünglichen, generellen Regelungsgewalt widerspricht geradezu dem Wesen der Verwaltung, weil sie andere Aufgaben als die Normsetzung zu erfüllen hat. s. *v. d. Heydte*, VVDStRL 24, S. 224; *Ipsen*, VVDStRL 24, S. 224; *Mayer*, Nottarp-FS, S. 194.

[76] BVerfGE 9, 268 (280).

[77] BVerfGE 1, 372 (394): „In der parlamentarischen Demokratie ist grundsätzlich dem Parlament die Rechtsetzung vorbehalten und der Exekutive die Regierung und Verwaltung übertragen."

[78] *Krüger*, Smend-FS, S. 237 f.; *Mayer*, Nottarp-FS, S. 194; *Achterberg*, S. 178 ff.

II. Die Abhängigkeit der Verwaltung

Daß die Rechtsetzung dem Parlament gebühre, wird ebenfalls dem Gewaltenteilungsgrundsatz entnommen[79]. Schon sprachlich wird ja Parlament oft mit Gesetzgeber identifiziert. Unausgesprochene Prämisse ist jedoch auch hier die Deckung von materieller Funktion und formeller Gewalt. Eine solche konkrete Ausgestaltung ist dem Gewaltenteilungsgrundsatz indessen nicht zu entnehmen.

Auch wenn das Grundgesetz nicht ausdrücklich von einer Teilung der Gewalten spricht, kann die Unterscheidung dreier durch besondere Organe wahrzunehmende Funktionen in Art. 20 Abs. 2 GG nur als Anordnung einer grundsätzlichen Funktionentrennung verstanden werden, die freilich damit nicht jede Verschränkung der Funktionen ausschließt[80]. So betont die Rechtsprechung, die die Gewaltenteilung als „grundlegendes Prinzip der freiheitlich demokratischen Grundordnung" bezeichnet[81], daß dieser Grundsatz im Grundgesetz nicht rein durchgeführt sei, vielmehr enthalte die geltende Verfassungsordnung zahlreiche Verschränkungen und Balancierungen der Gewalten. Sie kenne somit keine absolute Gewaltenteilung, sondern nur eine gegenseitige Kontrolle und Mäßigung der Staatsfunktionen[82]

Das bedeutet aber, daß der Sinn der Gewaltenteilung weniger darin besteht, bestimmte Funktionen bestimmten Organen vorzubehalten oder zu verwehren, als vielmehr darin, überhaupt eine *irgendwie* geartete Verteilung der Funktionen auf verschiedene Organe vorzunehmen und diese einander so zuzuordnen, daß ein machthemmendes Gleichgewicht erreicht wird[83]. Dann begegnet es aber von vornherein Bedenken, aus

---

[79] OVG Berlin E 3, 146 (149): jedenfalls „grundlegende Fragen". *Fuß*, VVDStRL 23, S. 213; *Mayer*, Nottarp-FS, S. 192 f.

[80] BVerfGE 3, 225 (247); 7, 183 (188); 30, 1 (24 und 27 f.). — *Achterberg*, S. 178; *Hesse*, Verfassungsrecht, S. 192 f.

[81] BVerfGE 2, 1 (13). Ähnlich E 2, 307 (329); 3, 225 (247).

[82] BVerfGE 7, 183 (188); 9, 268 (279 f.); BVerfG DöV 1967, 453 ff. *Achterberg*, S. 183 ff. m. w. Nachw. — Kritisch gegenüber dieser Deutung der Gewaltenteilung: *Krüger*, Allgemeine Staatslehre (2. Auflage 1966), S. 868 ff. und 945, der die Ansicht vertritt, eine „gute" Staatsgewalt brauche nicht gehemmt zu werden. Indessen ist *jede* Staatsgewalt potentiell gefährlich. Daher ist die Freiheit des Bürgers zusätzlich geschützt durch die Verteilung der Ausübung der Staatsgewalt auf voneinander unabhängige Organe. *Kimminich*, Einführung in das öffentliche Recht (1972), S. 166 ff. Gerade die dem modernen Staat zur Verfügung stehenden umfassenden Einwirkungsmöglichkeiten auf das Leben des Einzelnen bedürfen der Mäßigung durch ihre Aufgliederung. *Forsthoff*, EStL, Sp. 660.

[83] BVerfGE 3, 225 (247); 7, 183 (188); 9, 268 (279). — BVerfGE 5, 85 (199): „Das Prinzip der Aufteilung der Staatsmacht auf verschiedene, sich gegenseitig kontrollierende und hemmende Träger dient der Vermeidung übermäßiger Machtkonzentration an einer Stelle im Staat." Die ratio der Gewaltenteilung besteht also darin, „die wechselseitige Begrenzung und Kontrolle staatlicher Macht"

dem Gewaltenteilungsgrundsatz die positive Zuordnung[84] bestimmen zu wollen.

Die konkrete Ausgestaltung auch des Gewaltenteilungsprinzips erfolgt vielmehr durch die konkrete Verfassung. Deren Verfassungsstruktur wird aber auch von der Reichweite des Vorbehaltsgrundsatzes mitbestimmt. Daher kann der Umfang des Vorbehaltsgrundsatzes das Gewaltenteilungsprinzip ausgestalten, nicht aber umgekehrt ein vermeintlich feststehender Gewaltenteilungsgrundsatz den Vorbehalt des Gesetzes[85].

Wenn die Reichweite des Vorbehaltsgrundsatzes geklärt ist, bestimmte Bereiche dem Gesetzgeber aus demokratischen, rechtsstaatlichen oder sonstigen Gesichtspunkten also vorbehalten sind, stellt eine Verletzung der so fixierten Kompetenzordnung immer auch einen Verstoß gegen das Gewaltenteilungsprinzip dar[86]. Nur muß die Reichweite des Vorbehaltsgrundsatzes zuvor geklärt werden, ohne daß das Gewaltenteilungsprinzip dabei behilflich sein kann[87]: „Einer Berufung auf das allgemeine und konturlose Prinzip der Gewaltenteilung bedarf es nicht[88]."

§ 21 Das Sozialstaatsprinzip

Obwohl „das Grundgesetz die Sozialstaatlichkeit zu den tragenden Prinzipien unseres Staates erklärt hat"[89], gleicht jeder Versuch, dem Sozialstaatsgedanken konkrete Aussagen abzugewinnen, einem Slalomlauf „zwischen verfassungsrechtlicher Anmaßung und verfassungsrechtlichem Ungehorsam"[90]. *Sozial* ist ein offener Begriff[91], der ob seiner schillernden Vieldeutigkeit nur unter Schwierigkeiten und Inkaufnahme von Mißgriffen entwickelt werden kann — sofern man nicht mit *Forsthoff* dem Sozialstaatsprinzip nahezu jeden normativen Gehalt absprechen will[92].

Die Verlagerung des Schwergewichts von der eingreifenden zur leistenden Verwaltung, die den heutigen Sozialstaat vom liberal-bürger-

---

zu gewährleisten. BVerfGE 30, 1 (28). So auch *C. Schmitt*, Verfassungslehre, S. 127, 186 ff., 196 ff.; *Böckenförde*, Organisationsgewalt, S. 59; *Kimminich*, S. 167 f.

[84] So ordnet Art. 92 GG die Rechtsprechung als materielle Funktion der dritten Gewalt zu.

[85] *Jesch*, Gesetz, S. 200; *Rupp*, Grundfragen, S. 130 f.; *Achterberg*, S. 63 und 68.

[86] s. BVerfGE 8, 274 (321).

[87] *Vogel*, VVDStRL 24, S. 168; *Ossenbühl*, Verwaltungsvorschriften, S. 229; *Lang*, S. 83; *Starck*, Gesetzesbegriff, S. 282.

[88] *Rupp*, Grundfragen, S. 131.

[89] BVerfGE 3, 377 (381).

[90] *Suhr*, Rechtsstaatlichkeit und Sozialstaatlichkeit, Der Staat 9 (1970), S. 67.

[91] Ebd., S. 73 m. w. Nachw. Fußn. 22.

[92] Zum Streitstand: *Forsthoff* (Hrg.), Rechtsstaatlichkeit und Sozialstaatlichkeit (1968). Besprechung durch *Suhr*, Der Staat 9, S.67 ff.

lichen Rechtsstaat der Entstehungszeit der Eingriffsformel unterscheidet, bewirkt, daß der Bürger heute auf zahlreiche Verwaltungskontakte angewiesen ist, die zwar keine Eingriffe im klassischen Sinne darstellen, ihn aber nicht minder in seiner Freiheitssphäre beeinträchtigen können[93]. Bliebe der Vorbehalt des Gesetzes auf seinen historisch gewachsenen Umfang beschränkt, müßte das zu einer vermehrten Freistellung der Verwaltung von gesetzlichen Grundlagen führen[94]. Eine zeitgemäße Neubesinnung auf den Zweck des Vorbehaltsprinzips muß auch im Lichte des Sozialstaatsbekenntnisses des Grundgesetzes erfolgen, das zu aktiver Sozialgestaltung legitimiert und verpflichtet.

Wegen der Offenheit des Begriffs „sozial" lassen sich dem Sozialstaatsprinzip nicht ohne weiteres verbindliche Richtlinien für eine *inhaltliche* Ausgestaltung der Sozialordnung entnehmen. Den weiten Spielraum auszufüllen, ist daher in erster Linie der Gesetzgeber aufgerufen[95]. Der Gesetzgeber schafft damit Ausprägungen des Sozialstaatsgedankens, die das Grundgesetz nicht in der Verfassungsurkunde fixiert hat, um elastische Antworten auf neu auftretende soziale Fragen zu ermöglichen[96]. Diese Verfassungskonkretisierung durch den Gesetzgeber läßt sich schwerlich mit der Richtlinienpraxis im Schulverhältnis vergleichen, weshalb Zweifel an der „unmittelbaren Verfassungsvollziehung" durch die Verwaltung[97] jedenfalls da angebracht sind, wo der Bürger auf die staatliche Leistung existentiell angewiesen ist. Indessen kann die Entscheidung darüber, ob die Schulverwaltung mit oder ohne Ermächtigung durch den Gesetzgeber das Schulverhältnis ausgestalten darf, letztlich nicht aus dem Sozialstaatsprinzip allein beantwortet werden, weil dieses nur die Pflicht zur Sozialgestaltung normiert, ohne diese Aufgabe auf ein Staatsorgan zu beschränken. Ebensowenig wie das Gewaltenteilungsprinzip trifft das Sozialstaatsprinzip eine Verteilung bestimmter Funktionen auf bestimmte Organe.

In dieser Lage erweist sich erneut der Vorteil eines auf ein bestimmtes Sozialgebilde beschränkten methodischen Ansatzes[98]. Gerade im Schulverhältnis steht das Sozialstaatsprinzip wegen der landesverfassungs-

---

[93] VGH Kassel DVBl. 1963, 443 (447). — *Schaumann*, JZ 1966, S. 725; *Suhr*, Der Staat 9, S. 78 ff.

[94] *Bachof*, VVDStRL 12, S. 63; *Höhn*, S. 21; *Mayer*, Nottarp-FS, S. 196.

[95] BVerfGE 18, 257 (273); 22, 180 (204); 1, 97 (105); 8, 274 (329). VGH Kassel DVBl. 1963, 443 (448). — *Stern*, JZ 1960, S. 521 f.; *Mallmann*, VVDStRL 19, S. 192; *Ossenbühl*, Verwaltungsvorschriften, S. 233 ff.; *Bettermann*, Grenzen der Grundrechte (1968), S. 19; *Böckenförde*, Arndt-FS, S. 70.

[96] *Suhr*, Der Staat 9, S. 74.

[97] Dazu *Tilch*, S. 137 ff. m. w. Nachw. Die Verwaltung vollzieht indessen nicht Art. 7 GG, sondern schafft überhaupt erst Maßstäbe zur Durchführung des Schulverhältnisses.

[98] Ausführlich oben § 8.

rechtlichen Gewährleistung des Rechts auf Bildung[99] auf relativ festem Boden. Ob sich der sozialstaatliche Appell zur Konkretisierung des Schulverhältnisses zu einer Normierungspflicht verdichtet, um die Tatbestandsvoraussetzungen des Rechts auf Bildung nicht dem Belieben der Verwaltung zu überlassen, sondern überschaubare, d. h. durch Rechtssätze geordnete und damit verbürgte Rechtsverhältnisse zu bilden[100], kann nur mit dem Kriterium des Rechtsstaatsprinzips und seinen Konkretisierungen entschieden werden. Das Sozialstaatsprinzip läßt die Reichweite des Vorbehaltsgrundsatzes daher offen[101].

§ 22 Das Demokratieprinzip

Dem Vorbehalt des Gesetzes kam in der konstitutionellen Monarchie eine machtabgrenzende Funktion zwischen zwei prinzipiell voneinander unabhängigen Mächten zu. Diese Funktion des Vorbehaltsgrundsatzes als Grenze zwischen Staat und Gesellschaft kann ihm heute nicht mehr zukommen, weil mit dem Übergang von der konstitutionellen Monarchie zur parlamentarischen Demokratie die ursprüngliche unabgeleitete Staatsmacht wegfiel. Heute geht alle Staatsgewalt vom Volke aus (Art. 20 Abs. 2 Satz 1 GG), das Volk trägt den gesamten Staat. Deshalb indiziert der Vorbehalt des Gesetzes keine Machtverteilung mehr[102]. Dagegen ist es streitig, welche Aufgabe ihm in der heutigen Verfassungsordnung zuzusprechen ist.

I. Das Demokratieprinzip als Rechtfertigung eines Totalvorbehaltes

Aus dem Wandel der Verfassungsstruktur leitet *Jesch* die Veränderung des Vorbehaltsbereichs und damit auch die Einbeziehung besonderer Gewaltverhältnisse ab[103]. In der konstitutionellen Monarchie habe die Exekutive die Befugnisse nicht durch die Verfassung empfangen, sondern sie habe sie aus dem absoluten Staat mitgebracht. Durch die Verfassung

---

[99] Nachweise oben 4. Kapitel, Fußn. 19. — Diese Normen als bloße Programmsätze anzusehen (vgl. die Nachweise bei *Klein*, Recht auf Bildung, S. 9 Fußn. 7), ließe sie weitgehend leerlaufen. *Klein*, S. 10; *Fuß*, VVDStRL 23, S. 199; *Abelein*, DöV 1967, S. 375; a. A. *Oppermann*, S. 153 Fußn. 29. — Als Programmsätze bedürften sie erst recht der gesetzgeberischen Konkretisierung, denn soziale *Programme* darf nur der Gesetzgeber entwerfen. *Ossenbühl*, Verwaltungsvorschriften, S. 194 und 240.

[100] Insbesondere *Evers*, VVDStRL 23, S. 163.

[101] *Fuß*, VVDStRL 23, S. 200 f. und 279 benutzt die Sozialstaatsklausel nur dazu, das *landes*verfassungsrechtliche Recht auf Bildung auf *Bundes*rechtsniveau zu transformieren. — Dagegen begründet *Säcker*, DVBl. 1972, S. 315 die Erstreckung des Vorbehaltsgrundsatzes auf das Schulverhältnis unmittelbar mit dem Sozialstaatsprinzip.

[102] *Mallmann*, VVDStRL 19, S. 185.

[103] Gesetz, S. 171 und 211.

sei sie also nicht ermächtigt, sondern nur beschränkt worden[104]. Ihre prinzipiell absolutistische, wenn auch verfassungsmäßig beschränkte Stellung habe die Exekutive nicht aus der konstitutionellen Monarchie in die parlamentarische Demokratie hinüberretten können[105]. Die Verwaltung sei vielmehr zur vollziehenden Gewalt im echten Sinne geworden, zu deren Gunsten keine Kompetenzpräsumtion mehr bestehe[106]. Vielmehr sei sie darauf beschränkt, die ihr durch die Verfassung zugewiesenen und darüber hinaus von der Legislative eingeräumten Kompetenzen auszuüben. Dagegen weise die Verfassungsstruktur der Bundesrepublik das Parlament als höchste Staatsgewalt aus[107].

Im Gegensatz zur konstitutionellen Monarchie beschränke das Parlament nicht mehr die natürliche Freiheit der Exekutive im Verwaltungsbereich, sondern übertrage ihr die erforderlichen Handlungsbefugnisse, die sie ohne die gesetzliche Ermächtigung nicht habe. Deshalb müßten überall da, wo rechtliche Regelungen möglich sind, solche Regelungen durch den Gesetzgeber auch ergehen, da ohne sie die vollziehende Gewalt keine Befugnisse mehr besitze. So wie die Exekutive ihre demokratische Legitimation erst über das Parlament empfange, erlange sie die Ermächtigung zu rechtlich verbindlichem Handeln gegenüber dem Bürger erst vom Gesetzgeber[108].

Die Konstruktion des besonderen Gewaltverhältnisses als staatlicher Innenraum stelle ein typisches Element der Verfassungsstruktur der konstitutionellen Monarchie dar. Für solche in die konstitutionelle Monarchie gerettete absolutistische rechtsfreie Restbestände könne es in der Verfassungsstruktur der Bundesrepublik keinen Platz mehr geben. Vielmehr sei das besondere Gewaltverhältnis in bezug auf das Vorbehaltsprinzip dem allgemeinen grundsätzlich gleichzustellen. Eine Handlungskompetenz der Exekutive könne es auch im besonderen Gewaltverhältnis nur auf Grund spezieller verfassungsrechtlicher oder gesetzlicher Zuweisung geben[109].

Nach dieser Lehre fehlt der Schulverwaltung die Kompetenz zum Erlaß schulischer Sonderverordnungen, weil weder aus Art. 7 Abs. 1 GG

---

[104] Ebd., S. 169.

[105] Ebd., S. 171. Hinter der Argumentation von *Jesch* aus dem Wandel der Verfassungsstruktur verbirgt sich also nichts anderes als das Demokratieprinzip. *Rupp*, Grundfragen, S. 130 f.

[106] *Jesch*, Gesetz, S. 171 und 211.

[107] So auch *Friesenhahn*, Parlament und Regierung im modernen Staat, VVDStRL 16 (1958), S. 9 ff.; *Thieme*, JZ 1964, S. 82; *Abelein*, ZfP XIV (1967), S. 324.

[108] *Jesch*, Gesetz, S. 171 f. So auch *Schaumann*, JZ 1966, S. 726; *Menger*, VerwArch. 52 (1961), S. 107.

[109] *Jesch*, Gesetz, S. 211 f.

eine verfassungsrechtliche Ermächtigung zu entnehmen ist[110], noch gesetzliche Ermächtigungen vorhanden sind[111].

Jeschs tragender These, die Änderung der Verfassungsstruktur müsse zwangsläufig Auswirkungen auf den Vorbehaltsgrundsatz zeigen, ist entgegengehalten worden, diese Akzessorietät des Gesetzmäßigkeitsgrundsatzes zur Verfassungsstruktur könne nicht vorausgesetzt werden, weil es denkbar sei, daß überkommene Institute in einer neuen Verfassung Platz fänden oder nur einen geringen Wandel erlebten[112]. Auch werde die Verfassungsstruktur gerade durch die Reichweite des Vorbehaltsgrundsatzes ganz wesentlich mitbestimmt, so daß es bedenklich sei, von einer unter Berücksichtigung des Vorbehaltsbereichs erst zu ermittelnden Verfassungsstruktur auf den Umfang des Vorbehaltsgrundsatzes zu schließen[113].

In der Tat ist es voreilig, aus dem Wandel der Verfassungsstruktur unmittelbar auf einen *Total*vorbehalt zu schließen, weil sich durch weitere interpretatorische Bemühungen durchaus verfassungsunmittelbare Verwaltungskompetenzen ergeben könnten[114]. Ob das der Fall ist[115], braucht hier nur für das Schulverhältnis beantwortet zu werden. Dagegen darf diesem Verfassungswandel eine Vermutung der Parlamentskompetenz zur Rechtsetzung entnommen werden, die Rechtsetzungsbefugnisse der Verwaltung nicht ausschließt, wohl aber als Ausnahme jeweils einen entsprechenden verfassungsrechtlichen Nachweis fordert[116]. Art. 80 GG beweist in aller Deutlichkeit, daß das Grundgesetz die Rechtsetzung grundsätzlich der Legislative vorbehält und die Rechtsetzung durch die Exekutive als Durchbrechung dieses Grundsatzes wertet[117].

II. Das Demokratieprinzip als Rechtfertigung der Eigenständigkeit der Verwaltung

Dem Wandel der Verfassungsstruktur wird auch der gegenteilige Schluß entnommen: Weil jetzt auch die Verwaltung mittelbar demokratisch legitimiert sei, bestünden keine ernstlichen Bedenken mehr aus dem

---

110 Dazu oben § 16.

111 Dazu oben § 5 und unten § 26.

112 *Huber*, Maßnahmegesetz und Rechtsgesetz (1963), S. 175; *Starck*, Gesetzesbegriff, S. 283.

113 *Vogel*, VVDStRL 24, S. 148.

114 *Ossenbühl*, Verwaltungsvorschriften, S. 214.

115 Gegen einen Totalvorbehalt: VGH Kassel DVBl. 1963, 443 (446). *Böckenförde*, Organisationsgewalt, S. 81; *Ossenbühl*, Verwaltungsvorschriften, S. 207 f. jeweils mit weiteren Nachweisen.

116 *Zacher*, VVDStRL 24, S. 236; *Achterberg*, S. 178 ff.; *Rupp*, Grundfragen, S. 125 f.; *Krüger*, Smend-FS, S. 237.

117 BVerfGE 8, 274 (321); 18, 52 (59).

Demokratieprinzip gegen eine gewisse Eigenständigkeit der Verwaltung, so daß dieser durchaus auch Rechtsetzungsbefugnisse zur Verfügung stünden[118].

Mit der demokratischen Legitimation kann sich indessen nicht das Ergebnis einstellen, die Verwaltung dürfe auch *regelnd* tätig werden, denn auch bei eingreifender Tätigkeit ist die Verwaltung demokratisch legitimiert und bedarf dennoch einer gesetzlichen Ermächtigung. Unter Hinweis auf die Legitimation kraft demokratischer Wahl könnte auf die gesamte Verfassungsordnung verzichtet werden, um der Verwaltung alle Macht zu überantworten[119]. Mit dem Vorbehalt des Gesetzes wird aber eine verstärkte Legitimationsgrundlage gefordert, die zu der parlamentarischen Verantwortlichkeit der Regierung als Verwaltungsspitze hinzutreten muß[120]. Diese Legitimation kann sich nur daraus ergeben, daß das Volk durch die Verfassung der Verwaltung eine bestimmte Kompetenz zuweist[121]. Im übrigen ist die Verwaltung auf spezialgesetzliche Ermächtigungen angewiesen.

Die vorkonstitutionelle Kompetenz der Verwaltung zur Regelung des Schulverhältnisses kann nicht durch Auswechslung ihrer Begründung mittels demokratischer Legitimation gehalten werden. Vielmehr benötigt der Kultusminister neben seiner mittelbaren demokratischen Legitimation zusätzlich eine besondere Ermächtigung, kraft derer er Recht setzen darf. Ohnehin vermag die Demokratisierung der Exekutive nicht die vom Rechtsstaatsprinzip gebotene Meßbarkeit des Verwaltungshandelns zu garantieren[122].

III. Das Demokratieprinzip als „politische" Komponente des Vorbehaltsgrundsatzes

1. Da das Parlament unmittelbar, die Exekutive aber nur mittelbar vom Volk gewählt wird, besteht ein Unterschied im *Grad* der demokratischen Legitimation, aus dem sich ein demokratischer Vorrang des Gesetzgebers ergibt[123]. Dementsprechend lassen sich die Rechtsquellen ein-

---

118 *Bullinger*, Vertrag, S. 94; *Böckenförde*, Organisationsgewalt, S. 79 f.: „Der Gesetzgeber hält im demokratischen Verfassungsstaat nicht mehr das Monopol demokratischer Legitimation." *Böckenförde/Grawert*, AöR 95 (1970), S. 26.

119 *Rupp*, Grundfragen, S. 125 f.; *Höhn*, S. 25 m. w. Nachw. Kritisch auch *Bachof*, VVDStRL 15, S. 206; *Achterberg*, S. 206.

120 Hess StGH DöV 1971, 201 (203).

121 *Rupp*, Grundfragen, S. 125 f.

122 *Hansen*, S. 63.

123 *Thieme*, JZ 1964, S. 82; *Ossenbühl*, Verwaltungsvorschriften, S. 201. — Diesen demokratischen Vorrang der Legislative zieht *Böckenförde*, Organisationsgewalt, S. 81 in Zweifel, indem er auf die Wandlung der Abgeordnetenwahlen alten Stils zu Kanzlerwahlen oder -akklamationen hinweist. Diese Deutung ist weit verbreitet (vgl. *Herzog*, Allgemeine Staatslehre, 1971, S. 290 ff.;

teilen nach der *Intensität* ihrer demokratischen Legitimation. Die Rechtssatzschöpfung der Verwaltung steht im Range unter dem Gesetz, denn „im Gesetz ist die Staatsgewalt des Volkes einfach, in der Rechtsverordnung doppelt mediatisiert“[124]. Aus dem demokratischen Vorrang des Gesetzgebers ergibt sich, daß dem Parlament als dem „volksnächsten“ Organ keine Regelungsbefugnis entzogen sein darf: In der Demokratie steht der Gesamtbereich staatlicher Tätigkeit gesetzlicher Regelung offen[125].

Aus der gestuften demokratischen Legitimation ergibt sich über die Rechtsetzungs*prärogative* des Gesetzgebers hinaus jedenfalls die Tendenz zur Begründung eines Rechtsetzungs*monopols* des Gesetzgebers[126], weil nur so die demokratische Funktion des Vorbehaltsgrundsatzes ausgeschöpft werden kann. Die Demokratie kann nicht auf die Bestellung von Repräsentanten im Parlament beschränkt sein, sondern kommt erst dann zur rechten Wirkung, wenn die *Gesetzgebung als Ausdruck einer demokratischen Willensbildung* begriffen wird[127]. Die demokratische Willensbildung kann nur im Parlament erfolgen, nicht aber verwaltungsintern. Deshalb ist bei der Rechtsetzung der parlamentarische Gesetzgeber einzuschalten[128].

Nach demokratischem Verständnis ist die Entscheidung des Parlaments die Entscheidung des Volkes selbst: „Der Gesetzesgehorsam ist Selbstgehorsam, Anerkennung und Vollzug der eigenen Willensentscheidung. Dieser juristische Geltungsgrund des Gesetzes konzentriert die Gesetzgebungskompetenz auf *ein* Organ: allein die Volksvertretung ist imstande, Normen mit Gesetzeskraft zu erlassen, weil nur die Willensentscheidung des Parlaments dem Gesetzesunterworfenen als eigener Wille zugerechnet werden kann und nur diese unmittelbare Zurechnung den Gehorsamsanspruch des Gesetzes trägt und verbürgt[129].“ Eine so quali-

---

Leisner, DöV 1971, S. 649 ff.), aber dennoch nicht eigentlich überzeugend. Als Indiz sei nur auf die zahlenmäßig geringe, aber wahlentscheidende *floating vote* hingewiesen, aus der sich ergibt, daß die Stammwähler der Parteien dominieren. Die Anhänglichkeit der Stammwähler über Jahrzehnte hinaus kann sich aber nur auf Parteien und Sachprogramme beziehen, nicht aber auf wechselnde Parteiführer. Mit dem Schlagwort der „Kanzlerwahl“ wird deshalb zu Unrecht dem Wähler der politische Sachverstand abgesprochen.

124 *Quaritsch*, Parlamentsgesetz, S. 7.

125 *Achterberg*, S. 206. Deshalb endet hier die „Eigenständigkeit“ der Verwaltung. A. A. *Bullinger*, Vertrag, S. 93 ff.

126 *Kriele*, VVDStRL 29 (1971), S. 64.

127 *Schaumann*, JZ 1966, S. 726; *Spanner*, Gutachten, S. 8; *Badura*, VVDStRL 24, S. 213.

128 *Schaumann*, JZ 1966, S. 726; *Spanner*, Gutachten, S. 8; *Mallmann*, VVDStRL 19, S. 179: „Auch muß die seltsame Beharrlichkeit auffallen, mit der die demokratische Wurzel des Gesetzmäßigkeitsgrundsatzes ignoriert wird.“

129 *Quaritsch*, Parlamentsgesetz, S. 31. Ähnlich *Menger*, VerwArch. 52 (1961), S. 197.

fizierte Willensbildung vermag die Rechtsetzung durch die Verwaltung nicht zu garantieren.

Damit ist bei einer der *demokratischen* Komponente des Vorbehaltsgrundsatzes entsprechenden Auslegung dieses Prinzips davon auszugehen, daß die Verwaltung *auf jeden Fall* auf das Parlamentsgesetz angewiesen ist, wenn es sich um Materien handelt, die als *politisch relevante* Angelegenheiten dem Führungsanspruch des Parlaments unterliegen[130]. Eine solche Stufung nach der politischen Relevanz läßt sich auch den Spezialvorbehalten des Grundgesetzes entnehmen, die Aufgaben von besonderer Bedeutung (Haushaltsplan und -gesetz; Zustimmung zu Verträgen nach Art. 59 Abs. 2 GG) dem Parlament vorbehalten und damit auch die Reichweite des Allgemeinvorbehalts indizieren[131].

Zu diesen politisch relevanten Angelegenheiten zählen im Sozialstaat des Grundgesetzes nicht länger nur die traditionellen Eingriffsakte, sondern auch da, wo die Exekutive mit ihren „Wohltaten" lenkend, gestaltend, verändernd, daseinsnotwendige Leistungen erbringend auf die existentielle Situation des Bürgers einwirkt und damit seinen Rechtsstatus berührt, verlangt die aus dem demokratischen Prinzip des Grundgesetzes folgende Entscheidungszuständigkeit des parlamentarischen Gesetzgebers eine gesetzliche Ermächtigung[132].

Daß zu diesem Bereich auch das Schulverhältnis zu zählen ist, bedarf angesichts der massiven Formung der sozialen Existenz des Schülers in der Schule und der damit beabsichtigten gesellschaftspolitischen Einwirkung keiner weiteren Ausführung[133]. Sicher werden die für den Lebensweg des Kindes bedeutsamen Grundentscheidungen im Schulverhältnis vom Vorbehalt des Gesetzes erfaßt, also Entscheidungen wie Wahl des Schultyps, Schulausschluß, Bildungs- und Erziehungsziele, Schulwechsel etc.[134]. Wegen der Bedeutung des Schulverhältnisses insgesamt und insbesondere der in ihm verliehenen Berechtigungen darf aber von der politischen Relevanz in diesem Bereich auch das ganze Um- und Vorfeld dieser Entscheidungen nicht ausgespart bleiben. Schulordnung und Berechtigungswesen sind eng miteinander verbunden: „Der Alltag der Schule

---

[130] *Thieme*, JZ 1964, S. 85; *Ossenbühl*, Verwaltungsvorschriften, S. 194, 207 f., 240; *Evers*, VVDStRL 23, S. 159; *Vogel*, VVDStRL 24, S. 249; a. A. BVerwGE 21, 293 (300): „Einen Rechtsgrundsatz, daß rechtlich bedeutsame allgemeine, nicht nur den Einzelfall betreffende Regelungen ... stets durch Gesetz oder Rechtsverordnung getroffen werden müßten, gibt es nicht."

[131] *Zacher*, VVDStRL 24, S. 234 ff.

[132] *Mallmann*, VVDStRL 19, S. 192 f.; *Starck*, Gesetzesbegriff, S. 286 f.

[133] Dazu oben §§ 8 II und 9 III.

[134] *Ipsen*, VVDStRL 23, S. 269; *Evers*, VVDStRL 23, S. 161 f. und 285. Wird hier bereits die Vorbehaltswirkung als erschöpft angesehen, läuft das auf die Aufrechterhaltung der — dogmatisch verfehlten — Unterscheidung von Grund- und Betriebsverhältnis hinaus. So ausdrücklich *Ipsen*, VVDStRL 23, S. 269.

bestimmt im wesentlichen Ausmaß auch ihren erfolgreichen Abschluß[135]." Die rechtsstaatliche Komponente des Vorbehaltsgrundsatzes verstärkt dieses durch das Demokratieprinzip vorgezeichnete Ergebnis, weil auch bei minimaler Regelung im Schulverhältnis immer Grundrechte des Schülers und seiner Eltern im Spiel sind[136].

Die Angst vor der Behandlung schulischer Angelegenheiten im Parlament darf als Indiz dafür gewertet werden, wie brisant, d. h. politisch relevant diese Belange sind. Deshalb gebietet es der *demokratische* Aspekt des Vorbehaltsgrundsatzes, diese Fragen im Parlament offen zur Sprache zu bringen. Im Schulverhältnis muß deshalb ein *totaler* Vorbehalt des Gesetzes gelten[137].

Auch die Tatsache, daß die Wissenschaft gewisse politische Entscheidungen präjudiziert[138], entfernt aus dem Sozialleben nicht die Notwendigkeit, den Maßstab für die Gestaltung des Schulverhältnisses zu liefern, d. h. eine politische Entscheidung zu treffen[139]. Das das Schulverhältnis regulierende Gesetz ist der Idealtyp der Gesetze des modernen Staates, die nicht länger „Kodifikationen existenter, geübter, bislang ungeschriebener Verhaltensregeln, nicht Aufzeichnung von Weistümern" sind, „sondern rational steuernder Daseins-Regulator, intendiert von den politischen Vorstellungen der aktiven und herrschenden Gruppen, die anhand ihrer eigenen Sozialmodelle über Gut und Böse, Richtig und Falsch der möglichen Entscheidungen befinden wollen"[140]. Diese staatliche Primärfunktion muß sich der Träger der Staatsgewalt vorbehalten[141].

2. Als Einschränkung dieses Grundsatzes ist allerdings eine von speziellen Ermächtigungen unabhängige Befugnis der Verwaltung zur „Gefahrenabwehr" zu erwägen, deren Rechtfertigung sich daraus ergebe, daß nur eine bewegliche und mit gewissen selbständigen Kompetenzen ausgestattete Verwaltung es vermöge, unerwartet auf sie zukommende Probleme und Situationen so zu bewältigen, daß aus ihnen keine Störungen oder Gefahren entstünden[142].

---

[135] *Fuß*, VVDStRL 23, S. 202.

[136] Dazu oben § 11 und unten § 23.

[137] Außer *Fuß*, VVDStRL 23, S. 202 auch *Perschel*, RdJB 1969, S. 35; *Rupp*, VVDStRL 23, S. 275 f.; *Hanischfeger/Heimann*, S. 59 f. — HessStGH DöV 1971, 201 (203).

[138] *Leibholz*, Der Einfluß der Fachleute auf politische Entscheidungen, in: Strukturprobleme der modernen Demokratie (3. Auflage 1967), S. 317 ff. Auch *Herzog*, VVDStRL 24, S. 243.

[139] *Leibholz*, S. 317 ff.; *Badura*, VVDStRL 24, S. 213 f.

[140] *Quaritsch*, Parlamentsgesetz, S. 30 f.; ähnlich *Menger*, Verw.Arch. 52 (1961), S. 197.

[141] *Quaritsch*, Parlamentsgesetz, S. 30 f.

In der Tat vermag kein noch so umfassender Vorbehaltsgrundsatz evidente Not- und Krisensituationen zu erfassen, weil hier der ihm immanenten Berechenbarkeit staatlichen Handelns überhaupt nicht genügt werden kann[143]. Eine solche als Ausnahmekompetenz zu verstehende Verwaltungsbefugnis ist im Schulverhältnis entbehrlich. Der Katastrophenfall hat mit der Sozialgestaltung, wie sie im Schulverhältnis erfolgt, nichts zu tun[144]. Selbst so einschneidende Dinge wie die Einführung der integrierten Gesamtschule oder der Fünftagewoche können bei Würdigung aller sie rechtfertigenden Gesichtspunkte um Monate oder gar Jahre verschoben werden, ohne daß deswegen eine Gefahrensituation eintreten würde. Das Bildungskonzept samt der zu seiner Realisation eingesetzten Mittel ist immer *langfristig*[145]. Das der Gefahrenabwehr innewohnende Zeitmoment tritt im Schulverhältnis nicht auf, weil wegen der Fernwirkung bildungspolitischer Entscheidungen die Verwaltung hier nichts übers Knie brechen darf, sondern getrost die parlamentarische Antwort auf neue Fragen abwarten kann[146].

IV. Die Form der Erteilung der parlamentarischen Legitimation

Auch wenn Übereinstimmung darin erzielt wird, daß aus dem Demokratieprinzip die Erforderlichkeit einer parlamentarischen Ermächtigung abzuleiten ist, bleibt noch der Einwand auszuräumen, das Demokratieprinzip könne nicht begründen, diese Ermächtigung gerade *in Form eines Gesetzes* zu erteilen.

Rupp[147] erhebt diesen Einwand, obwohl er billigt, daß die Volksvertretung dem alleinigen Volkssouverän am nächsten stehe und deshalb jede Staatstätigkeit — von ausdrücklichen verfassungsrechtlichen Ermächtigungen abgesehen — eine Parlamentsermächtigung voraussetze. Aus dem Ermächtigungserfordernis allein lasse sich aber kein umfassender Vorbehalt des *Gesetzes* folgern. Das wäre nur dann anders, wenn man den Ermächtigungsvorbehalt mit dem Gesetzesvorbehalt identifizieren, also die parlamentarische *Ermächtigung* mit dem Begriff des Gesetzes gleichsetzen könnte. Das Junktim von Parlamentsermächtigung und Ge-

---

[142] *Menger*, VerwArch. 52 (1961), S. 198 f.; ähnlich *Starck*, Gesetzesbegriff, S. 287.

[143] *Hansen*, S. 69.

[144] s. *Mallmann*, VVDStRL 19, S. 271.

[145] *Rückriem*, in: Klafki u. a. (Hrg.), Erziehungswissenschaft, Bd. I, S. 149. Deshalb rentiert sich die Vermittlung von Wissen nicht kurzfristig.

[146] Die nötige Elastizität vermag eine Experimentierklausel zu gewähren, die allerdings nichtsdestoweniger die Voraussetzungen beispielsweise der Errichtung einer Versuchsschule tatbestandlich fixieren müßte. Zur technischen Bewältigung ausführlich oben § 10 und Einl. zum 0. Kapitel.

[147] Grundfragen, S. 132 ff.

setz nach Art. 80 Abs. 1 GG könne nicht als naturgegeben angesehen werden[148].

So wird die Ermächtigung häufig dem Haushaltsplan entnommen, der Bestandteil des vom Parlament verabschiedeten Haushaltsgesetzes und nicht bloßes Zahlenwerk sei[149]. Insbesondere die Rechtsprechung sieht darin eine ausreichende demokratische Legitimation für die Tätigkeit der leistenden Verwaltung[150].

Parlamentarische Ermächtigung und Gesetz sind in der Tat im rechtstheoretisch-logischen Sinne nicht identisch, praktisch-verfassungsrechtlich darf diese Gleichstellung aber vorgenommen werden, weil das Gesetz die Regelform gesetzgeberischen Handelns darstellt, so wie der Verwaltungsakt die Regelform verwaltungsmäßigen Handelns ist[151]. Die Delegation der Handlungsmacht, deren die Verwaltung in der parlamentarischen Demokratie bedarf, erteilt das Volk daher unter Zuhilfenahme des Gesetzes[152].

Speziell das Haushaltsgesetz scheidet als Ermächtigung freilich nicht notwendigerweise aus, weil es unter dem Demokratieprinzip unerheblich ist, ob es als Gesetz im formellen oder materiellen Sinne zu qualifizieren ist[153]. Als Ermächtigung für schulische Sonderverordnungen erweist es sich aber als untauglich, weil es jede inhaltliche Bestimmung zur Regelung des Schulverhältnisses vermissen läßt[154]. Anders als in der Subventionsverwaltung, wo bereits der Haushaltsplan eine gewisse Umschreibung des begünstigten Personenkreises erkennen läßt, der Subventionszweck dem Titel zu entnehmen ist und das Subventionsverhältnis sich mehr oder weniger auf eine Geldleistung beschränkt, kann dem Haushaltsgesetz kein Kriterium zur Ausgestaltung des Schulverhältnisses entnommen werden. Der Haushaltsplan, der Geld für die Schulerrichtung und -erhaltung sowie die Lehrerbesoldung auswirft, enthält kein inhalt-

---

148 Ebd., S. 134 Fußn. 81.

149 BVerfGE 20, 56 (90 f.). — *Merk*, VVDStRL 15, S. 194 und 19, S. 277. Er bezieht das auch auf das besondere Gewaltverhältnis.

150 BVerwGE 6, 282 (287); HessVGH ES 6, 231 (234); VGH Kassel DVBl. 1963, 443 (449).

151 Stichwort: Leistungsbescheid. Dazu BVerwGE 27, 245 (246) m. w. Nachw.

152 *Menger*, VerwArch. 52 (1961), S. 197; *Schaumann*, JZ 1966, S. 727.

153 A. A. *Menger*, VerwArch. 52, S. 196 f.; *Mayer*, Nottarp-FS, S. 195. BVerfGE 20, 56 (92) läßt die Qualifikation des Haushaltsgesetzes offen. s. dazu *Achterberg*, S. 64 f. Fußn. 271.

154 *Bachof*, VVDStRL 12, S. 63: „Der Maßstab der Verteilung ergibt sich indessen nicht aus der haushaltsrechtlichen Ermächtigung." Auch *Ossenbühl*, Verwaltungsvorschriften, S. 218 Fußn. 159 m. w. Nachw. verwirft den Haushaltsplan wegen seiner pauschalen, den Erfordernissen detaillierter Normsetzung nicht entsprechenden Natur als Ermächtigung. A. A. *Merk*, VVDStRL 15, S. 194; *Wimmer*, DVBl. 1966, S. 850, allerdings auf Zusatzkurse u. ä. beschränkt, die er als „echte Leistungen" begreift.

liches Kriterium über Lehrinhalte, Versetzungs- oder Prüfungsordnungen etc. Innere und äußere Schulangelegenheiten sind zwar aufeinander angewiesen — die substantielle Ausgestaltung des Schulverhältnisses läßt sich aber nicht von seiner finanziellen Seite her entwickeln.

Damit ist primär der rechtsstaatliche Gesichtspunkt angesprochen, aber eine inhaltliche Bestimmung ist Voraussetzung auch der demokratischen Komponente des Vorbehaltsgrundsatzes, weil die demokratische Legitimation ein sachliches Substrat bedingt, auf das sie sich beziehen kann. Eine Blanko-Ermächtigung, wie sie das Haushaltsgesetz für das Schulverhältnis darstellt, kann keine dem Demokratieprinzip genügende Legitimation für das regelnde Verhalten der Verwaltung im Schulverhältnis sein.

§ 23 Das Rechtsstaatsprinzip

I. Konkretisierung des Rechtsstaatsprinzips

Beim Rechtsstaatsprinzip, das zu den die Gesamtkonzeption des Grundgesetzes prägenden „Leitideen" gehört[155], handelt es sich um einen „Verfassungsgrundsatz, der der Konkretisierung je nach den sachlichen Gegebenheiten bedarf"[156]. Es ist deshalb nur durch seine Konkretisierungen und Ausprägungen dogmatisch faßbar[157].

Der bereits vorab untersuchte Gewaltenteilungsgrundsatz als eine der Konkretisierungen des Rechtsstaatsprinzips[158] hat sich zur Klärung des Vorbehaltsbereichs als ungeeignet erwiesen[159]. Trotz der Unergiebigkeit dieser Konkretisierung scheinen andere Ausprägungen des Rechtsstaatsprinzips in besonderem Maße geeignet, Aufschluß über den Umfang des Vorbehaltsgrundsatzes zu geben, weil der Vorbehalt des Gesetzes — neben seiner demokratischen Komponente — selbst ein wesentliches Element des Rechtsstaatsprinzips darstellt[160]. Deshalb besteht ein enger Zusammenhang zwischen dem Vorbehaltsgrundsatz und den Ausprägungen des Rechtsstaatsgebotes, die bereits in ihrer Bedeutung für das Schulverhältnis dargestellt worden sind[161] und jetzt als Mittel zur

---

[155] BVerfGE 2, 380 (403); 7, 89 (92 f.); 7, 194 (196).

[156] BVerfGE 25, 195 (210); 30, 1 (25).

[157] *Ossenbühl*, Verwaltungsvorschriften, S. 229. Damit entfallen die Bedenken gegen das Rechtsstaatsprinzip als Mittel der Bestimmung der Vorbehaltsreichweite. Dazu oben § 19 IV.

[158] BVerfGE 8, 274 (325). — *C. Schmitt*, Verfassungslehre, S. 199; *Quaritsch*, Parlamentsgesetz, S. 34; *Achterberg*, S. 207.

[159] Dazu oben § 20.

[160] BVerfGE 9, 83 (87); HessStGH DöV 1971, 201 (203). — *C. Schmitt*, Verfassungslehre, S. 199; *Mallmann*, VVDStRL 19, S. 183; *Rupp*, Grundfragen, S. 135 und 140.

[161] Dazu oben §§ 11 und 12.

Bestimmung des Vorbehaltsbereichs noch einmal aufgegriffen werden sollen: den *Grundrechten* und dem *Rechtsschutz*.

II. Grundrechte

Elternrecht und Grundrechte des Schülers erfassen heute auch das Schulverhältnis. Indessen weist diese Grundrechtsposition insofern eine offene Flanke auf, als der Zweck des Schulverhältnisses als Grundrechtsschranke von der Verwaltung selbst nach wertenden Gesichtspunkten konkretisiert wird. Die Lehre vom besonderen Gewaltverhältnis führt somit zu einer Relativierung der Grundrechte[162]. Deshalb läßt sich im konkreten Einzelfall schwerlich vorhersagen, welche Tätigkeit der Schule gerechtfertigterweise Grundrechte einschränkt und welche Betätigung des Schülers grundrechtsfest bleibt. Trotz der Möglichkeit gerichtlicher Nachprüfbarkeit — die freilich im „Betriebsverhältnis" von der h.M. verweigert wird — ist damit die Grundrechtsposition des Schülers und seiner Eltern weithin dem Ermessen der Schulverwaltung ausgeliefert.

Im Bereich der Grundrechtsausübung ist es jedoch Sache des Gesetzgebers, die der staatlichen Eingriffsmöglichkeit offenliegende Rechtssphäre selbst abzugrenzen[163]. Eine der heutigen Grundrechtsgeltung im Schulverhältnis Rechnung tragende Ausgestaltung erfordert deshalb Rechtssätze des Gesetzgebers, die die Schranken der Freiheit im Schulverhältnis im einzelnen festlegen[164]. Eine eigene unabgeleitete Regelungsgewalt der Schulverwaltung ist mit diesem rechtsstaatlichen Gebot nicht zu vereinbaren[165].

Ob bereits der Strukturwandel der Verwaltung als soziale Tatsache genügt, den Eingriffsvorbehalt auf *jede* staatliche Leistung auszudehnen, bedarf hier keiner Entscheidung[166]. Das Recht als soziales Phänomen reguliert faktisch oder der Intention nach soziale Wirklichkeit und ist doch gleichzeitig abhängig von der sich dynamisch entwickelnden Umwelt, in die es eingebettet ist. Soziale Wandlungen können es also nicht unberührt lassen[167]. Das gilt in besonderem Maße, wenn die Verfassung selbst erkennbar aus diesen Veränderungen Konsequenzen zieht, wie es das Grundgesetz in seiner Entscheidung nicht für den „bürgerlichen",

---

[162] BVerfGE 33, 1 (11) spricht von einer „unerträglichen Unbestimmtheit".

[163] BVerfGE 20, 150 (157 f.) m. w. Nachw., allerdings zum allgemeinen Gewaltverhältnis.

[164] *Heckel*, Schulrecht und Schulpolitik, S. 56 und 158; *Heckel/Seipp*, S. 365; *Perschel*, RdJB 1969, S. 35.

[165] HessStGH DöV 1971, 201 (203).

[166] So aber insbesondere *Rupp*, Grundfragen, S. 135 ff.; *Höhn*, S. 21; *Mayer*, Nottarp-FS, S. 196; a. A. *Ossenbühl*, Verwaltungsvorschriften, S. 216.

[167] *Rupp*, Grundfragen, S. 141.

sondern für den „materiellen" Rechtsstaat getan hat[168]. Im materiellen Rechtsstaat sind auch andere als klassische Eingriffe als Freiheitsbeschränkungen zu begreifen[169]. Eine gewisse *Umdeutung* der dem Eingriffsvorbehalt zugrundeliegenden Werte Freiheit und Eigentum ist daher unvermeidbar[170]. Insbesondere das Recht auf Bildung als Konkretisierung des Sozialstaatsprinzips bewirkt eine solche Umdeutung für das Gebiet des Schulverhältnisses.

Zur Grundrechtssphäre des Bürgers gehört dann nicht länger nur die körperliche Freiheit, sondern ebenso existentiell notwendige Leistungen, die der Staat zur Verfügung stellt, weil er selbst sie als unabdingbar für den sozialen Normalstand ansieht. Bedingungen, Auflagen oder sonstige Einschränkungen, die an diese „Leistungen" geknüpft werden, wirken sich daher auch auf die Rechtssphäre des Bürgers aus[171]. Das gilt in besonderer Weise vom Schulverhältnis, weil der Schüler auf den Besuch der öffentlichen allgemeinbildenden Schulen angewiesen ist, will er sich seine Bildungs- und damit seine Sozialchance erhalten. Nur hier kann er regelmäßig die für seine Berufslaufbahn erforderlichen Qualifikationen erwerben. Der so bestimmte Grundrechtsbereich bedingt deshalb eine Einbeziehung des Schulverhältnisses in den Einzugsbereich des Vorbehaltsgrundsatzes[172].

Ein auf das Schulverhältnis allein erweiterter Vorbehalt des Gesetzes hat nicht die Bedenken gegen sich, die gegen einen Totalvorbehalt erhoben werden. Insbesondere das Argument, die Verwaltung wäre kraft eines auf Leistungen erweiterten Vorbehalts berechtigt und sogar verpflichtet, der Existenznot leistungsbedürftiger Bürger tatenlos zuzusehen, bis im Wege des komplizierten parlamentarischen Verfahrens eine gesetzliche Ermächtigung geschaffen sei[173], verfängt nicht beim Schulverhältnis, weil Erziehungsfragen nicht den Zeitfaktor aufweisen, der ein schnelles Eingreifen der Verwaltung fordern könnte. Weil Bildungs-

---

[168] *Mallmann*, VVDStRL 19, S. 183; *Hesse*, Rechtsstaat, S. 79 f.

[169] *Bullinger*, Vertrag, S. 95; *Schaumann*, JZ 1966, S. 725; *ders.*, VVDStRL 24, S. 215.

[170] Insbesondere *Rupp*, Verwaltungsakt und Vertragsakt, DVBl. 1959, S. 84; *ders.*, Grundfragen, S. 142; *Stern*, JZ 1960, S. 525; *Friauf*, DVBl. 1966, S. 737; *Mallmann*, VVDStRL 19, S. 185; a. A. *Jesch*, Gesetz, S. 204, der Rupp unterstellt, er argumentiere allein soziologisch. *Ossenbühl*, Verwaltungsvorschriften, S. 216, verzichtet auf eine Umdeutung des Freiheitsbegriffs und fängt die sozialen Veränderungen im Sozialstaatsprinzip auf, das keinen *Total*vorbehalt begründen könne. Eine Einbeziehung jedenfalls des Schulverhältnisses ist aber auch aus sozialstaatlichen Gründen unumgänglich. Dazu oben § 21.

[171] *Rupp*, Grundfragen, S. 142 ff.

[172] *Evers*, VVDStRL 23, S. 159 ff.; *Harnischfeger/Heimann*, S. 58 f. Weitere Nachweise oben Fußn. 164. — HessStGH DöV 1971, 201 (203).

[173] *Bullinger*, Vertrag, S. 96; *Ossenbühl*, Verwaltungsvorschriften, S. 217.

fragen langfristig sind, lassen sich im Schulverhältnis keine Fälle finden, die nicht eine parlamentarische Reaktion abwarten können[174].

III. Rechtsschutz

Dieses Ergebnis wird bestätigt durch den Rechtsschutzgedanken[175]. Wenn *Starck* auf ihn unter Hinweis auf seine Ambivalenz verzichtet[176], so gibt er zu früh den Versuch auf, ihm doch Ergebnisse zu entlocken. Der möglichst weitgehende Rechtsschutz ist eine in Art. 19 Abs. 4 GG noch ausdrücklich verstärkte weitere Konkretisierung der Rechtsstaatlichkeit, die ebenfalls zu einer Erweiterung des Vorbehaltsgrundsatzes beiträgt. Der durch Art. 19 Abs. 4 GG den Gerichten erteilte Rechtsschutzauftrag kann nur dann verwirklicht werden, wenn das Verwaltungshandeln durch die Gerichte nachprüfbar ist[177]. Das muß für jedes Verwaltungshandeln gelten, da dem Grundgesetz nicht entnommen werden kann, daß die Rechtsstaatlichkeit oder aber die Tragweite des Art. 19 Abs. 4 GG auf den Bereich der Eingriffsverwaltung im allgemeinen Gewaltverhältnis beschränkt wäre. Ein umfassender Rechtsschutz setzt aber Maßstäbe voraus, an denen die Rechtmäßigkeit des Verwaltungshandelns gemessen werden kann[178]. Weder bloße Verwaltungsvorschriften, die gegenwärtig das Schulverhältnis beherrschen, noch unmittelbar das Grundgesetz können als geeignete Maßstabsnormen einer Rechtskontrolle angesehen werden, weil das Abweichen von einer Verwaltungsvorschrift nicht rechtswidrig = dem *Recht* zuwider sein soll und das Grundgesetz wegen seiner notwendigen Weite nicht als verläßliche und meßbare Grundlage für die Vielzahl schulischer Einzelakte der Verwaltung geeignet ist, einen effektiven Rechtsschutz zu gewährleisten.

Im Hinblick auf die erforderliche Kontrollwirkung können die Maßstäbe nur von einer anderen Funktion als der Verwaltung gesetzt sein, mithin durch die Gesetzgebung. Die zu einem umfassenden Rechtsschutz — ohne den Art. 19 Abs. 4 GG zumindest eine teilweise leerlaufende Verfassungsbestimmung bliebe — notwendigen Maßstabsnormen sind daher keineswegs auf den Bereich der klassischen Eingriffsverwaltung (im allgemeinen Gewaltverhältnis) beschränkt, sondern im Schulverhältnis nicht weniger unentbehrlich[179].

Befürchtungen, der Vorbehalt des Gesetzes werde dem Einzelnen nicht nur die Chance tatsächlicher Gewährung durch die Verwaltung nehmen,

---

[174] Dazu oben § 22 III 2.

[175] Betont VG München NJW 1971, 1584.

[176] Gesetzesbegriff, S. 285.

[177] BVerfGE 8, 276 (326).

[178] *Rehmert*, DöV 1958, S. 438; *Achterberg*, S. 207; a. A. BVerwGE 21, 293 (300).

[179] *Achterberg*, S. 208 läßt das für das Schulverhältnis unentschieden, könnte es aber von seinem Ausgangspunkt her nur schwer verneinen.

sondern ihn zugleich der Chance eines gerichtlichen Rechtsschutzes berauben, weil zwar die Verwaltung notfalls mit Hilfe der Gerichte gezwungen werden könne, lebenswichtige Leistungen zu bewilligen, dagegen gegenüber dem Unterlassen einer leistungsgewährenden oder zu Leistungen ermächtigenden Gesetzgebung kein wirksamer Rechtsschutz bestehe[180], brauchen für das Schulverhältnis nicht ernstgenommen zu werden, weil hier auch die Rechtsgrundlagen für Eingriffsakte weithin fehlen, ohne die die Schule nicht sinnvoll arbeiten kann. Es darf also unterstellt werden, der Gesetzgeber werde mit Sicherheit schnell alle die zur Erfüllung des Schulauftrags erforderlichen gesetzlichen Regelungen und Ermächtigungen erlassen, wenn die Erstreckung des Vorbehaltsbereichs auf das Schulverhältnis erst einmal allgemein akzeptiert wird.

IV. Die Reichweite eines erweiterten Vorbehaltsgrundsatzes innerhalb des Schulverhältnisses

Als Ergebnis des 3. Kapitels hat sich ergeben, daß die alte Lehre vom besonderen Gewaltverhältnis jedenfalls für das Schulverhältnis bereits weitgehend verlassen worden ist. Wenn heute die Geltung von Grundrechten anerkannt ist und auch Rechtsschutz gewährt wird — wenn auch inkonsequenterweise nur auf bestimmte Maßnahmen beschränkt —, kann vom Schulverhältnis als dem Recht entzogener Bereich keine Rede mehr sein. Dennoch bleibt die Anpassung an den Rechtsstaat mangelhaft, weil der nebulöse Zweck des Schulverhältnisses der Verwaltung Grundrechtseinschränkungen ermöglicht und der Rechtsschutz ohne normative Maßstäbe durchgeführt werden muß. Es verbleiben deshalb sowohl Lücken in der Grundrechtsgewährleistung als auch Lücken im Rechtsschutzsystem.

Diese Relativierung der Grundrechte und des Rechtsschutzes durch die obrigkeitsstaatlichen Restbestände in der Gestalt der Rechtsfigur vom besonderen Gewaltverhältnis läßt sich nicht länger rechtfertigen: „Dem Bürger wird eine freie Sphäre durch die Anerkennung von Grundrechten und ein weitgehender Schutz durch unabhängige Gerichte gesichert[181]." Da Grundrechte, Rechtsschutz und Vorbehaltsgrundsatz als drei Elemente des Rechtsstaatsprinzips nur gemeinsam zu voller Entfaltung gelangen können, ist im Interesse einer *effektiven* Gewährleistung von Grundrechten und Rechtsschutz die Einbeziehung des Schulverhältnisses in das Einzugsgebiet des Vorbehaltsgrundsatzes als *rechtsstaatlicher Flan-*

---

180 *Bullinger*, Vertrag, S. 96; *Ossenbühl*, Verwaltungsvorschriften, S. 217 f. So auch VGH Kassel DVBl. 1963, 443 (444 und 448). Diese Entscheidung ist auch sonst stark beeinflußt von Bullinger.

181 BVerfGE 5, 85 (200).

kenschutz erforderlich[182]. Es ist daher eine rechtliche Ausgestaltung des Schulverhältnisses geboten, die die *Vorhersehbarkeit* von Grundrechtsbeschränkungen und ihre gerichtliche *Nachprüfbarkeit* gewährleistet. Eine eigene unabgeleitete Rechtsetzungsbefugnis der Verwaltung im Schulverhältnis ist damit nicht zu vereinbaren[183].

Bereits auf der Basis der von der h. M. zur Rechtsschutzproblematik vertretenen Lösung sollte als Minimallösung eine Erstreckung des Vorbehaltsgrundsatzes jedenfalls auf das Grundverhältnis des Schulverhältnisses erfolgen. Verschiedentlich wird eine solche Meinung, die der Verwaltung die Regelung des Betriebsverhältnisses überläßt, auch vertreten[184]. Abgesehen davon, daß dann wieder der Streit um die Zuordnung zum Grund- oder Betriebsverhältnis beginnt und daß bereits die demokratische Komponente des Vorbehaltsgrundsatzes die totale Einbeziehung des Schulverhältnisses verlangt[185], hat sich gerade unter rechtsstaatlichem Blickwinkel die dogmatische Unhaltbarkeit der ganzen Unterscheidung von Grund- und Betriebsverhältnis im Schulverhältnis gezeigt[186]. Auch das „Betriebsverhältnis" des Schulverhältnisses untersteht dem Grundrechtsschutz und erzwingt deshalb sowohl den totalen Rechtsschutz als auch die *totale* Einbeziehung des Schulverhältnisses in den Geltungsbereich des Grundsatzes vom Vorbehalt des Gesetzes.

§ 24 Ergebnis

I. Die Reichweite des Vorbehaltsgrundsatzes

Das Sozialstaatsprinzip bewirkt die Bewertung des Schulverhältnisses als politisch relevante Angelegenheit. Das Demokratieprinzip verwehrt dem Gesetzgeber, sich dieser Entscheidung zu entziehen. Rechtsstaatlicher Flankenschutz für Grundrechte und Rechtsschutz gebietet die Ausgestaltung des Schulverhältnisses zu einem meßbaren, überschaubaren Rechts-

[182] Insbesondere *Heckel/Seipp*, S. 123 und 365 bedauern die rechtsstaatlichen Versäumnisse der gegenwärtigen Schulrechtssituation. s. auch *Dürig*, MDH, Art. 1 Abs. 3 GG, Rdnr. 112 und *Maunz*, MDH, Art. 7 Rdnr. 26; *Perschel*, RdJB 1969, S. 35.

[183] HessStGH DöV 1971, 201 (203). — *Rupp*, Grundfragen, S. 115 f.; *ders.*, NJW 1970, S. 412 f.; *Lang*, S. 88.

[184] *Heckel*, DöV 1968, S. 371 f.; *ders.*, Schulrecht und Schulpolitik, S. 59 und 163 ff.; *Heckel/Seipp*, S. 372 f.; *Evers*, VVDStRL 23, S. 161 f.; *Ipsen*, VVDStRL 23, S. 269. So ist wohl auch *Oppermann*, S. 181 zu verstehen. s. auch *Krüger*, Smend-FS, S. 230; *Hansen*, S. 314; *W. Schmidt*, S. 242 ff. und 248 ff. — Allerdings deckt sich die Zuordnung bestimmter Entscheidungen zum Grund- bzw. Betriebsverhältnis durchaus nicht mit der h. M. Vielmehr wird in der Regel das „Betriebsverhältnis" enger gezogen. Dazu *Heckel*, Schulrecht und Schulpolitik, S. 163 ff. und *Evers*, VVDStRL 23, S. 161 f.

[185] Dazu oben § 22.

[186] Dazu oben § 12 III.

verhältnis durch den Gesetzgeber. Die Grundsätze des sozialen und demokratischen Rechtsstaates gebieten deshalb die Erstreckung des Vorbehalts des Gesetzes auf das Schulverhältnis. Die Ausgestaltung des Schulverhältnisses hat also unmittelbar durch Gesetz oder aufgrund gesetzlicher Ermächtigung zu erfolgen. Gegenstand dieser Regelung ist das Schulverhältnis in allen seinen Beziehungen.

II. Die Kategorie des besonderen Gewaltverhältnisses

Das besondere Gewaltverhältnis stellt als „diffuses Unterordnungsverhältnis“[187] ein nur teilweise oder gar nicht von Rechtssätzen geprägtes Sozialgebilde dar. Dieses besondere Abhängigkeitsverhältnis erhält durch die Nichtgeltung des Vorbehaltsgrundsatzes sein charakteristisches Gepräge: Sein Wesen besteht in der „Frontstellung gegen den Vorbehalt des Gesetzes“[188]. Mit der Erstreckung des Vorbehaltsgrundsatzes auf das Schulverhältnis wird diese für die Annahme eines besonderen Gewaltverhältnisses entscheidende Voraussetzung zerstört. Im Schulverhältnis existiert deshalb keine *besondere* Gewalt, sondern die Befugnisse der Schulverwaltung ergeben sich wie sonst auch allein aus dem Gesetz.

Angesichts der Tatsache, daß etwa zehn Millionen Bürger als Schüler im Schulverhältnis stehen, kann auch hinsichtlich des Adressatenkreises schulischer Regelungen nicht von einem *besonderen* Verhältnis gesprochen werden. Zwar läßt sich das besondere Gewaltverhältnis nicht schlicht nach quantitativen Kriterien beschreiben, doch vermag die quantitative Gestaltung durchaus in qualitative Folgen umzuschlagen: Das besondere Gewaltverhältnis als Status verminderter Rechte und verstärkter Abhängigkeit könnte die ganze Verfassungsordnung unterlaufen, wenn es ganze Teile des Volkes erfaßt. Die Benutzer der Schul-Anstalt sind aber mit einem großen Teil der Staatsbürger identisch[189]. Insbesondere das Schulpflichtverhältnis ist ein notwendiges Durchgangsstadium für jedermann[190]. Der Adressatenkreis ist deshalb ungeeignet zur Rechtfertigung einer besonderen Gewalt[191].

Wenn das Schulverhältnis durch Einbeziehung in den Geltungsbereich des Vorbehaltsgrundsatzes „in Verfassung gebracht“ wird, unterschei-

---

[187] *Podlech*, S. 56.

[188] *W. Schmidt*, S. 57. Sachlich übereinstimmend: *Ule*, VVDStRL 15, S. 133; *Leisner*, DVBl. 1960, S. 617; *Forsthoff*, Verwaltungsrecht, S. 127 und 494; *Zimmermann*, VerwArch. 62 (1971), S. 49.

[189] *Oppermann*, S. 179. Das ist beispielsweise beim Wehrpflichtverhältnis nicht der Fall, da es nur jeweils Teile eines einzigen Jahrgangs erfaßt — ganz abgesehen davon, daß der Ernstfall als Ausbildungsziel der militärischen Materie ohnehin einen Hauch von Notstand verleiht, der die Rechtfertigung einer *besonderen Gewalt* angängig sein läßt.

[190] *Perschel*, Meinungsfreiheit, S. 8.

[191] *Ossenbühl*, Verwaltungsvorschriften, S. 173 f.

den sich allgemeines und besonderes Gewaltverhältnis nur noch dadurch, „daß die allgemeine Gewalt sich an alle wendet, ohne jedoch für alle aktuell zu werden, während die besondere Gewalt zwar sich nicht an alle wendet, wohl aber für Jedermann jederzeit aktuell werden kann“[192].

Die Schule begegnet in der Rechtsform der Anstalt als dem Organisationstyp der Leistungsverwaltung[193] dem Schüler als ihrem Benutzer. Aus der Sicht des Bürgers stellt es keinen Unterschied dar, ob er der geballten Exekutive oder der in zahlreiche Anstalten gegliederten Verwaltung begegnet. Die Qualifizierung der Schule als Anstalt kann daher nur organisationsrechtliche Folgen haben, nicht aber das Benutzungsverhältnis als besonderes Gewaltverhältnis in einen „Zustand verminderter Freiheit“ überführen[194]. Auch hier darf nicht von der Organisationsform auf die Rechtsnatur geschlossen werden[195]. Das Schulverhältnis kann daher nicht länger von der Kategorie des besonderen Gewaltverhältnisses her begriffen werden. Es stellt vielmehr ein quantitativ intensives, qualitativ identisches Erscheinungsbild des „allgemeinen Gewaltverhältnisses“ dar[196].

Da die Figur des besonderen Gewaltverhältnisses nur dazu dient, die letzten Reste spätkonstitutionellen Denkens dort zu erklären, wo sich neue Lösungen noch nicht durchgesetzt haben[197], stellt sie jedenfalls für das Schulverhältnis ein „historisches Liquidationsproblem“ dar[198]. Diese Kategorie sondert eine Gruppe von Tatbeständen aus und entzieht sie dem Parlament[199]. Mag diese Konstruktion aufgrund der zu ihrer Entstehungszeit herrschenden Machtlage früher angemessen gewesen sein, so dürfen die heute jedenfalls für das Schulverhältnis als unangemessen empfundenen Ergebnisse nicht unbedingt dem Positivismus *Laband*scher Schule angelastet werden. Der Bruch liegt vielmehr darin, daß trotz grundlegen-

---

[192] *Krüger*, VVDStRL 15, S. 113.

[193] *Jecht*, S. 104; *Forsthoff*, Verwaltungsrecht, S. 130.

[194] *Jecht*, S. 109 ff.

[195] s. dazu die Abgrenzung des Rechtsweges nach § 40 VwGO und § 13 GVG.

[196] *Tilch*, S. 52 und 74; *Heckel/Seipp*, S. 364; *Lang*, S. 35; *Hansen*, S. 314; *W. Schmidt*, S. 251.

[197] *W. Schmidt*, S. 46.

[198] *Zacher*, VVDStRL 24, S. 236. *Menger*, VerwArch. 52 (1961), S. 197 allgemein zur Rechtsetzungsbefugnis der Verwaltung: „Eine solche Kompetenz wäre lediglich eine Reminiszenz an das ‚Hausgut‘ der Verwaltung absolutistischen Gepräges.“

[199] *Thieme*, JZ 1964, S. 82. So schon *Köttgen*, VVDStRL 6 (1929), S. 116: „Solange noch eine wesentliche Aufgabe des Rechts in der Ermöglichung der Berechenbarkeit der Entscheidung gesehen werden soll, wird man Rechtsbegriffen, die in dieser Weise gleich dem Anstaltsbegriff an einer entscheidenden Stelle die Entscheidung aus der Hand des Gesetzgebers in diejenige der das Gesetz anwendenden Stelle hinüberspielen, skeptisch gegenüberstehen müssen.“

der verfassungsrechtlicher Umgestaltungen diese Lehre nach wie vor aufrechterhalten wird.

Mit dem Wegfall ihrer historischen Voraussetzungen hat diese Konstruktion mangels anderweitiger sachlicher Rechtfertigung für das Schulverhältnis keine Daseinsberechtigung mehr. Damit wird jetzt auch die *formale* Gemeinsamkeit des Schulverhältnisses mit den anderen als besondere Gewaltverhältnisse qualifizierten Sozialgebilden beseitigt, die *inhaltlich* seit Beginn dieser Lehre nicht vorhanden gewesen ist[200].

III. Die Kategorie der Sonderverordnung

Der deutlichen Abgrenzung von „echten" Verwaltungsvorschriften, die sich nur an nachgeordnete Organe wenden, dient es, wenn die das Schulverhältnis regelnden Normen als Sonderverordnung bezeichnet werden, die unmittelbar die Rechte der Schüler berühren. Der Wirkung nach unterscheiden sie sich nicht von den Rechtsverordnungen. Damit steht freilich noch nicht fest, ob die Sonderverordnung auch als eigenständige Kategorie aufgefaßt werden kann, die von der Rechtsverordnung unabhängige Wirksamkeitsvoraussetzungen aufweist.

Böckenförde/Grawert vertreten die Auffassung, daß die schulischen Sonderverordnungen keine besondere Ermächtigung erfordern, Grenze der Rechtsetzungsbefugnis lediglich der Zweck des Schulverhältnisses sei und die Veröffentlichung im Amtsblatt genüge. Sie verwerfen die Gleichsetzung von Rechtssatz und Rechtsverordnung, weil die Sonderverordnung durch ihre Bezogenheit auf einen begrenzten, durch die Teilnahme an einem besonderen Verwaltungszweck zusammengeführten Adressatenkreis wie ihre Bindung an einen vorgegebenen Verwaltungszweck und die dadurch von vornherein gegebene Begrenzung der Regelungsfreiheit gekennzeichnet sei[201].

Die Konstruktion der Sonderverordnung als Mittelstück zwischen Rechts- und Verwaltungsverordnung verleiht ihr die *Wirkung* einer Rechtsverordnung, ohne deren rechtsstaatlichen Wirksamkeits*voraussetzungen* unterworfen zu sein. Weder der nur vermeintlich begrenzte Adressatenkreis noch der durchaus nicht vorgegebene, sondern erst durch wertende Entscheidung zu konkretisierende und dadurch erst anzuordnende Zweck des Schulverhältnisses[202] vermögen eine Sonderverordnung solcher Qualität zu rechtfertigen. Letztlich liefe diese Konstruktion auf die Rettung der im Schulverhältnis noch vorhandenen Reste der Lehre vom besonderen Gewaltverhältnis hinaus. Die Existenz einer so umschrie-

---

[200] Dazu *Heckel/Seipp*, S. 364.

[201] AöR 95 (1970), S. 29.

[202] Dazu oben § 9.

benen Rechtsquelle wird daher mit Recht abgelehnt[203]. Vielmehr unterliegt auch die Sonderverordnung im Schulverhältnis dem Erfordernis einer Ermächtigung[204]. Ob sie auch den sonstigen Wirksamkeitsvoraussetzungen unterliegt, ist Gegenstand der weiteren Untersuchung.

---

[203] So ausdrücklich HessStGH DöV 1971, 201 (203), dem im Entscheidungsfalle mit § 37 hess. SchVG (1961) eine Ermächtigungsgrundlage zur Verfügung stand, die er außerdem nicht an weiteren Wirksamkeitsvoraussetzungen zu messen unternahm. — Ablehnend auch *Rupp*, NJW 1970, S. 413.

[204] *Wolff*, Bd. I, § 25 VII b und Bd. II, § 99 IV a. Er läßt aber eine gewohnheitsrechtliche Ermächtigung genügen.

Sechstes Kapitel

Wirksamkeitsvoraussetzungen schulischer Ermächtigungen

Mit der Erstreckung des Vorbehaltsgrundsatzes auf das Schulverhältnis ist noch nicht entschieden, in welcher Weise der Gesetzgeber seinen Vorbehalt ausübt. Verfassungsrechtliche und pädagogische Gesichtspunkte lassen sich durchaus in einem sinnvollen System von Ermessensspielräumen und Ermächtigungen vereinbaren[1].

Der Gesetzgeber kann das Schulverhältnis selbst durch *Gesetz* regeln, wobei er auch mit Generalklauseln arbeiten und der Verwaltung Ermessen einräumen kann. Auch rechtsstaatliche Grundsätze hindern den Gesetzgeber nicht, der Verwaltung innerhalb bestimmter Grenzen einen Spielraum zu belassen[2]. Hier ist der dogmatisch richtige Ort, die „Eigenständigkeit" und den „Sachverstand" der Verwaltung ins Spiel zu bringen.

Der Gesetzgeber darf aber nicht durch eine Generalklausel allgemeinster Art den Vorbehalt des Gesetzes unterlaufen[3]. Wird der Vorbehalt des Gesetzes auf das Schulverhältnis erstreckt, kann ihm nicht durch eine vage Generalklausel Genüge getan werden. Eine solchermaßen unbestimmte Klausel, die es dem Ermessen der Exekutive überläßt, die Grenzen der Freiheit zu bestimmen, ist mit diesem Grundsatz nicht zu vereinbaren[4]. Fehlen hinreichend bestimmte Richtlinien des Gesetzgebers, führt die Verwaltung nicht mehr das Gesetz aus, sondern entscheidet an Stelle des Gesetzgebers. Damit wird auch der Gewaltenteilungsgrundsatz verletzt[5]. Schließlich setzt der Rechtsschutzauftrag der Gerichte eine Nachprüfbarkeit der Rechtsanwendung voraus, die durch unbestimmte Klauseln nicht gewährleistet werden kann[6].

Dennoch hat *Sellschopp* „Art. 7 GG als Generalklausel des Schulverhältnisses" und damit auch entsprechende gesetzliche Generalklauseln

---

[1] *Evers*, VVDStRL 23, S. 163; *Wimmer*, DVBl. 1966, S. 852; *Heckel/Seipp*, S. 365 f. und 372 ff.

[2] BVerfGE 8, 274 (326) m. w. Nachw.

[3] BVerfGE 20, 150 (157 f.) m. w. Nachw.; *Mayer*, Nottarp-FS, S. 194.

[4] BVerfGE 8, 274 (325) m. w. Nachw.

[5] *Nach* Klärung der Reichweite des Vorbehaltsgrundsatzes darf auch auf das Gewaltenteilungsprinzip zurückgegriffen werden.

[6] BVerfGE 8, 274 (326) m. w. Nachw.

zu rechtfertigen versucht, indem er das Schulverhältnis dem Eltern-Kind-Verhältnis und dem Lehrherr-Lehrlings-Verhältnis an die Seite stellt, die beide notwendigerweise mit Generalklauseln arbeiten müssen[7]. Diese Erkenntnis darf ungeachtet der Tatsache, daß in allen drei Verhältnissen Erziehung betrieben wird, nicht auf das Schulverhältnis übertragen werden, denn das Schulverhältnis stellt einen Ausschnitt aus dem allgemeinen Verhältnis des Bürgers zum Staat dar, während dem Lehrlingsverhältnis ein privatrechtlicher Vertrag (mit arbeitsvertraglichen Elementen) zugrundeliegt und das Eltern-Kind-Verhältnis ein familienrechtliches Verhältnis ist.

Der Gesetzgeber kann die Verwaltung aber auch mit den zur Rechtsetzung erforderlichen *Ermächtigungen* ausstatten, wovon er im Schulverhältnis reichlich Gebrauch machen wird. Der Vorbehalt des Gesetzes im Schulverhältnis bedeutet also keineswegs, daß nun alles durch förmliches Gesetz geregelt werden müßte[8]. Vielmehr wird auch in Zukunft der Kultusminister einen Großteil der schulischen Allgemeinregelungen erlassen. Nur stellt im Unterschied zur bisherigen Praxis, die sich auf gewohnheitsrechtliche u. ä. Ermächtigungen oder gar auf ein unabgeleitetes Normsetzungsrecht der Verwaltung beruft, die Rechtsetzung aufgrund gesetzlicher Ermächtigung stets eine *delegierte* dar[9].

Ermächtigungen unterliegen gewissen Bestimmtheits-, Zitier- und Verkündungsgeboten. Diese sind im einzelnen auszuarbeiten und dabei auf ihre Anwendbarkeit auf schulische Ermächtigungen zu untersuchen. Dabei ist auch zu klären, ob beim Fehlen landesrechtlicher Bestimmungen eine Ergänzung durch Art. 80 Abs. 1 Satz 2 (Bestimmtheitsgebot — § 25), Art. 80 Abs. 1 Satz 3 (Zitiergebot — § 26) und Art. 82 Abs. 1 Satz 2 (Verkündungsgebot — § 27) des Grundgesetzes angenommen werden kann.

§ 25 Das Bestimmtheitsgebot

I. Anwendbarkeit des Art. 80 Abs. 1 Satz 2 GG im Landesrecht

Während die dem Grundgesetz zeitlich nachfolgenden Verfassungen der Bundesländer auch dem Art. 80 Abs. 1 Satz 2 GG nachgebildete Vorschriften aufweisen[10], fehlen in Berlin und in den Ländern, deren Ver-

---

[7] DöV 1971, S. 413 ff. s. auch *Kuhn*, S. 162 f.

[8] *Rupp*, VVDStRL 23, S. 275; *Heckel*, DöV 1968, S. 372; *Heckel/Seipp*, S. 365 f.

[9] *Evers*, VVDStRL 23, S. 163. — Die gesamte dem Schulrecht unterliegende Materie läßt sich in detaillierten Normen einfangen. Dazu oben § 10. Sie fällt also nicht kraft Natur der Sache dem Kultusminister in den Schoß.

[10] Art. 61 Abs. 1 Satz 2 bad.-württ. Verf.; Art. 53 Abs. 1 Satz 2 hbg. Verf.; Art. 34 Abs. 1 Satz 2 nds. Verf.; Art. 70 Satz 2 nordrh.-westf. Verf.; Art. 33 Abs. 1 Satz 2 schl.-holst. Landessatzung.

fassungen älter als das Grundgesetz sind, also in Bayern, Bremen, Hessen, Rheinland-Pfalz, Saarland, Art. 80 Abs. 1 Satz 2 GG entsprechende Vorschriften. Die Frage der Geltung des Bestimmtheitsgebots im Landesbereich hat deshalb auch praktische Bedeutung.

Von wenigen Stimmen im Schrifttum[11] und der ständigen Rechtsprechung des Hessischen Staatsgerichtshofes[12] abgesehen[13], wird die Geltung des Art. 80 Abs. 1 Satz 2 GG auch auf *landes*rechtliche Ermächtigungen bezogen. Die Begründung ist freilich unterschiedlich.

1. *Unmittelbare Geltung im Land*

Die vereinzelt vertretene unmittelbare Geltung des Art. 80 Abs. 1 Satz 2 GG im Landesbereich[14] ist zu verwerfen, weil im Bundesstaat das Verhältnis des Gesetzgebers zur Verwaltung für Bund und Länder getrennt geregelt wird[15]. Gegen eine unmittelbare Geltung spricht insbesondere, daß die im Grundsatz unabhängige Ausgestaltung der Länderverfassungen ausdrücklich durch Art. 28 Abs. 1 GG der Wahrung einer gewissen Homogenität unterworfen wird[16].

2. *Entsprechende Geltung im Land*

Auch eine entsprechende Geltung des Art. 80 Abs. 1 Satz 2 GG im Landesbereich[17] muß verneint werden, da eine Analogie zur *landes*rechtlichen Lückenfüllung unter Rückgriff auf *Bundes*recht nicht zulässig ist[18]. Deshalb ist auch die Ableitung der Geltungserstreckung aus einer Konkretisierung *landes*verfassungsrechtlicher Strukturprinzipien verboten, wenn dabei auf andere Landesverfassungen und das Grundgesetz zurückgegriffen wird[19], weil die topische Methode bei Verwertung von Entwicklungstendenzen anderer Verfassungen auf eine Analogie hinausläuft.

---

[11] *Bernhard Wolff*, Die Ermächtigung zum Erlaß von Rechtsverordnungen nach dem Grundgesetz, AöR 78 (1953), S. 213 ff.; *Groß*, DöV 1962, S. 55.

[12] DöV 1960, 341 (342); 1969, 634 f.; 1971, 201 (204) m. w. Nachw.

[13] Neuerdings Bedenken in der Entscheidung BVerwG DöV 1971, 422.

[14] *Bergmann*, DöV 1961, S. 267; *Maunz*, Art. 80 Rdnr. 19; *ders.*, Staatsrecht, S. 259 f.

[15] Ausdrücklich gegen eine unmittelbare Geltung im Land: BVerfGE 12, 319 (325); 19, 253 (266); 26, 228 (237); BVerwG DVBl. 1970, 676 (678).

[16] *Bartlsperger*, Zur Konkretisierung verfassungsrechtlicher Strukturprinzipien, VerwArch. 58 (1967), S. 255 ff. m. w. Nachw.

[17] *Haueisen*, NJW 1953, S. 122 Fußn. 8; *Hamann*, NJW 1961, S. 2059; *Hamann/Lenz*, Art. 80 Erl. A 4.

[18] *Wilke*, in: v. Mangoldt/Klein, Art. 80 Anm. XIII 1; *v. Mutius*, VerwArch. 62 (1971), S. 414 m. w. Nachw.

[19] *Bartlsperger*, VerwArch. 58, S. 252 und 260 f.

3. Transformierte Geltung im Land

Da die Länder in der Ausgestaltung ihrer Verfassungen im einzelnen einen Spielraum haben[20], bedarf es zur Übernahme bundesstaatlicher Regelungen einer ausdrücklichen Transformationsnorm, die das Grundgesetz in Art. 28 mit seiner Homogenitätsklausel aufstellt. Da Art. 80 Abs. 1 Satz 2 GG als Konkretisierung des Rechtsstaatsprinzips angesehen werden muß[21], gehört das darin enthaltene Bestimmtheitsgebot als Mittel der Beschränkung verwaltungsmäßiger Rechtsetzung zu der von den Ländern zu wahrenden Homogenität. Art. 80 Abs. 1 Satz 2 GG kann daher auch für landesrechtliche Ermächtigungen Geltung beanspruchen[22]. Die dagegen vorgebrachte Kritik, mit der Qualifizierung des Bestimmtheitsgebots als *bundes*staatliches Rechtsstaatselement sei noch nicht die gleiche *landes*verfassungsrechtliche Qualität nachgewiesen[23], vermag nicht zu überzeugen, da Art. 28 GG die Homogenität gerade dadurch zu erreichen sucht, daß bundesstaatliche Elemente den Ländern zwingend vorgeschrieben werden.

Landesrechtliche Ermächtigungen in Ländern *ohne* ein Art. 80 Abs. 1 Satz 2 GG entsprechendes Bestimmtheitsgebot sind nichtig, wenn sie nicht den Erfordernissen des Art. 80 Abs. 1 Satz 2 GG genügen. Landesrechtliche Ermächtigungen in Ländern *mit* einem Art. 80 Abs. 1 Satz 2 GG entsprechenden Bestimmtheitsgebot sind nichtig, wenn sie nicht dem bundes- und dem landesverfassungsrechtlichen Erfordernis genügen[24].

---

[20] BVerfGE 9, 268 (279); BVerwG DöV 1971, 422. — *B. Wolff*, AöR 78 (1953), S. 214.

[21] BVerfGE 7, 282 (302); 10, 251 (258). — *Bartlsperger*, VerwArch. 58, S. 251; *Rupp*, NJW 1970, S. 413.

[22] BVerwGE 21, 258 (260); BVerwG DVBl. 1970, 676 (678); ZBR 1971, 172 f.; OVG Bremen DöV 1961, 264 (266). — *Mayer*, Nottarp-FS, S. 190; *Schack*, DöV 1962, S. 654; *ders.*, JZ 1964, S. 252; *Spanner*, BayVBl. 1962, S. 225 ff.; *Rupp*, NJW 1970, S. 413; *Maunz*, MDH, Art. 80 Rdnr. 19; *Wilke*, Anm. XIII 1 m. w. Nachw. Fußn. 262. — BVerfGE 26, 228 (237) bejaht die Anwendbarkeit des Art. 80 Abs. 1 Satz 2 GG auf landesrechtliche Rechtverordnungen unter Hinweis auf die Schutzfunktion des Art. 28 Abs. 2 GG zugunsten der Gemeinde. Im Verhältnis des Bürgers zum Staat sollte die Schutzfunktion der Grundrechte nicht geringer bewertet werden. BVerfGE 34, 52 ff. beschränkt indessen die Geltung des Art. 80 Abs. 1 Satz 2 GG auf den Bereich der Bundesgesetzgebung und sieht in den Artikeln 107 und 118 der Hessischen Verfassung mit Art. 28 Abs. 1 Satz 1 GG vereinbare Konkretisierungen des Rechtsstaatsprinzips.

[23] *v. Mutius*, VerwArch. 62 (1971), S. 412.

[24] Ob eine landesrechtliche Ermächtigung trotz Beachtung des Art. 80 Abs. 1 Satz 2 GG deshalb nichtig sein kann, weil die landesverfassungsrechtliche Entsprechung des Art. 80 Abs. 1 Satz 2 GG wegen der „Normativbestimmung" des Art. 28 GG ihrerseits nichtig sei (so *v. Mutius*, VerwArch. 62, S. 413), kann nur dann zustimmend beantwortet werden, wenn die landesrechtlichen Bestimmtheitsgebote Art. 80 Abs. 1 Satz 2 GG so gravierend verfehlen, daß keine verfassungskonforme Auslegung mehr in Betracht kommt.

II. Anwendbarkeit des Art. 80 Abs. 1 Satz 2 GG auf schulische Sonderverordnungsermächtigungen

Ist zur Rechtsetzung im Schulverhältnis eine gesetzliche Ermächtigung erforderlich, so sollte diese an sich per se dem Bestimmtheitsgebot unterliegen. Indessen wird auch hier die Sonderverordnung als eigengeartete Kategorie ins Spiel gebracht. *Böckenförde/Grawert* verzichten auf dieses Erfordernis, weil der dem besonderen Gewaltverhältnis wesensmäßig eingestiftete Zweck nur bei Rechtsverordnungen erst gesetzlich festgelegt werden müsse, da der Gesetzgeber in aller Regel nur minimal an Zwecke gebunden, d. h. überwiegend in seiner Zwecksetzung frei sei, weshalb eine Rechtsverordnung idealtypisch weitere Bereiche abdecken könne als eine Sonderverordnung[25].

Abgesehen davon, daß die Organisationstheorie nachgewiesen hat, daß sich aus Zwecken keineswegs eindeutige Handlungsmaximen ableiten lassen, sondern allenfalls Lösungsvarianten[26], ist der durch Zwecke „begrenzte" Einzugsbereich von Sonderverordnungen nicht bei allen Anstaltsverhältnissen gleich. Für eine Bibliotheksordnung mag die rechtliche Ausgestaltung weitgehend durch sachliche Strukturen vorbestimmt sein. Angesichts der Variationsbreite der vom Zweck des Schulverhältnisses her möglicherweise legitimierten Handlungsprogramme und der mannigfaltigen pädagogischen Wege, das ohnehin noch nicht fixierte Ziel zu erreichen, bedeutet es einmal mehr, *unangemessene Verallgemeinerungen* vorzunehmen, wenn die schulische Sonderverordnung solchen Materien zugeordnet wird, statt sie gerade wegen ihres weiten Einzugsbereiches der Rechtsverordnung zuzuschlagen. Die Zweckungebundenheit der Rechtsverordnung ist ohnehin nur idealtypisch gegeben. Sobald der Gesetzgeber die Rechtsverordnung — mit der immer irgendwelche Ziele verbunden sind — in die Wirklichkeit entläßt, ist ihre prinzipielle Universalverwendbarkeit dahin und damit auch der Unterschied zur Sonderverordnung.

Wenn schließlich die Anwendung des Art. 80 Abs. 1 Satz 2 GG auf die Verleihung autonomer Satzungsgewalt an Anstalten des öffentlichen Rechts abgelehnt wird, weil das Satzungsrecht begrenzt werde durch den Zweck und den Aufgabenkreis der Anstalt[27], so besteht wegen der auch bei Anstalten wenigstens ansatzweisen körperschaftlichen Struktur, d. h. der durch die Mitwirkung der beteiligten Kreise geschaffenen demokratischen Komponente ein nicht zu übersehender Unterschied zum Schulverhältnis, in dem Schülermitverwaltung und Elternmitwirkung

---

[25] AöR 95 (1970), S. 27; ebenso: *Hansen*, S. 330 f.

[26] *Luhmann*, Formale Organisation, S. 32 und 109.

[27] BVerfGE 12, 319 (325).

rein pädagogische Momente darstellen, nicht aber einen Ersatz für die Garantien des Art. 80 Abs. 1 Satz 2 GG.

Ist das Kriterium der „wesensgemäßen Funktion des Schulverhältnisses" ungeeignet, die Gestaltungsfreiheit der Verwaltung einzugrenzen, darf sich der Gesetzgeber nicht mit dieser Blankoermächtigung begnügen. Er selbst ist aufgerufen, das Schulverhältnis inhaltlich zu normieren. Das kann nur gewährleistet werden, wenn auch schulische Ermächtigungen von dem Bestimmtheitsgebot des Art. 80 Abs. 1 Satz 2 GG erfaßt werden[28].

III. Der Inhalt des Art. 80 Abs. 1 Satz 2 GG

Die gesetzliche Ermächtigung muß nach „Inhalt, Zweck und Ausmaß" bestimmt sein. Der *Inhalt* der Ermächtigung ist der Gegenstand der Regelung[29], also die vom Verordnungsgeber zu regelnden Fragen[30]. Das *Ausmaß* der Ermächtigung bezieht sich auf die Grenzen der Regelung[31]. Der *Zweck* ist das Ziel, das die Verwaltung bei der Rechtsetzung zu verfolgen hat[32]. Diese drei unterschiedlichen Begriffe sind streng voneinander zu trennen[33], weil ihre Einebnung zu einem Verlust an greifbaren Kriterien des Bestimmtheitsgebotes führen muß[34].

Allein durch den „Zweck des Schulverhältnisses" bestimmte Ermächtigungen haben das Schulverhältnis als Gegenstand ihrer Regelung (Inhalt). Grenzen der Regelung (Ausmaß) lassen sich allenfalls an den äußersten Randzonen der möglichen Ausgestaltung des Schulverhält-

---

[28] *Fuß*, VVDStRL 23, S. 216 f.; *Evers*, VVDStRL 23, S. 164 Fußn. 61; *Wimmer*, DVBl. 1966, S. 849; *Heckel/Seipp*, S. 372 Fußn. 12; *Maunz*, MDH, Art. 7 Rdnr. 26; *Perschel*, RdJB 1969, S. 35; *Lang*, S. 96; *Ipsen*, VVDStRL 23, S. 269; *Rupp*, VVDStRL 23, S. 275; *Säcker*, DVBl. 1972, S. 315. — s. auch Vorlagebeschluß des VG München NJW 1971, 1584. — A. A. *Bachof*, VVDStRL 12, S. 60; *Merk*, VVDStRL 15, S. 196, weil die Beachtung des Bestimmtheitsgrundsatzes nur „ein unnötiger Hemmschuh für die Neuschaffung besonderer Gewaltverhältnisse" sei! — *Sellschopp*, DöV 1971, S. 415 befürchtet, Art. 80 Abs. 1 Satz 2 GG würde sich dann lauter Leerformeln gegenüber sehen. Diese Argumentation kehrt sich gegen *Sellschopp* selbst, denn man kann nicht das gesamte Schulverhältnis auf „Art. 7 GG als Generalklausel des Schulverhältnisses" stützen und gleichzeitig Versuche, den Zweck des Schulverhältnisses in Art. 80 Abs. 1 Satz 2 GG genügender Weise zu konkretisieren, als Leerformeln abtun. Die Leerformel steckt in Art. 7 Abs. 1 GG!

[29] *Wilke*, Anm. VI 1 a.

[30] BVerfGE 20, 296 (304).

[31] BVerfGE 5, 71 (77).

[32] *Wilke*, Anm. VI 1 c.

[33] So das Bundesverfassungsgericht, wenn auch bisweilen nur als Lippenbekenntnis: E 8, 274 (307, 314, 318); 10, 251 (255 f.); 19, 354 (362, 364, 365); 19, 370 (376); 20, 296, (304, 305, 306); 24, 1 (15 ff.); 26, 228 (241 f.); 28, 66 (85 f.); 29, 198 (210 ff.); 30, 103 (106 f.). — Dazu *Wilke*, Anm. VI 1 d.

[34] Diese Gefahr besteht bei *Maunz*, MDH, Art. 80 Rdnr. 13.

nisses erkennen, während das gesetzgeberische Ziel (Zweck) sich der Leerformel vom „Zweck des Schulverhältnisses“[35] nicht entnehmen läßt. Dieser Befund wird durch eine Betrachtung des Sinns des Bestimmtheitsgebots noch verstärkt.

Sinn des Bestimmtheitsgebots ist es, die Legislative daran zu hindern, ihre Rechtsetzungsbefugnis bedenkenlos der Verwaltung zu überantworten[36]. Art. 80 Abs. 1 Satz 2 GG verlangt deshalb die *Vorhersehbarkeit* der möglichen inhaltlichen Ausgestaltung[37]. Das bedeutet, daß der Gesetzgeber selbst die Entscheidungen zu treffen hat[38]. Er muß der Verwaltung ein Programm als Richtschnur ihres Handelns setzen[39].

Freilich verlangt die Rechtsprechung nicht, daß sich Inhalt, Zweck und Ausmaß der Ermächtigung ausdrücklich aus dem Text des Gesetzes ergeben, sondern wendet auch auf Ermächtigungsnormen die allgemeinen Auslegungsgrundsätze an[40]. Die im einzelnen schwankende Rechtsprechung des Bundesverfassungsgerichts[41] weicht damit die ursprünglich strikte Auslegung des Art. 80 Abs. 1 Satz 2 GG in dem Maße auf, in dem der Gesetzgeber die Rechtssatzschöpfung dem Verordnungsgeber überläßt[42].

Ob nicht zu fordern wäre, daß sich das Regelungsprogramm bereits mit einwandfreier Deutlichkeit aus dem ermächtigenden Gesetz selbst ergibt, statt es durch zweifelhafte und stets umstrittene Sinnermittlung aus der gesetzlichen Regelung herauszudestillieren[43], bedarf hier keiner Entscheidung, weil der Zweck des Schulverhältnisses überhaupt kein Handlungsprogramm enthält und daher auch keiner Auslegung fähig ist, vielmehr von einer Konkretisierung abhängig ist, die nicht nur in einer Präzisierung bereits allgemein getroffener Anordnungen besteht, sondern überhaupt erst Entscheidungen trifft, so daß bis zu diesem

---

[35] Auch die Ersetzung des Zwecks des Schulverhältnisses durch die Formel „Unterricht und Erziehung“ vermag diese Leerformel nicht zu substantiieren. *W. Schmidt*, S. 244.

[36] *Wilke*, Anm. VI 3 a.

[37] BVerfGE 19, 354 (361 f.) m. w. Nachw.

[38] BVerfGE 5, 71 (76 f.): „Der Gesetzgeber muß selbst die Entscheidung treffen, daß bestimmte Fragen geregelt werden sollen, er muß die Grenzen einer solchen Regelung festsetzen und angeben, welchem Ziel die Regelung dienen soll.“

[39] *B. Wolff*, AöR 78 (1953), S. 197 ff.

[40] Seit BVerfGE 8, 274 (307). Ebenso: BVerfGE 15, 153 (160 f.); 24, 1 (15).

[41] Ausführlich *Wilke*, Anm. VI 2.

[42] *Bogs*, Die verfassungskonforme Auslegung von Gesetzen (1966), S. 83 ff.

[43] Kritisch auch *Maunz*, MDH, Art. 80 Rdnr. 13. s. noch BVerfGE 5, 71 (77): „Inhalt, Zweck und Ausmaß der Ermächtigung müssen sich, wenn sie nicht ausdrücklich im Gesetz bestimmt sind, jedenfalls mit Deutlichkeit aus ihm ergeben.“

Stadium von einer Vorhersehbarkeit auch nur in einem vagen Sinne nicht die Rede sein kann[44].

Mit der Formel vom Zweck des Schulverhältnisses würde der Verwaltung eine kaum begrenzte Rechtsetzungsbefugnis zugesprochen, die die Erstreckung des Vorbehaltsgrundsatzes auf das Schulverhältnis praktisch unterliefe. Eine so vage Ermächtigung ermöglichte dem Gesetzgeber die „Flucht aus der Verantwortung", die zu verhindern Art. 80 Abs. 1 Satz 2 GG bezweckt[45]. Die in diesem Bestimmtheitsgebot enthaltenen Grundsätze der Berechenbarkeit, Vorausbestimmtheit und Voraussehbarkeit der Verordnungsgebung verbieten es dem Gesetzgeber, der Verwaltung die „nähere" Ausgestaltung in vollem Umfange in einer Ermächtigung zu überlassen[46], wie es bei einer Konkretisierung des Schulzwecks durch die Verwaltung der Fall wäre[47].

§ 26 Das Zitiergebot

Nichts anderes kann für Art. 80 Abs. 1 Satz 3 GG gelten. Auch das Zitiergebot ist als Element des Rechtsstaatsgebots über Art. 28 Abs. 1 Satz 1 GG für die *Landes*gesetzgebung verbindlich[48], soweit nicht ohnehin landesrechtliche Zitiergebote bestehen[49]. Der Sinn dieser Vorschrift, eine Rechtssatzkontrolle zu ermöglichen[50], gebietet die Anwendung auch auf *schulische* Ermächtigungen, weil bereits heute trotz minimaler gesetzlicher Regelungen jeweils ganze Paletten von Schulgesetzen mit Serien von Ermächtigungsgrundlagen in Betracht kommen, wobei allerdings häufig unklar bleibt, ob zum Erlaß von Rechts- oder Verwaltungsverordnungen ermächtigt wird. Deshalb ist die vom Zitiergebot bewirkte Klarstellung erforderlich, welcher Rechtssatz der Verwaltung die Rechtsetzungsbefugnis erteilt[51].

---

[44] Dazu oben § 9.

[45] *Maunz*, MDH, Art. 80 Rdnr. 2.

[46] BVerfGE 20, 269 f.

[47] Rechtsstaatliche Bedenken erhebt auch das VG München RdJB 1969, 276 (277) gegen das Fehlen präziser Tatbestände für Schulentlassungen in der Schulordnung.

[48] *Maunz*, MDH, Art. 80 Rdnr. 19. Mit anderer Begründung ausführlich *Bartlsperger*, VerwArch. 58 (1967), S. 249 ff., insb. S. 260 ff. Dahingestellt: HessVGH VerwRspr. 21 (1971), Nr. 225 (S. 932 f.) im Verfahren nach § 80 VwGO. A. A. HessStGH DöV 1971, 201 (204) m. w. Nachw.; *Wilke*, Anm. XIII 1; *Groß*, NJW 1969, S. 2187.

[49] Die nach dem Grundgesetz entstandenen Landesverfassungen haben das Zitiergebot übernommen: Art. 61 Abs. 1 Satz 3 bad.-württ. Verf.; Art. 53 Abs. 2 Satz 1 hbg. Verf.; Art. 34 Abs. 2 Satz 1 nds. Verf.; Art. 70 Satz 3 nordrh.-westf. Verf.; Art. 33 Abs. 1 Satz 3 schl.-holst. Landessatzung.

[50] *Bartlsperger*, VerwArch. 58 (1967), S. 271 f.

[51] Ebd., S. 275 f. und *Böckenförde/Grawert*, AöR 95 (1970), S. 34 f. verneinen die Geltung des Zitiergebots für schulische Sonderverordnungen. Indessen steht

§ 27 Das Verkündungsgebot

Verwaltungsvorschriften bedürfen keiner Verkündung; für sie genügt die Bekanntgabe an die nachgeordneten Behörden[52]. Demgegenüber verlangt das Rechtsstaatsprinzip eine Verkündung für *alle* durch Rechtsetzung und nicht nur durch Rechtsübung geschaffenen Rechtssätze[53]. Das ergibt sich für Gesetze und Rechtsverordnungen aus Art. 82 Abs. 1 Satz 2 GG und den entsprechenden landesverfassungsrechtlichen Regelungen[54].

Da die schulischen Allgemeinregelungen Rechtssätze enthalten[55], die einer zitierten[56], hinreichend bestimmten[57] Ermächtigungsgrundlage bedürfen[58], entsprechen diese schulischen Sonderverordnungen ihren Wirksamkeitsvoraussetzungen nach den Rechtsverordnungen, so daß sie auch dem Verkündungsgebot unterliegen, zumal die Befolgung von Rechtssätzen durch ihren Adressaten dessen Kenntnis vom Norminhalt voraussetzt[59].

Rechtssätze im Schulverhältnis erfordern deshalb ein Publikationsorgan mit landesweiter Verbreitung, das auch künftigen Schülern die Möglichkeit der Einsicht und Kontrolle gestattet. Diesen Zweck vermag mit der erforderlichen Gewähr für Authentizität nur ein amtliches, öffentliches und ständiges Publikationsorgan, nicht aber ein schulinternes Zirkular zu erfüllen[60].

Die überwiegende Meinung vertritt den Standpunkt, die Möglichkeit der Kenntnisnahme durch den Bürger sei auch durch eine Verkündung im Amtsblatt gegeben, weshalb mit der Verkündung im Amtsblatt dem

---

und fällt ihre Argumentation mit den von ihnen angenommenen gewohnheitsrechtlichen bzw. unabgeleiteten Rechtsetzungsbefugnissen der Verwaltung im Schulverhältnis.

[52] *Maunz*, MDH, Art. 80 Rdnr. 17.

[53] *v. Mangoldt/Klein*, Art. 82 Anm. VI 2 a.

[54] Art. 63 Abs. 2 bad.-württ. Verf.; Art. 76 Abs. 1 bay. Verf.; Art. 126 brem. Verf.; Art. 54 hbg. Verf.; Art. 120, 122 hess Verf.; Art. 36 Abs. 1 Satz 2 und 3 nds. Verf.; Art. 71 Abs. 2 nordrh.-westf. Verf.; Art. 34 Abs. 2 schl.-holst. Landessatzung.

[55] Dazu oben § 13.

[56] Dazu oben § 26.

[57] Dazu oben § 25.

[58] Dazu oben 5. Kapitel.

[59] BVerfGE 7, 330 (337); BVerwGE 17, 192 (193); 25, 151 (159); HessStGH DöV 1971, 201 (204). — *Böckenförde/Grawert*, AöR 95 (1970), S. 35. — Es gilt freilich der Grundsatz der *formellen* Gesetzesverkündung, d. h. die *Möglichkeit* der Kenntnisnahme reicht aus. Dazu BVerfGE 16, 6 (17).

[60] *Evers*, VVDStRL 23, S. 164; *Böckenförde/Grawert*, AöR 95 (1970), S. 36; a. A. VGH Mannheim DVBl. 1961, 523 (524): Rundschreiben der Schule an die Erziehungsberechtigten. So auch *Obermayer*, Verwaltungsakt, S. 174; *Hansen*, S. 344.

Rechtsstaatsprinzip Genüge getan sei[61]. Dabei wird insbesondere auf den begrenzten Adressatenkreis schulischer Sonderverordnungen hingewiesen[62].

Die Begrenzung des Adressatenkreises vermag diesen Schluß nicht zu rechtfertigen, da sich bei kaum einer Rechtsverordnung ein größerer Adressatenkreis finden lassen wird als bei schulischen Sonderverordnungen. Die vermeintliche Begrenzung verweist vielmehr auf die überholte Trennung von Innen- und Außenverhältnis der Rechtsstellung des Schülers. Deshalb darf hinsichtlich der Wirksamkeitsvoraussetzungen keine Unterscheidung zwischen Gemein- und Sonderverordnung gemacht werden[63].

Die schulischen Sonderverordnungen sind deshalb in einer der rechtsstaatlichen Funktion der Verkündung gemäßen Weise zu publizieren, die ein Wahlrecht der Verwaltung zwischen Gesetz- und Verordnungsblatt einerseits und Staatsanzeiger, Amtsblatt oder einem sonstigen Organ andererseits ausschließt. Vielmehr sind schulische Sonderverordnungen im Gesetz- und Verordnungsblatt zu verkünden[64]. Diese Verkündung ist als Schlußstück aller Bemühungen um ein rechtsstaatliches Schulverhältnis erforderlich, damit der Schüler — bzw. seine Eltern — überhaupt erst einmal die Gelegenheit erhält, die ihm eingeräumten Rechte und die ihm auferlegten Pflichten in einer Weise zu Gesicht zu bekommen, die ihm die Gewißheit verschafft, die Gesamtheit der einschlägigen Rechtssätze vor Augen zu haben[65].

---

[61] BayVerfGH E II 21, 92 (103); BayVBl. 1968, 352; Bad.-Württ. VGH ES 11, 5 (8); HessVGH DVBl. 1968, 259; HessStGH DöV 1971, 201 (204). — *Groß*, NJW 1970, S. 937; DVBl. 1970, S. 221.

[62] *Brohm*, DöV 1964, S. 248; *Böckenförde/Grawert*, AöR 95 (1970), S. 35 f.

[63] *Wolff*, Bd. I, § 25 VII a 1.

[64] *Evers*, VVDStRL 23, S. 164; *Rupp*, NJW 1970, S. 413; *Heckel/Seipp*, S. 372.

[65] Mindestens ist ein Hinweis im Gesetz- und Verordnungsblatt auf eine anderweitige Veröffentlichung zu fordern. s. dazu § 1 Abs.2 Gesetz über die Verkündung von Rechtsverordnungen vom 30. Januar 1950 (BGBl. S. 23).

Siebentes Kapitel

Ausblick

§ 28 Die Rechtslage

Die Allgemeinregelungen des Schulverhältnisses bedürfen als Rechtssätze einer gesetzlichen Ermächtigung. Eine solche Ermächtigungsgrundlage fehlt von vornherein in Berlin[1], Bremen, Hamburg, Niedersachsen und Schleswig-Holstein. Die Schulordnungen (Versetzungsrichtlinien, Prüfungsordnungen etc.) dieser Länder können deshalb keine Wirksamkeit entfalten. Sie sind außerdem auch deshalb unwirksam, weil sie trotz ihrer Natur als Rechtsverordnungen nicht als solche verkündet, sondern als bloße Verwaltungsvorschriften erlassen worden sind. Berlin, Bremen, Hamburg, Niedersachsen und Schleswig-Holstein verfehlen deshalb in der rechtlichen Ausgestaltung des Schulverhältnisses selbst ein Minimum an Sozialstaatlichkeit, Demokratie und Rechtsstaatlichkeit[2].

Gesetzliche Ermächtigungen finden sich dagegen in den Ländern mit moderner Schulgesetzgebung, das sind die Länder Baden-Württemberg[3], Bayern[4], Hessen[5], Nordrhein-Westfalen[6], Rheinland-Pfalz[7] und Saarland[8]. Diese Ermächtigungen enthalten zwar bisweilen eine Aufzählung

---

[1] § 26 SchulG stellt offensichtlich keine konstitutive Ermächtigung dar, sondern setzt die bereits anderweitig begründete Rechtsetzungsbefugnis des Senats voraus.

[2] Die *inhaltliche* Ausgestaltung des Schulverhältnisses steht hier nicht zur Debatte. Bei der Frage nach der Beachtung des Vorbehaltsgrundsatzes im Schulverhältnis geht es allein um die *Zuständigkeit* von Parlament oder Verwaltung für die Ausgestaltung. Wenn die bildungsbeflissenen Stadtstaaten zu den Bundesländern gehören, die den *rechtlichen* Aspekten ihrer Bildungsarbeit wenig Aufmerksamkeit schenken (dazu oben § 5 I), so zeigt das nur, wie groß die Versuchung ist, dem als lästig empfundenen Vorbehaltsgrundsatz auszuweichen. In der Tat läßt sich ohne ihn leichter arbeiten, weil ihm durchaus eine verlangsamende Funktion zukommt, die auch die Effektivität der Verwaltung zu beeinträchtigen vermag. Indessen liegt der Sinn des Rechtsstaatsprinzips und auch des Vorbehaltsgrundsatzes gerade darin, allzu glatte Verwaltungsabläufe zu verhindern und deshalb den Gesetzgeber *vor* ihrer Durchführung einzuschalten, statt nur nachträglich Rechtsschutz zu gewähren.

[3] § 56 Abs. 1 SchVOG.

[4] Art. 5 Abs. 2 EUG.

[5] § 44 SchVG.

[6] § 26 SchVG.

[7] §§ 42 GHS-SchG, 3 Abs. 2 und 3 öffhöhSchG.

der Regelungsbereiche[9], nie aber inhaltliche Kriterien irgendwelcher Art zur Ausfüllung dieser Regelungsbereiche. Der bloße Hinweis auf „Zweck und Aufgabe der Schule“[10] vermag diesen Ermächtigungen keine faßbare Substanz zu verleihen[11].

Als Ergebnis ist deshalb festzustellen, daß alle diese Ermächtigungen die von Art. 80 Abs. 1 Satz 2 GG geforderte Präzisierung vermissen lassen. Sie sind deshalb ungeeignet, als gesetzliche Grundlage für schulische Sonderverordnungen zu dienen[12]. Bis auf Bayern, das die Schulordnungen als Rechtsverordnungen erlassen hat[13], sind in allen anderen Bundesländern die Schulordnungen auch deshalb unwirksam, weil sie ungeachtet ihrer Rechtssatzqualität als bloße Verwaltungsvorschriften erlassen worden sind[14].

Damit fehlen den Schulverwaltungen aller Bundesländer gesetzliche (oder mit einwandfreier Ermächtigung versehene) Grundlagen für die Regelung des Schulverhältnisses[15].

---

[8] § 42 SchOG.

[9] § 56 Abs. 1 bad.-württ. SchVOG; § 44 hess. SchVG; § 3 Abs. 2 und 3 rhld.-pf. öffhöhSchG und § 42 Abs. 2 saarld. SchOG.

[10] So § 56 Abs. 2 bad.-württ. SchVOG: „Inhalt und Umfang der die Ordnung des Anstaltsverhältnisses regelnden Vorschriften ergeben sich aus Zweck und Aufgabe der Schule und ihrer Pflicht, das Wohl des einzelnen Schülers wie das Wohl aller Schüler gleichermaßen zu fördern.“ Ähnlich § 44 Abs. 1 Satz 2 hess. SchVG und § 42 Abs. 3 saarld. SchOG. — Dagegen ist § 19 Abs. 3 bad.-württ. SchVOG keine Ermächtigung, wie sich aus der Stellung in Teil IV (Schulaufsicht) statt Teil VII (Schüler) ergibt. A. A. *Wimmer*, DVBl. 1966, S. 849, dem allerdings im Ergebnis zuzustimmen ist, daß sie als Blankettermächtigung keine Wirksamkeit entfalten könne.

[11] *Fuß*, VVDStRL 23, S. 217; *Wimmer*, DVBl. 1966, S. 852; *Perschel*, RdJB 1969, S. 36 bezeichnet diese Formel als gesetzliche Versteinerung des besonderen Gewaltverhältnisses. *Heckel/Seipp*, S. 374; *Tilch*, S. 135 f. — Dazu ausführlich oben § 25. — Demgegenüber geht BVerfGE 26, 228 (242) davon aus, daß der Gesichtspunkt der pädagogischen Bedürfnisse geeignet sei, die Gestaltungsfreiheit der Exekutive wesentlich einzuschränken.

[12] A. A. HessStGH DöV 1971, 201 (204) zu § 37 hess. SchVG a. F. (= § 44 hess. SchVG n. F.) unter Verneinung der Anwendbarkeit des Art. 80 Abs. 1 Satz 2 GG in Hessen. Auch *Heckel*, Schulrecht und Schulpolitik, S. 88 f. spricht sich für Wirksamkeit aus, wenn auch mit Bedenken.

[13] Dazu oben 2. Kapitel, Fußn. 65. — Beide Schulordnungen zitieren auch Art. 5 Abs. 2 EUG als Rechtsgrundlage. — s. BayVGH BayVBl. 1961, 186: „Soweit eine Schulordnung solches Recht enthält, kann sie in Bayern ... nicht als Verwaltungsverordnung erlassen werden.“ A. A. *Tilch*, S. 139 Fußn. 1. — Deshalb meinen *Heckel/Seipp*, S. 373, eine rechtsstaatlich einigermaßen korrekte Ordnung des Schulverhältnisses gebe es heute nur in Bayern. Allerdings genügt auch Art. 5 EUG nicht dem Bestimmtheitsgebot des Art. 80 Abs. 1 Satz 2 GG. *Heckel/Seipp*, S. 373; *Lang*, S. 98.

[14] *Heckel/Seipp*, S. 374. Auch VGH Mannheim DVBl. 1968, 117 (120) weist darauf hin, daß die Schulordnungen nach § 56 bad.-württ. SchVOG durch Rechtsverordnungen zu regeln sind.

[15] Die gesetzlichen Regelungen und Ermächtigungen für *Teil*bereiche, insbesondere für die Schulpflicht, sind oben § 4 dargestellt.

§ 29 Die Rechtswirklichkeit

Als Ergebnis dieser Arbeit wird den Verwaltungen aller Bundesländer die Berechtigung zur Regelung des Schulverhältnisses abgesprochen, weil in keinem Land eine den Anforderungen des Grundgesetzes genügende gesetzliche Grundlage besteht, eine solche aber vom Vorbehalt des Gesetzes auch für das Schulverhältnis erzwungen wird. Damit erhebt sich die Frage, ob diese Arbeit mit einem Ergebnis verfassungsrechtlicher Auslegung enden darf, dem die Verfassungswirklichkeit offensichtlich widerspricht. Da untragbare Ergebnisse den Sinn der Verfassung als Mittel zur Schaffung einer funktionierenden Gemeinschaftsordnung verfehlen[16], bedarf eine von der Rechtswirklichkeit abweichende rechtsdogmatische Lösung einer besonderen Rechtfertigung.

Es gilt, die als verfassungswidrig erkannte Wirklichkeit nicht zu tolerieren, sondern zu überwinden. Es gilt, die Verfassungswirklichkeit nicht zu leugnen, wohl aber ihr die verfassungsrechtliche Legitimation zu nehmen. Das Auseinanderfallen von Sein und Sollen ist kein Anlaß zur Resignation, sondern Ansporn, das Versäumte nachzuholen: „Mögen die Verfassungsnormen der Wirklichkeit noch ein wenig voraus sein. Aber sie können zum Hebel werden, der die Wirklichkeit bewegt[17]."

Wenn *Peters*[18] vom Interpreten des Schulrechts verlangt, er müsse erst bekennen, wes Geistes Kind er sei, so spricht er den engen Zusammenhang des Bildungsbereichs mit weltanschaulichen Grundüberzeugungen an. Nichtsdestoweniger kann in Bereichen „vorrechtsstaatlichen Urwalds"[19] wie dem Schulverhältnis die Entscheidung darüber, ob dem Verfassungsrecht oder der Verfassungspraxis der Vorzug zu geben ist, nur zugunsten der Verfassung ausfallen. Der „Formenmißbrauch" der Verwaltung, inhaltliche Rechtssätze als bloße Verwaltungsvorschriften zu deklarieren, darf nicht länger geduldet werden[20].

In einer Zeit, in der die Erziehungsarbeit in immer stärkerem Maße von den Eltern auf die Schule verlagert wird, weil die Anwendung sozialwissenschaftlicher Erkenntnisse mit Zunahme ihrer Komplexität von Laien nicht mehr bewältigt werden kann, den pädagogischen Fachmann der Schulbürokratie schalten und walten zu lassen, ohne die politische Instanz des parlamentarischen Gesetzgebers einzuschalten, kann nur zu Freiheitseinbußen des Schülers führen.

Deshalb geht der Vorwurf fehl, zum Ergebnis eines erweiterten Vorbehaltsgrundsatzes könne man nur mit einer ausschließlich juristischen

[16] *Ossenbühl*, Verwaltungsvorschriften, S. 238.

[17] *Stein*, Selbstentfaltung, S. 152.

[18] BNS, Bd. IV, 1. Hbd., S. 372 f.

[19] *Krüger*, VVDStRL 15, S. 109.

[20] *Bachof*, VVDStRL 12, S. 66; *Heckel*, Schulrecht und Schulpolitik, S. 60.

Betrachtungsweise der Verwaltung gelangen, die deren Praxis nicht genügend berücksichtige[21]. Auch hat sich die Verfassungsauslegung allein am Grundgesetz zu orientieren, „auch wenn sich daraus die Verfassungswidrigkeit mancher liebgewordener Verwaltungspraktik ergibt“[22]. Die Praxis der Schulverwaltung kann also nicht ihre eigene verfassungsrechtliche Legitimation ergeben.

Sieht man wie Peters die Aufgabe des Juristen darin, zunächst einmal das Bestehende zu „erklären“ und nicht es „für ungültig zu erklären“[23], so ist das nicht nur eine unangemessene Einschränkung seiner Aufgaben und ein Unterlaufen verfassungsrechtlicher Aktualität, sondern auch obrigkeitsstaatlich gedacht, weil damit grundsätzlich unterstellt wird, alles habe schon seine rechte Ordnung. Da bei den Verfassungsumbrüchen dieses Jahrhunderts nur die geltende Verfassung den Stand verfassungsrechtlicher Entwicklung markieren kann, die Verwaltungspraxis aber auch eingeübtes Verhalten aus längst verschütteten Verfassungsepochen mitschleppt, ist gerade eine langandauernde Praxis nicht davor gefeit, als verfassungswidrig erkannt zu werden.

Demgegenüber folgt die h. M. in der Frage der Reichweite des Vorbehaltsgrundsatzes beim besonderen Gewaltverhältnis dem bekannten Wort *Otto Mayers:* „Verfassungsrecht vergeht, Verwaltungsrecht besteht[24].“ Sie hält damit Kategorien aufrecht, die durch das Grundgesetz und seine fundamentale Neuschöpfung allen staatlichen Wirkens obsolet geworden sind. Das Grundgesetz darf nicht in die Sphären des Verfassungsrechts verbannt werden, sondern muß Konsequenzen zeigen bis zur alltäglichsten Entscheidung im Schulverhältnis. Auch im Schulverhältnis muß das Verwaltungsrecht konkretisiertes Verfassungsrecht sein[25]. Das Schulrecht hat sich daher an der Verfassung, nicht die Verfassung am Schulrecht zu orientieren[26].

Kriele, der hinter Grundtypen der Staatsrechtsrichtungen alte politische Gruppierungen zu erkennen meint, würde das hier vorgelegte Ergebnis als „parlamentsfreundlich“ bezeichnen[27]. Das trifft nicht den Interpreten, weil die Einbeziehung des Schulverhältnisses in den Vorbehaltsbereich eine unausweichliche Konsequenz des Grundgesetzes ist,

---

[21] *Peters,* Huber-FS, S. 219.

[22] *Stein,* Selbstentfaltung, S. 152.

[23] VVDStRL 23, S. 250.

[24] Bd. I, Vorwort.

[25] *Werner,* Verwaltungsrecht als konkretisiertes Verfassungsrecht, DVBl. 1959, S. 527 ff.

[26] *Heymann/Stein,* Das Recht auf Bildung, AöR 97 (1972), S. 186.

[27] Theorie der Rechtsgewinnung (1967), S. 27 ff.

dem man in der Tat Parlamentsfreundlichkeit nachsagen kann. Der als unangemessen empfundene Bruch zwischen tradierter Verwaltungsübung und der Einbeziehung des Schulverhältnisses in den Vorbehaltsgrundsatz beruht allein darauf, daß das Grundgesetz selbst sich von dem, was es vorgefunden hatte, deutlich distanzierte.

Die hier erhobene Forderung nach gesetzlicher Ausgestaltung des Schulverhältnisses richtet sich an den parlamentarischen Gesetzgeber. Die an sich billigenswerten Versuche der Rechtsprechung, mittels Hilfskonstruktionen die Lücken in der rechtsstaatlichen Ordnung zu stopfen[28], sind bedenklich, „weil sie den trügerischen Eindruck des Wohlgeordnetseins erwecken und dadurch den Gesetzgeber anscheinend von der Verantwortung befreien"[29]. Aus dieser Verantwortung kann er indessen nicht entlassen werden, denn solange er untätig bleibt, treibt er die Verwaltung in die Illegalität[30]. Diese Illegalität wird durch keine noch so originelle Hilfskonstruktion beseitigt.

Dagegen versucht *Jesch*[31] — im Anschluß an zahlreiche vom Bundesverfassungsgericht gebilligte Vorbilder, für Übergangszeiten auch verfassungswidrige Regelungen in Anwendung zu lassen[32] — auch für das Schulverhältnis ein zeitlich begrenztes Übergangsrecht mit dem Kontinuitätsprinzip zu rechtfertigen. Damit wird letztlich eine bloße Verwaltungsübung als Quasi-Gewohnheitsrecht behandelt[33].

Maunz[34] schließlich kapituliert vor der Macht des Faktischen, wenn er die Vorstellung von einer Schule, die beim Fehlen einer besonderen gesetzlichen Regelung ihren Betrieb leerlaufen läßt, als schlechterdings absurd ansieht. Auch die gegenständlich auf das unbedingt Notwendige beschränkte hilfsweise Regelungsbefugnis der Schulverwaltung ist wegen des Fehlens einer zeitlichen Grenze gefährlich[35] und trägt nur zur Verschleierung der wirklichen Rechtslage bei.

Alle diese Hilfskonstruktionen sind unbefriedigend. Deshalb wird hier von vornherein darauf verzichtet, den vielen Korsettstangen zur Stützung des Schulverhältnisses als besonderes Gewaltverhältnis eine

---

[28] Dieses Bemühen wird überall anerkennend hervorgehoben. s. nur *Heckel/Seipp*, S. 374.

[29] *Evers*, VVDStRL 23, S. 166.

[30] *Ossenbühl*, Verwaltungsvorschriften, S. 249.

[31] Gesetz, S. 235 f. Zustimmend: *Rupp, Fuß* und *Evers*, VVDStRL 23, S. 276, 218 bzw. 166.

[32] BVerfGE 9, 63 (71 f.); 12, 281 (293 f.); 15, 337 (351 f.); 16, 130 (142 f.); 21, 12 (39 ff.); 25, 167 (184 ff.). Neuestens BVerfGE 33, 1 ff.

[33] *Lang*, S. 54.

[34] *Maunz*, MDH, Art. 7 Rdnr. 26.

[35] So aber *Lang*, S. 90 ff.

weitere hinzuzufügen. Vielmehr bleibt der parlamentarische Gesetzgeber aufgerufen, seiner bisher vernachlässigten Pflicht zur gesetzlichen Ausgestaltung des Schulverhältnisses endlich nachzukommen.

Literaturverzeichnis

Abelein, Manfred: Recht auf Bildung, DöV 1967, S. 375

— Rechtsstaat und besonderes Gewaltverhältnis, ZfP XIV (1967), S. 313 - 332

Abraham: Art. 12 in: Kommentar zum Bonner Grundgesetz (1950 ff.)

Achterberg, Norbert: Probleme der Funktionenlehre (1970)

Angerer, Helmut: Die verfassungsrechtliche Stellung des Jugendlichen (1959)

Anschütz, Gerhard: Die gegenwärtigen Theorien über den Begriff der gesetzgebenden Gewalt und den Umfang des königlichen Verordnungsrechts nach preußischem Staatsrecht (2. Auflage 1901)

— Die Verfassung des Deutschen Reiches vom 11. August 1919 (14. Auflage 1933, Neudruck 1960)

Bach, Gregor: Briefzensur und unfreiwillige Subordination, NJW 1963, S. 1763 bis 1764

Bachof, Otto: Begriff und Wesen des sozialen Rechtsstaates, VVDStRL 12 (1954), S. 37 - 79

— Diskussionsbeitrag, VVDStRL 15 (1957), S. 203 - 206

— Diskussionsbeitrag, VVDStRL 19 (1961), S. 249

— Verwaltungsakt und innerdienstliche Weisung, in: Verfassung und Verwaltung in Theorie und Wirklichkeit. Festschrift für Wilhelm Laforet (1952), S. 285 - 316

Badura, Peter: Diskussionsbeitrag, VVDStRL 24 (1966), S. 212 - 213

— Das Verwaltungsmonopol (1963)

Baring: Die Abordnung, DVBl. 1952, S. 389 - 396

Bartlsperger, Richard: Zur Konkretisierung verfassungsrechtlicher Strukturprinzipien. Erörterungen über die Angabe der Rechtsgrundlage in landesrechtlichen, insbesondere bayerischen Rechtsverordnungen und Satzungen, VerwArch. 58 (1967), S. 249 - 277

Becker, Hellmut: Quantität und Qualität. Grundfragen der Bildungspolitik (2. Auflage 1968)

Becker, H. J.: Schule und Verwaltungsgerichtsbarkeit (Zwischenbilanz der neueren verwaltungsgerichtlichen Rechtsprechung), ZBR 1960, S. 175 - 179

Becker, Peter: Prüfungsordnungen und Rechtsstaatsgebot, DöV 1970, S. 730 bis 735

Bellstedt, Christoph: Bedürfen Subventionen gesetzlicher Grundlage? DöV 1961, S. 161 - 171

Bergbohm: Jurisprudenz und Rechtsphilosophie Bd. I (1892)

Bergmann, Wolfgang: Urteilsanmerkung, DöV 1961, S. 266 - 267

Bettermann, Karl August: Diskussionsbeitrag, VVDStRL 15 (1957), S. 214 - 216

— Diskussionsbeitrag, VVDStRL 23 (1966), S. 269 - 273

— Grenzen der Grundrechte (1968)

— Rundfunkfreiheit und Rundfunkorganisation, DVBl. 1963, S. 41 - 44

— Der Schutz der Grundrechte in der ordentlichen Gerichtsbarkeit, in: Bettermann - Nipperdey - Scheuner, Die Grundrechte, Bd. III, 2. Hbd. (1955), S. 779 - 908

— / *Goessl,* Manfred: Schulgliederung, Lehrerbildung und Lehrerbesoldung in der bundesstaatlichen Ordnung. Zugleich ein Beitrag zur Rahmenkompetenz des Bundes und zu Konflikten zwischen Bundes- und Landeskompetenzen (1963)

Blomeyer, Arwed: Zivilprozeßrecht. Erkenntnisverfahren (1963)

Böckenförde, Ernst-Wolfgang: Die Bedeutung der Unterscheidung von Staat und Gesellschaft im demokratischen Sozialstaat der Gegenwart, in: Rechtsfragen der Gegenwart. Festgabe für Wolfgang Hefermehl (1972), S. 11 - 36

— Entstehung und Wandel des Rechtsstaatsbegriffs, in: Festschrift für Adolf Arndt (1969), S. 53 - 76

— Gesetz und gesetzgebende Gewalt. Von den Anfängen der deutschen Staatsrechtslehre bis zur Höhe des staatsrechtlichen Positivismus (1958)

— Die Organisationsgewalt im Bereich der Regierung. Eine Untersuchung zum Staatsrecht der Bundesrepublik Deutschland (1964)

— / *Grawert,* Rolf: Sonderverordnungen zur Regelung besonderer Gewaltverhältnisse, AöR 95 (1970), S. 1 - 37

Bogs, Harald: Die verfassungskonforme Auslegung von Gesetzen (1966)

Brinkmann: Kommentar zum Grundgesetz für die Bundesrepublik Deutschland (1968)

Brohm, Winfried: Verwaltungsvorschriften und besonderes Gewaltverhältnis, DöV 1964, S. 238 - 251

Bullinger, Martin: Ungeschriebene Kompetenzen im Bundesstaat, AöR 96 (1971), S. 237 ff.

— Vertrag und Verwaltungsakt (1962)

Campenhausen, Axel Freiherr von: Erziehungsauftrag und staatliche Schulträgerschaft (1967)

Coing, Helmut: Grundzüge der Rechtsphilosophie (2. Auflage 1969)

Cramer, Dettmar: Die Zensur bei Schüler- und Studentenzeitungen (1964)

Czermak, Fritz: Schul- und Prüfungsentscheidungen vor den Verwaltungsgerichten, DöV 1962, S. 921 ff.

— Urteilsanmerkung, NJW 1964, S. 939

Dame, Rolf: Das Verhältnis der Grundrechte zu den besonderen Gewaltverhältnissen nach dem deutschen und französischen Staats- und Verwaltungsrecht (1965)

Daniels, H.: Pflichten und Rechte der Beamten, in: Anschütz / Thoma (Hrg.), Handbuch des Deutschen Staatsrechts, Bd. II (1932), S. 41 - 49

Dernburg, Heinrich: Pandekten, Bd. I (3. Auflage 1892)

Diesselhorst, Malte: Die Natur der Sache als außergesetzliche Rechtsquelle verfolgt an der Rechtsprechung zur Saldotheorie (1968)

Dilthey, Wilhelm: Pädagogik. Geschichte und Grundlinien des Systems (2. Auflage 1960)

Dürig, Günter: Diskussionsbeitrag, VVDStRL 23 (1966), S. 261 - 263

— Der Grundsatz von der Menschenwürde, AöR 81 (1956), S. 117 - 157

Ehmke, Horst: Diskussionsbeitrag, VVDStRL 23 (1966), S. 257 - 259

— Prinzipien der Verfassungsinterpretation, VVDStRL 20 (1963), S. 53 - 98

Engisch, Karl: Einführung in das juristische Denken (5. Auflage 1971)

— Zur „Natur der Sache" im Strafrecht, in: Festschrift für Eberhard Schmidt (1961), S. 90 ff. = Arthur Kaufmann (Hrg.), Die ontologische Begründung des Rechts (1965), S. 204 - 244

Ermacora, Felix: Diskussionsbeitrag, VVDStRL 15 (1957), S. 217

Evers, Hans-Ulrich: Verwaltung und Schule, VVDStRL 23 (1966), S. 147 - 198

— Verwaltungsrechtsweg und Aufnahme in eine anerkannte Privatschule — BVerwGE 17, 41, JuS 1967, S. 257 - 261

Fleiner, Fritz: Institutionen des Deutschen Verwaltungsrechts (8. Auflage 1928)

Forkel, Hans: Zum „Opfer" beim Aufopferungsanspruch, JZ 1969, S. 7 - 12

Forsthoff, Ernst: Gewaltenteilung, in: Evangelisches Staatslexikon (1966), Sp. 559 - 660

— Lehrbuch des Verwaltungsrechts (10. Auflage 1973)

— (Hrg.), Rechtsstaatlichkeit und Sozialstaatlichkeit (1968)

— Urteilsanmerkung, DVBl. 1957, S. 724 - 726

Freudenberger, Georg: Beiträge zur Lehre vom besonderen Gewaltverhältnis im öffentlichen Recht, Annalen des Deutschen Reichs 64 (1931), S. 163 - 208

Friauf, Karl Heinrich: Bemerkungen zur verfassungsrechtlichen Problematik des Subventionswesens, DVBl. 1966, S. 729 - 738

Friesenhahn, Ernst: Parlament und Regierung, VVDStRL 16 (1958), S. 9 ff.

— Der Rechtsschutz im öffentlichen Recht nach dem Bonner Grundgesetz, DV (Bl.) 1949, S. 478 - 485

Fuß, Ernst-Werner: Verwaltung und Schule, VVDStRL 23 (1966), S. 199 - 248

Gernert, E.: Die Problematik des besonderen Gewaltverhältnisses des öffentlichen Rechts (1954)

Gierke, Otto von: Labands Staatsrecht und die deutsche Rechtswissenschaft, Schmollers Jahrbuch 7 (1883), S. 1097 - 1195 (Nachdruck 1961)

Grimmer, Klaus: Die Rechtsfiguren einer „Normativität des Faktischen" (1971)

Groeben, von der / *Knack:* Allgemeines Verwaltungsgesetz für das Land Schleswig-Holstein (Landesverwaltungsgesetz), Kommentar (1968)

Groß, Rolf: Zur Auslegung des Art. 107 der Hessischen Verfassung, DöV 1962, S. 54 - 56

— Die Rechtsqualität der Sonderverordnungen für besondere Gewaltverhältnisse und der Organisationsbestimmungen, NJW 1969, S. 2186 f.

Haenel, Albert: Das Gesetz im formellen und materiellen Sinne (1888, Neudruck 1968)

Hamann: Urteilsanmerkung, DVBl. 1954, S. 581 - 583

Hamann, Andreas: Urteilsanmerkung, NJW 1961, S. 2059

— Zur Problematik des Subventionsrechts, DVBl. 1963, S. 486

— / *Lenz*, Helmut: Das Grundgesetz für die Bundesrepublik Deutschland vom 23. Mai 1949 (3. Auflage 1970)

Hansen, Hans-Jürgen: Fachliche Weisung und materielles Gesetz (1971)

Harnischfeger, Horst / *Heimann*, Gerhard: Rechtsfragen der Gesamtschule, in: — / — / Siewert, Rechtsfragen der Gesamtschule. Lehrer- und Raumbedarf in Gesamtschulen (1970), S. 11 ff.

Hatz, Helmut: Rechtssprache und juristischer Begriff (1963)

Haueisen: Öffentlich-rechtliche Vorfragen im Zivilprozeß, NJW 1953, S. 121 bis 124

Heckel, Hans: Die Grenzen der Schulgewalt, RdJ 1954, S. 3 ff.

— Schule und Schulverwaltung als Aufgabe der Verwaltungspolitik, DöV 1968, S. 371 - 376

— Schulrecht und Schulpolitik. Der Einfluß des Rechts auf die Zielsetzung und den Erfolg in der Bildungspolitik (1967)

— Urteilsanmerkung, DöV 1961, S. 788

— / *Seipp*, Paul: Schulrechtskunde (4. Auflage 1969)

Henke, Wilhelm: Rechtsformen der sozialen Sicherung und Allgemeines Verwaltungsrecht, VVDStRL 28 (1970), S. 149 - 185

Hennis, Wilhelm: Verfassung und Verfassungswirklichkeit (1968)

Herbart, Johann Friedrich: Allgemeine Pädagogik aus dem Zweck der Erziehung abgeleitet (1876)

Hering, Eugen: Die Rechtsprechung des Bundesverwaltungsgerichts zum Schulrecht, DöV 1968, S. 94 - 102

Herrfahrdt, Heinrich: Diskussionsbeitrag, VVDStRL 23 (1966), S. 273 - 274

Herzog, Roman: Allgemeine Staatslehre (1971)

— Gesetzgeber und Verwaltung, VVDStRL 24 (1966), S. 183 - 206

Hesse, Konrad: Grundzüge des Verfassungsrechts der Bundesrepublik Deutschland (6. Auflage 1973)

— Der Rechtsstaat im Verfassungssystem des Grundgesetzes, in: Staatsverfassung und Kirchenordnung. Festgabe für Rudolf Smend (1962), S. 71 - 95

Heydte, Friedrich August von der: Diskussionsbeitrag, VVDStRL 24 (1966), S. 224

Heymann, Klaus-Dieter / *Stein*, Ekkehart: Das Recht auf Bildung, AöR 97 (1972), S. 185 - 232

Höhn, Ernst: Gewohnheitsrecht im Verwaltungsrecht (1960)

Holland, Ralf: Die Bedeutung des Grundrechts der Berufsfreiheit im Schulrecht, RdJB 1969, S. 259 - 264

— Verwaltungsrechtsschutz im Schulverhältnis, DVBl. 1968, S. 245 - 248

Huber, Konrad: Maßnahmegesetz und Rechtsgesetz. Eine Studie zum rechtsstaatlichen Gesetzesbegriff (1963)

Hummel, Hermann: Gerichtsschutz gegen Prüfungsbewertungen (1969)

Ipsen, Hans-Peter: Diskussionsbeitrag, VVDStRL 15 (1957), S. 200 - 202

— Diskussionsbeitrag, VVDStRL 23 (1966), S. 267 - 269

Isay, Hermann: Rechtsnorm und Entscheidung (1929)

Jacobi, Erwin: Die Rechtsverordnungen, in: Anschütz / Thoma (Hrg.), Handbuch des Deutschen Staatsrechts, Bd. II (1932), S. 236 - 255

— Die Verwaltungsverordnungen, in: Anschütz / Thoma (Hrg.), Handbuch des Deutschen Staatsrechts, Bd. II (1932), S. 255 - 263

Jecht, Hans: Die öffentliche Anstalt. Wandlungen und gegenwärtige Struktur (1963)

Jellinek, Georg: Gesetz und Verordnung (1887, Neudruck 1919)

— System der subjektiven öffentlichen Rechte (2. Auflage 1905, Nachdruck 1963)

Jellinek, Georg: Gesetz und Verordnung (1887, Neudruck 1919)

Jesch, Dietrich: Gesetz und Verwaltung (2. Auflage 1968)

— Unbestimmter Rechtsbegriff und Ermessen in rechtstheoretischer und verfassungsrechtlicher Sicht, AöR 82 (1957), S. 163 - 249

Kaufmann, Erich: Diskussionsbeitrag, VVDStRL 24 (1966), S. 219 - 221

Kellner, Hugo: Zum Beurteilungsspielraum, DöV 1962, S. 572 ff.

— Der sogenannte Beurteilungsspielraum in der verwaltungsgerichtlichen Prozeßpraxis, NJW 1966, S. 857 - 863

— Zum gerichtlichen Rechtsschutz im besonderen Gewaltverhältnis, DöV 1963, S. 418 - 429

Kimminich, Otto: Einführung in das öffentliche Recht (1972)

Klafki, Wolfgang u. a.: Erziehungswissenschaft. Bd. I (1971) und II (1970)

Klein, Friedrich: Zum Recht auf Erziehung und Bildung, in: Klein / Fabricius, Das Recht auf Bildung und seine Verwirklichung im Ballungsraum (1969), S. 7 - 28

— Tragweite der Generalklausel im Art. 19 Abs. 4 des Bonner Grundgesetzes, VVDStRL 8 (1950), S. 67 - 125

Kloepfer, Michael: Staatliche Schulaufsicht und gemeindliche Schulhoheit, DöV 1972, S. 837 - 842

Knudsen, Holger: Schulstrafen als anfechtbare Verwaltungsakte, RdJB 1966, S. 299 - 301

Köhl, Guido: Die besonderen Gewaltverhältnisse im öffentlichen Recht (1955)

— Zur Frage des Besonderen Gewaltverhältnisses, ZBR 1957, S. 121 - 124

Köttgen, Arnold: Verwaltungsrecht der öffentlichen Anstalt, VVDStRL 6 (1929), S. 105 - 143

Kratzer: Art. 142 des Grundgesetzes und die Grundrechte in der Bayerischen Verfassung, in: Festschrift für Wilhelm Laforet (1952), S. 107

Kriele, Martin: Das demokratische Prinzip im Grundgesetz, VVDStRL 29 (1971), S. 48 ff.

— Theorie der Rechtsgewinnung (1967)

Krüger, Herbert: Allgemeine Staatslehre (2. Auflage 1966)

— Das besondere Gewaltverhältnis, VVDStRL 15 (1957), S. 109 - 132

— Diskussionsbeitrag, VVDStRL 19 (1961), S. 267

— Die Einschränkung von Grundrechten nach dem Grundgesetz, DVBl. 1950, S. 625 - 629

— Rechtsverordnung und Verwaltungsanweisung, in: Rechtsprobleme in Staat und Kirche. Festschrift für Rudolf Smend (1952), S. 211 - 241

— Der Verwaltungsrechtsschutz im besonderen Gewaltverhältnis, NJW 1953, S. 1369 - 1373

Krüger, Hildegard: Grundrechtsausübung durch Jugendliche (Grundrechtsmündigkeit) und elterliche Gewalt, FamRZ 1956, S. 329 - 335

— Die Grundrechte im besonderen Gewaltverhältnis, ZBR 1956, S. 309 - 312

Kruse, Heinrich Wilhelm: Steuerrecht, Bd. I (3. Auflage 1973)

Kruse-Becker, Monika: Die rechtliche Qualifikation der Androhung des Ausschlusses von der Schule bzw. Hochschule, NJW 1972, S. 616 - 617

Küchenhoff, Dietrich: ZBR 1970, S. 200

— Verfassungsrechtliche Grenzen des Ausschlusses eines Schülers von weiterführenden Schulen, RWS 1963, S. 353

— Wirksamkeit und Wirkung von Versetzungsrichtlinien, RWS 1964, S. 203 bis 204

Kuhn, Gustav: Grundrechte und Minderjährigkeit. Die Einwirkung der Verfassung auf die Rechtsstellung des jungen Menschen (1965)

Laband, Paul: Das Budgetrecht nach den Bestimmungen der Preußischen Verfassungsurkunde (1871, Nachdruck 1971)

— Das Staatsrecht des Deutschen Reiches, Bd. I - IV (5. Auflage 1911 - 1914)

Landé, Walter: Die staatsrechtlichen Grundlagen des deutschen Unterrichtswesens, in: Anschütz / Thoma (Hrg.), Handbuch des Deutschen Staatsrechts, Bd. II (1932), S. 690 - 724

Lang, Siegfried: Das Schulverhältnis als Anstaltsverhältnis (1969)

Larenz, Karl: Methodenlehre der Rechtswissenschaft (2. Auflage 1969)

Leggewie, Otto / *Pöttgen*, Heribert: Die Reifeprüfung (1966)

Leibholz, Gerhard: Der Einfluß der Fachleute auf politische Entscheidungen, in: Strukturprobleme der modernen Demokratie (3. Auflage 1967), S. 317 bis 325

Leisner, Walter: Betrachtungen zur Verfassungsauslegung, DöV 1961, S. 641 bis 653

— Parteienvielfalt bei gleichem Parteiprogramm? DöV 1971, S. 649 - 654

— Die schutzwürdigen Rechte im besonderen Gewaltverhältnis, DVBl. 1960, S. 617 - 626

Leist, Burkhard Wilhelm: Naturalis ratio und Natur der Sache (1860)

Lengert, Rudolf: Politik der Schulreform im Teufelskreis der Kompromisse (1969)

Lerche, Peter: Grundrechte der Soldaten, in: Bettermann-Nipperdey-Scheuner, Die Grundrechte, Bd. IV, 1. Hbd. (1960), S. 447 - 535

— Wehrrecht und Verwaltungsgerichtsbarkeit, DVBl. 1954, S. 626 - 632

Leuschner, Albrecht: Das Recht der Schülerzeitungen (1966)

Link, Christoph: Urteilsanmerkung, JZ 1971, S. 551 - 553

Löffler, Martin: Die Meinungs- und Pressefreiheit im Abhängigkeitsverhältnis, NJW 1964, S. 1100 - 1108

— Um die akademische Freiheit, NJW 1961, S. 529 - 533

Luhmann, Niklas: Funktionen und Folgen formaler Organisationen (1964)

— Theorie der Verwaltungswissenschaft (1966)

— Zweckbegriff und Systemrationalität (1968)

Maack, Heinrich: Grundlagen des studentischen Disziplinarrechts (1956)

Mallmann, Walter: Schranken nichthoheitlicher Verwaltung, VVDStRL 19 (1961), S. 165 - 207

Mampe, Günter: Rechtsprobleme im Schulwesen. Schulentscheidungen als Rechtsakte (1965)

Mangoldt, Hermann von / *Klein*, Friedrich: Das Bonner Grundgesetz, Bd. I (2. Auflage 1966), Bd. III (2. Auflage 1969 ff.)

Mann, Siegfried: Grundrechte und militärisches Statusverhältnis, DöV 1960, S. 409 ff.

Martens, Wolfgang: Das besondere Gewaltverhältnis im demokratischen Rechtsstaat, ZBR 1970, S. 197 - 200

Maunz, Theodor: Deutsches Staatsrecht (19. Auflage 1973)

— / *Dürig*, Günter / *Herzog*, Roman: Grundgesetz (3. Auflage 1970)

Mayer, Franz: Das verfassungsrechtliche Gebot der gesetzlichen Ermächtigung, in: Festschrift für Hermann Nottarp (1961), S. 187 - 196

Mayer, Otto: Deutsches Verwaltungsrecht (3. Auflage 1924)

Menger, Christian-Friedrich / *Erichsen*, Hans-Uwe / *Mutius*, Albert von: Höchstrichterliche Rechtsprechung zum Verwaltungsrecht, VerwArch. 51 (1960), S. 71 f. und 376; 52 (1961), S. 196 - 199; 57 (1966), S. 180; 62 (1971), S. 410 - 414

Merk, Wilhelm: Deutsches Verwaltungsrecht, Bd. I (1962) und II (1970)

— Diskussionsbeitrag, VVDStRL 12 (1954), S. 99 - 106

— Diskussionsbeitrag, VVDStRL 15 (1957), S. 192 - 199

Merkl, Adolf Julius: Entwicklung und Reform des Beamtenrechts, VVDStRL 7 (1932), S. 63

Mezger, Edmund / *Blei*, Hermann: Strafrecht, Bd. I (15. Auflage 1973)

Mörtel: Gewohnheitsrechtliche Ermächtigung für allgemeine Anordnungen der Unterrichtsverwaltung? BayVBl. 1958, S. 263 - 267

Montesquieu, Charles de: De l'esprit des lois. Par Gonzaque Truc, T. 1 (Paris 1950)

Müller, Friedrich: Normstruktur und Normativität (1966)

Münch, Ingo von: Besonderes Gewaltverhältnis, Arbeitsverhältnis und Beamtentum, ZBR 1959, S. 209 - 211

— Freie Meinungsäußerung und besonderes Gewaltverhältnis (1957)

Naumann, Richard: Diskussionsbeitrag, VVDStRL 23 (1966), S. 255 - 257

Obermayer, Klaus: Diskussionsbeitrag, VVDStRL 23 (1966), S. 259 - 261

— Urteilsanmerkung, JZ 1962, S. 64 - 67

— Verwaltungsakt und innerdienstlicher Rechtsakt (1956)

Oeltze: Urteilsanmerkung, NJW 1955, S. 765

Oppermann, Thomas: Kulturverwaltungsrecht. Bildung, Wissenschaft, Kunst (1969)

Ossenbühl, Fritz: Verwaltungsvorschriften und Grundgesetz (1968)

— Die Verwaltungsvorschriften in der verwaltungsgerichtlichen Praxis, AöR 92 (1967), S. 1 ff.

Perschel, Wolfgang: Die Meinungsfreiheit des Schülers (1962)

— Die Rolle des Rechts bei der Demokratisierung der Schule, RdJB 1969, S. 33 - 44

— Schülerzeitung und Zensurverbot, RWS 1963, S. 225 ff.

— Staatliche Schulaufsicht und kommunale Selbstverwaltung nach dem Grundgesetz, RWS 1962, S. 101 ff.

Pestalozza, Christian Graf von: Kritische Bemerkungen zu Methoden und Prinzipien der Grundrechtsauslegung in der Bundesrepublik Deutschland, Der Staat 2 (1963), S. 425 - 449

Peters, Hans: Die Bedeutung der Verwaltungswissenschaften für die Staats- und Gesellschaftsordnung, DVBl. 1956, S. 529 - 536

— Diskussionsbeitrag, VVDStRL 23 (1966), S. 249 - 255

— Elternrecht, Erziehung, Bildung und Schule, in: Bettermann-Nipperdey-Scheuner, Die Grundrechte, Bd. IV, 1. Hbd. (1960), S. 369 - 445

— Die Höhere Schule als Gemeindeeinrichtung, Der Städtetag 5 (1952), S. 99 bis 105

— Lehrbuch der Verwaltung (1949)

— Die Verwaltung als eigenständige Staatsgewalt (1965)

— Verwaltung ohne gesetzliche Ermächtigung? in: Verfassungsrecht und Verfassungswirklichkeit, Festschrift für Hans Huber (1961), S. 206 - 221

Pfeifer, Helfried: Diskussionsbeitrag, VVDStRL 15 (1957), S. 212 f.

Pittermann, Wolfgang: Verwaltungsgerichtlicher Rechtsschutz gegen Maßnahmen der Schul- und Prüfungsgewalt (1960)

Plickat, H. H.: Die Schule als Instrument sozialen Aufstiegs (1959)

Plümer, Egon: Zum Anspruch der Privatschulen auf staatliche Anerkennung, DVBl. 1971, S. 540 - 543

Podlech, Adalbert: Das Grundrecht der Gewissensfreiheit und die besonderen Gewaltverhältnisse (1969)

Pöttgen, Heribert: Urteilsanmerkung, RWS 1963, S. 88

Quaritsch, Helmut: Empfiehlt es sich, das Beamtenrecht unter Berücksichtigung der Wandlungen von Staat und Gesellschaft neu zu ordnen? Referat auf dem 48. Deutschen Juristentag in Mainz. Verhandlungen des 48. DJT (1970), Bd. II, S. 0 34 - 54

— Kirchen und Staat, Der Staat 1 (1962), S. 175 - 197

— Öffentliches Recht: Der DADA-Fall, JuS 1968, S. 471 - 477

— Das parlamentslose Parlamentsgesetz (2. Auflage 1961)

— Staat und Souveränität, Bd. I (1970)

— in: Flügge / Quaritsch, Schulmündigkeit und Schulvertrag (1971), S. 39 - 62

Radbruch, Gustav: Die Natur der Sache als juristische Denkform, in: Festschrift für Laun (1948), S. 157 ff. = Neudruck 1964

— Vorschule der Rechtsphilosophie (2. Auflage 1959)

Rasenack, Christian: Gesetz und Verordnung in Frankreich seit 1789 (1967)

Redeker, Konrad: Gegenwartsfragen der berufsständischen Selbstverwaltung, JZ 1954, S. 625 - 628

— / *Oertzen*, Hans-Joachim von: Verwaltungsgerichtsordnung (4. Auflage 1971)

Rehmert: Die gerichtliche Nachprüfung der Handhabung schulischer Verwaltungsverordnungen, NJW 1957, S. 575

— Urteilsanmerkung, NJW 1958, S. 232 f.

— Verwaltungsgerichtliche Probleme des Schulrechts, DöV 1958, S. 437 - 445

Reuter, Albert: Rechtsfragen um die Schulordnungen, BayVBl. 1956, S. 227 ff. und 262 ff.

— Urteilsanmerkung, BayVBl. 1961, S. 187

Reuter, Dieter: Kindesgrundrechte und elterliche Gewalt (1968)

Richter, Ingo: Recht und Verwaltung des Bildungswesens 1948 - 1968, DöV 1968, S. 383 - 389

Rinck, Hans Justus: Gleichheitssatz, Willkürverbot und Natur der Sache, JZ 1963, S. 521 - 527

Rinsche: Urteilsanmerkung, NJW 1965, S. 1933

Rüthers, Bernd: Institutionelles Rechtsdenken im Wandel der Verfassungsepochen (1970)

Rupp, Hans Heinrich: Diskussionsbeitrag, VVDStRL 23 (1966), S. 274 - 276

— Die Dogmatik des Verwaltungsrechts und die Gegenwartsaufgaben der Verwaltung, DVBl. 1971, S. 669 - 674

— Grundfragen der heutigen Verwaltungsrechtslehre (1965)

— Ministerial-Erlasse — Ausdruck originärer Rechtssetzung der Exekutive? NJW 1970, S. 412 - 413

— Verwaltungsakt und Vertragsakt, DVBl. 1959, S. 81

Säcker, Horst: Anspruch der Privatschulen auf staatliche Anerkennung, DVBl. 1971, S. 537 - 540

— Zur gesetzlichen Regelung von Schulversuchen, DVBl. 1972, S. 312 - 315

Schack, Friedrich: Ausführungsverordnungen und gesetzergänzende Verordnungen, JZ 1964, S. 252 - 254

Schack, Friedrich: Die gesetzvertretenden Verordnungen, DöV 1962, S. 652 - 657

Schaumann, Wilfried: Gleichheit und Gesetzmäßigkeitsprinzip, JZ 1966, S. 721 bis 727

Schelsky, Helmut: Auf der Suche nach Wirklichkeit (1965)

Scheuner, Ulrich: Diskussionsbeitrag, VVDStRL 15 (1957), S. 206

Schick, Walter: Der Beamte als Grundrechtsträger, ZBR 1963, S. 67

Schmidt, Reiner: Natur der Sache und Gleichheitssatz, JZ 1967, S. 402 - 404

Schmidt, Walter: Gesetzesvollziehung durch Rechtsetzung (1969)

Schmidt-Bleibtreu, Bruno / *Klein*, Franz: Die Grundrechte. Auszug aus dem Kommentar zum Grundgesetz (1970)

Schmitt, Carl: Inhalt und Bedeutung des zweiten Hauptteils der Reichsverfassung, in: Anschütz / Thoma, Handbuch des Deutschen Staatsrechts, Bd. II (1932), S. 572 - 606

— Verfassungslehre (1928, 4. Auflage 1965)

Schmitthenner: Grundlinien des allgemeinen Staatsrechts (1845)

Schuegraf, Elmar: Darf der Beamte bei Streitigkeiten mit seinem Dienstherrn stets einen Rechtsanwalt zuziehen? NJW 1960, S. 1190 - 1191

Schweickhardt, Rolf: Der Verwaltungsakt als Anknüpfungspunkt im Verwaltungsprozeß, DöV 1965, S. 795 - 804

Selb, Dieter: Schulstrafe „Androhung der Ausweisung" und Zulässigkeit der verwaltungsgerichtlichen Anfechtungsklage, DöV 1965, S. 804 - 806

Sellschopp, Hermann: Schule und Staatsverwaltung, RdJ 1966, S. 122 ff.

— Das Schulverhältnis und der Gesetzesvorbehalt, DöV 1971, S. 413 - 416

Selmer, Peter: Rechtsverordnung und Verwaltungsvorschrift, VerwArch. 59 (1968), S. 114 - 145

Smend, Rudolf: Verfassung und Verfassungsrecht (1928)

Somlo, Felix: Juristische Grundlehre (2. Auflage 1927)

Spanner, Hans: Empfiehlt es sich, den allgemeinen Teil des Verwaltungsrechts zu kodifizieren? Gutachten zum 43. Deutschen Juristentag, Verhandlungen 43. DJT (1960), Bd. I, 2. Teil A.

— Grundsätzliche Fragen des Verordnungsrechts, BayVBl. 1962, S. 225 - 229

— Nachwort zu Kellners: Zum gerichtlichen Rechtsschutz im besonderen Gewaltverhältnis, DöV 1963, S. 497 - 498

— Urteilsanmerkung, DöV 1963, S. 27

Starck, Christian: Der Gesetzesbegriff des Grundgesetzes (1970)

— Plädoyer für ein Strafvollzugsgesetz, ZRP 1969, S. 147 - 149

Stein, Ekkehart: Die Grenzen des dienstlichen Weisungsrechts (1965)

— Das Recht des Kindes auf Selbstentfaltung in der Schule (1967)

Stern, Klaus: Rechtsfragen der öffentlichen Subventionierung Privater, JZ 1960, S. 518 - 525 und 557 - 562

Suhr, Dieter: Rechtsstaatlichkeit und Sozialstaatlichkeit, Der Staat 9 (1970), S. 67 - 93

Thieme, Werner: Die besonderen Gewaltverhältnisse, DöV 1956, S. 521 - 529
— Der Gesetzesvorbehalt im besonderen Gewaltverhältnis, JZ 1964, S. 81 - 85
— Deutsches Hochschulrecht (1956)
— Die verwaltungsgerichtliche Überprüfung von Entscheidungen in Schul-, Ausbildungs- und Prüfungssachen, NJW 1954, S. 742 f.

Thoma, Richard: Grundbegriffe und Grundsätze, in: Anschütz / Thoma, Deutsches Staatsrecht, Bd. II (1932), S. 108 - 159
— Grundrechte und Polizeigewalt, in: Verwaltungsrechtliche Abhandlungen. Festgabe zur Feier des 50jährigen Bestehens des Preußischen Oberverwaltungsgerichts (1925), S. 183
— Der Polizeibefehl im Badischen Recht (1906)
— Das System der subjektiven öffentlichen Rechte und Pflichten, in: Anschütz / Thoma, Handbuch des Deutschen Staatsrechts, Bd. II (1932), S. 607 bis 623
— Der Vorbehalt des Gesetzes im preußischen Verfassungsrecht, in: Festgabe für Otto Mayer (1916), S. 167 - 221
— Der Vorbehalt der Legislative und das Prinzip der Gesetzmäßigkeit von Verwaltung und Rechtsprechung, in: Anschütz / Thoma, Handbuch des Deutschen Staatsrechts, Bd. II (1932), S. 221 - 236

Tilch, Horst: Der Rechtsschutz gegen Verwaltungsakte im Schulverhältnis (1961)

Triepel, Heinrich: Staatsrecht und Politik (1927)

Ule, Carl Hermann: Das besondere Gewaltverhältnis. Probleme des verwaltungsgerichtlichen Rechtsschutzes im besonderen Gewaltverhältnis, VVDStRL 15 (1957), S. 133 - 185
— Öffentlicher Dienst, in: Bettermann-Nipperdey-Scheuner, Die Grundrechte, Bd. IV, 2. Hbd. (1962), S. 537 - 671
— Verwaltungsgerichtsbarkeit (2. Auflage 1962)
— Verwaltungsprozeßrecht (5. Auflage 1971)

Vogel, Friedrich: Das Verhältnis der Grundrechte zu den besonderen Gewaltverhältnissen (1954)

Vogel, Klaus: Gesetzgeber und Verwaltung, VVDStRL 24 (1966), S. 125 - 182

Wallerath, Maximilian: Die Selbstbindung der Verwaltung (1968)

Weber, Werner: Diskussionsbeitrag, VVDStRL 15 (1957), S. 186 - 192
— Freie Berufswahl und freie Wahl der Ausbildungsstätte, RWS 1964, S. 33
— Die Teilung der Gewalten als Gegenwartsproblem, in: Spannungen und Kräfte im westdeutschen Verfassungssystem (3. Auflage 1970), S. 152 - 174

Welzel, Hans: Naturrecht und Rechtspositivismus, in: Naturrecht oder Rechtspositivismus? (1962), S. 322 - 338

Werner, Fritz: Bemerkungen zum Verhältnis von Grundrechtsordnung, Verwaltung und Verwaltungsgerichtsbarkeit, JZ 1954, S. 557
— Zur Kritik an der Verwaltungsgerichtsbarkeit, DVBl. 1957, S. 221 - 227
— Verwaltungsrecht als konkretisiertes Verfassungsrecht, DVBl. 1959, S. 527 bis 533

Wernicke: Art. 19 in: Kommentar zum Bonner Grundgesetz (1950 ff.)

Wilke, Dieter: Art. 80 in: v. Mangoldt / Klein, Das Bonner Grundgesetz, Bd. III (2. Auflage 1969 ff.)

Wimmer, Raimund: Sind die deutschen Unterrichtsverwaltungen rechtsstaatlich? DVBl. 1966, S. 846 - 854

Wolff, Bernhard: Die Ermächtigung zum Erlaß von Rechtsverordnungen nach dem Grundgesetz, AöR 78 (1953), S. 194 ff.

Wolff, Hans J.: Verwaltungsrecht, Bd. I (8. Auflage 1971), Bd. II (3. Auflage 1970), Bd. III (3. Auflage 1973)

Wyluda, Erich: Lehnrecht und Beamtentum (1969)

Zacher, Hans: Diskussionsbeitrag, VVDStRL 24 (1966), S. 236

Zimmermann, H. W.: Probleme des Anwendungsbereichs der Anfechtungsklage. Ein Beitrag zur Lehre vom Verwaltungsakt und zum Rechtsschutz im besonderen Gewaltverhältnis, VerwArch. 62 (1971), S. 48 - 74

Zippelius, Reinhold: Geschichte der Staatsideen (1971)

— Das Wesen des Rechts (2. Auflage 1969)

MIX

Papier | Fördert gute Waldnutzung

FSC® C083411

Kolibri 360 GmbH
Ferdinand-Jühlke-Straße 7
99095 Erfurt, Deutschland
produktsicherheit@kolibri360.de

Druck:
CPI Druckdienstleistungen GmbH
im Auftrag der
Kolibri 360 GmbH
Ferdinand-Jühlke-Str. 7
99095 Erfurt